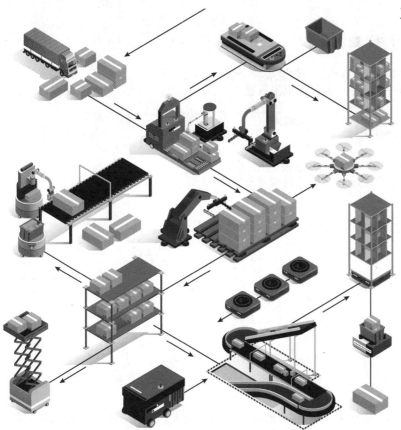

工业互联网数据采集技术与应用

微课版

周连兵 张云鹏 王莲莲◎主编

王盟 尹晓翠 陈福彩◎副主编

人民邮电出版社

北 京

图书在版编目（CIP）数据

工业互联网数据采集技术与应用：微课版 / 周连兵，
张云鹏，王莲莲主编. -- 北京：人民邮电出版社，
2024.6
工业和信息化精品系列教材. 工业互联网
ISBN 978-7-115-63784-0

Ⅰ. ①工… Ⅱ. ①周… ②张… ③王… Ⅲ. ①互联网
络－应用－制造工业－数据采集－高等职业教育－教材
Ⅳ. ①F407.4-39

中国国家版本馆CIP数据核字(2024)第039143号

内 容 提 要

本书较为全面地介绍了工业互联网数据采集的重要性、数据采集的架构、常见的数据源和采集方法等。本书共 5 个项目，内容包括工业互联网数据采集概述，工业互联网数据源，工业互联网网络技术，工业云平台，工业互联网数据采集项目交付。

本书可以作为职业院校工业互联网相关专业数据采集课程的配套教材，也可以供工业互联网交付岗位专业人员和广大工业互联网技术爱好者自学使用。

◆ 主　　编　周连兵　张云鹏　王莲莲
　　副主编　王　盟　尹晓翠　陈福彩
　　责任编辑　刘晓东
　　责任印制　王　郁　焦志炜
◆ 人民邮电出版社出版发行　　北京市丰台区成寿寺路 11 号
　　邮编　100164　电子邮件　315@ptpress.com.cn
　　网址　https://www.ptpress.com.cn
　　山东华立印务有限公司印刷
◆ 开本：787×1092　1/16
　　印张：12.75　　　　　　　　　　2024 年 6 月第 1 版
　　字数：323 千字　　　　　　　　 2024 年 6 月山东第 1 次印刷

定价：56.00 元

读者服务热线：(010)81055256　印装质量热线：(010)81055316
反盗版热线：(010)81055315
广告经营许可证：京东市监广登字 20170147 号

前　言

　　工业数据采集是智能制造和工业互联网的基础，是"工业化"和"信息化"融合的先决条件。工业互联网平台是全要素连接的枢纽和工业资源配置的核心，而工业数据采集则是工业互联网平台的基础。工业数据采集可以实现对生产现场各种工业数据的实时采集和整理，为企业的 MES（制造执行系统）、ERP（企业资源计划）等信息系统提供大量工业数据，通过对积累的工业大数据的深入挖掘，实现生产过程优化和智能化决策。

　　本书以数据采集的项目实施过程为导向，采用项目教学的方式组织内容，每个项目来源于交付工程师的典型工作任务，主要分为 5 个项目。项目 1 为工业互联网数据采集概述，主要介绍了数据采集的重要性和架构，以及数据的类型和采集方式，使学生了解数据采集的重要性和整体框架，厘清采集的数据流；项目 2 为工业互联网数据源，主要介绍了工业现场需要被采集数据的设备和系统，以及数据采集的方式等；项目 3 为工业互联网网络技术，主要介绍了数据采集网络架构、网络设备功能、常见的线缆和接口、无线方式的采集、上云协议等；项目 4 为工业云平台，主要介绍了云平台的相关知识，包括云计算和容器技术相关知识与技能等；项目 5 为工业互联网数据采集项目交付，主要介绍了项目启动、项目控制、工业设备现场勘察、工业现场网络测试、项目调研报告编写、数据采集项目方案设计、数据采集项目方案评审、过程控制数据采集配置和上云以及项目验收等。

　　本书在技能培养上融入了工业互联网实施与运维证书技能要求，并结合工业互联网交付工程师数据采集项目实施的典型工作任务，融入岗位的新要求和新标准。在培养技能的同时将素质教育融入本书，提高人才培养质量。

　　本书的参考学时为 48～64 学时，建议采用理论与实践一体化教学模式。各项目的参考学时参见下面的学时分配表。

学时分配表

项目	课程内容	学时
项目 1	工业互联网数据采集概述	4～6
项目 2	工业互联网数据源	10～14
项目 3	工业互联网网络技术	12～14
项目 4	工业云平台	6～10
项目 5	工业互联网数据采集项目交付	14～18
课程考评		2
学时总计		48～64

　　由于工业互联网发展迅速，加之编者知识水平有限，书中难免存在疏漏之处，恳请读者批评指正。

编　者
2024 年 4 月

目　录

工业互联网数据采集概述

【项目导读】

　　工业数据采集是工业互联网平台的基础。发展工业数据采集是推动我国工业互联网平台全面深度应用的起点，也是制造业转型升级的必要条件。本项目对数据采集架构，工业数据采集的特点，采集数据的类型、方式和作用进行介绍，使学生对数据采集有整体的认识，为后期的深入学习打下基础。

【内容导学】

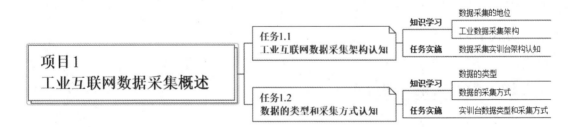

【项目目标】

知识目标

（1）理解工业互联网数据采集的概念、原理和重要性。

（2）掌握工业互联网数据采集架构的各个组成部分及其功能。

（3）熟悉各种数据类型在工业互联网中的应用场景和特点。

（4）了解不同数据采集方式的使用方法及其适应的情境。

技能目标

（1）能理解数据采集的架构。

（2）能理解不同设备的数据采集方法。

（3）能制订数据采集方案。

（4）能理解数据采集数据流流向。

素质目标

（1）培养学生自我学习的习惯、爱好和能力。

（2）培养学生认真、细致的职业精神。

（3）培养学生的科学精神和态度。

任务 1.1　工业互联网数据采集架构认知

【任务描述】

本任务主要介绍工业互联网数据采集系统的基本概念和原理，以及它是如何设计和构建的。通过对本任务的学习，我们将获得对工业互联网数据采集架构的全面认知，理解数据采集系统的构建原理和关键技术，为以后在工业互联网领域的学习和职业发展奠定坚实的基础。

【知识学习】

1.1.1　数据采集的地位

1．工业互联网的定义

"工业互联网"的概念是由美国通用电气公司（General Electric Company，GE）在 2012 年提出的，其初衷是制定一系列通用的标准，以打破技术之间的壁垒，激活传统工业过程，促进物理世界和数字世界的融合，实现各设备厂商的信息集成和共享。

美国通用电气公司将工业互联网定义为：通过传感器、大数据和云平台，把机器、人、业务活动和数据连接起来，通过实时数据分析帮助企业更好地利用机器的性能，以达到资产优化、运营优化的目的，并最终提高生产率。

美国工业互联网联盟（Industrial Internet Consortium，IIC）将工业互联网定义为：将"互联网思维"应用到工业环境中，覆盖物联网的非消费端，工业互联网将智能机器、设备和工作中的人连接起来，通过先进的数据分析，实现更好的决策，产生变革性的商业成果。

中国工业互联网研究院将工业互联网定义为：新一代信息技术与制造业深度融合的产物，是实现工业经济数字化、网络化、智能化发展的重要基础设施，通过对人、机、物的全面互联，构建起全要素、全产业链、全价值链全面连接的新型工业生产制造服务体系。

中国工业互联网产业联盟（Alliance of Industrial Internet，AII）将工业互联网定义为：通过人、机、物的全面互联，实现全要素、全产业链、全价值链的全面连接，对各类数据进行采集、传输、分析并形成智能反馈，推动形成全新的生产制造和服务体系，优化资源要素配置效率，充分发挥制造装备、工艺和材料的潜能，提高企业生产效率，创造差异化的产品并提供增值服务。

工业互联网的核心原理是生产要素在物理世界与数字世界全面互联与映射协同，实现基于数据驱动智能分析与决策优化，化解复杂制造系统的不确定性，形成智能化生产、网络化协同、个性化定制和服务化延伸的新型制造模式。资源优化和效率提升是目标，生产要素全面互联是基础，数据驱动是关键，软件定义是核心，平台支撑是保障。

 读一读

工业互联网的终极目标和人类命运共同体

我们学习了工业互联网的定义，知道了工业互联网的内涵，工业互联网的最终目标是处于核心层的数字文明。从企业视角，即打造利他、创新、开放、合作的企业文化，基于数字文化进行科学管理与运营。从社会视角，就是基于工业互联网协同合作的原生精神，以及其数字化、网络化、智能化的技术手段，在全国大范围、全社会大尺度、跨行业大协作视角下，建设一种泛在连接、利他共赢、深度协同的社会化合作体系。从国际视角，即构建和谐共生的人类命运共同体，携手奔向具有数字文明特征的未来人类大同社会。

2. 工业互联网架构

工业互联网平台是面向制造业数字化、网络化、智能化需求，构建基于海量数据采集、汇聚、分析的服务体系，支撑制造资源泛在连接、弹性供给、高效配置的工业云平台。工业互联网平台架构如图 1-1 所示。

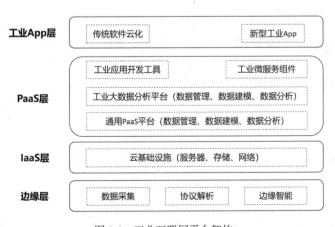

图 1-1　工业互联网平台架构

工业互联网平台可分为以下4个部分。

（1）边缘层：通过协议转化和边缘计算形成有效的数据采集体系，从而将物理空间的隐性数据在网络空间显性化。

（2）IaaS 层：将基础的计算网络存储资源虚拟化，实现基础设施资源池化。

（3）PaaS 层：工业操作系统，向下对接海量工业设备、机器、产品，向上支撑工业智能化应用的快速开发和部署。

（4）工业 App 层：以行业用户和第三方开发者为主，行业用户多为工业垂直领域的厂商，第三方开发者主要基于 PaaS 层做工业 App 的开发工作，通过调用和封装工业 PaaS 平台上的开放工具，形成面向行业和场景的应用。

数据驱动的模型的核心不是算法而是数据。而数据来自物理设备（包括设备运行数据），来自生产流程，以及其他地方。有了模型，有了大量的数据进行运算，就可以很好地提升良品率、降低库存水平等。有了模型之后，可以利用现场大量的传感器数据来进行实时的分析和科学的决策，自动或者是通过人工干预来精准执行，最终能够使企业做到提质、降本、增效。

工业数据采集是利用泛在感知技术对多源设备、异构系统、运营环境、人等要素信息进行实时、高效采集和云端汇聚。工业数据采集对应工业互联网平台架构中的边缘层，如图 1-1 所示。通过各类通信手段接入不同设备、系统和产品，采集大范围、深层次的工业数据，以及异构数据的协议转换与边缘处理，构建工业互联网平台的数据基础。

因此，数据采集是工业互联网的基础，没有数据采集的工业互联网将是"无源之水"，工业互联网的价值在很大程度上取决于数据的数量和质量。

1.1.2　工业数据采集架构

工业数据采集体系分为设备层、采集层、处理层、应用层和展示层等，形成了从设备联网、采集、处理、应用到展示的实训设备数据监控应用生态，其中采集层实现设备接入、协议转换和边缘数据处理的功能。工业互联网平台包含处理层和展示层。工业数据采集架构如图 1-2 所示。

图 1-2　工业数据采集架构

设备接入：通过工业以太网、工业光纤网络、工业总线、4G/5G、窄带物联网（Narrow Band

③XML 文件可以充当小型数据库。

XML 文件可以充当小型数据库，这也是不错的选择。程序中可能用到一些经常要人工配置的数据，如果放在数据库中读取不合适（因为这会增加维护数据库的工作），此时可以考虑直接用 XML 文件来充当小型数据库。因为直接读取文件显然要比读数据库快。比如 MSN 软件中保存用户聊天记录用的就是 XML 文件。

（2）JSON 格式数据。

JSON 是一种轻量级的数据交换格式。它基于 ECMAScript（欧洲计算机制造商协会制定的 JavaScript 规范）的一个子集，采用完全独立于编程语言的文本格式来存储和表示数据。简洁和清晰的层次结构使得 JSON 成为理想的数据交换格式，易于阅读和编写，同时易于机器解析和生成，并且能有效地提升网络传输效率。高兼容性的 JSON 也非常适合作为工业中异构平台间数据交互的中间数据格式，如图 1-8 所示，JSON 数据的格式为键值对。

```
{
    "name": "中国",
    "province": [{
        "name": "黑龙江",
        "cities": {
            "city": ["哈尔滨", "大庆"]
        }
    }, {
        "name": "广东",
        "cities": {
            "city": ["广州", "深圳", "珠海"]
        }
    }, {
        "name": "新疆",
        "cities": {
            "city": ["乌鲁木齐"]
        }
    }]
}
```

图 1-8　JSON 格式数据示例

①JSON 是一种灵活、简洁的数据描述格式，并且完全可以描述工业领域中的结构化数据、半结构化数据，以及关系数据库、对象数据库等多种数据源的内容。

②JSON 使用数组，不使用保留字，用户可以自定义描述关键字，十分适合描述工业设备中经常会变更字段的数据。

③JSON 非常易于解析和数据处理，在工业领域的异构系统间进行数据交换时灵活、便捷，可以大大提高数据交换处理的速度和效率。

XML 和 JSON 都是开放式数据交换格式，而且 XML 和 JSON 可以互相转换。

JSON 与 XML 的相同之处如下。

①JSON 和 XML 数据都是"自我描述"，都易于理解。

②JSON 和 XML 数据都有层次的结构。

③JSON 和 XML 数据都可以被大多数编程语言使用。

JSON 与 XML 的不同之处如下。

①JSON 不需要结束标签。

②JSON 更加简短。

Internet of Things，NB-IoT）等各类有线或无线通信技术，接入各种工业现场设备、智能产品/装备，采集工业数据。

协议转换：一方面运用协议解析与转换、中间件等技术兼容 Modbus、控制器局域网（Controller Area Network，CAN）、PROFINET 等各类工业通信协议，实现数据格式的转换和统一；另一方面利用超文本传送协议（HyperText Transfer Protocol，HTTP）、消息队列遥测传输（Message Queuing Telemetry Transport，MQTT）协议等将采集到的数据传输到云端数据应用分析系统或数据汇聚平台。

边缘数据处理：基于高性能计算、实时操作系统、边缘分析算法等技术，在靠近设备或数据源头的网络边缘侧进行数据预处理、数据存储以及边缘分析的应用，提升操作响应灵敏度，消除网络堵塞，并与云端数据分析协同。

工业数据采集硬件接入产品主要可以分为以下几类。

（1）传感器。传感器是最常用的工业数据采集硬件之一，用于将各种物理量（如温度、压力、湿度、振动等）转化为电信号。传感器广泛应用于工业生产线上，采集环境中的各种参数数据。

（2）可编程逻辑控制器。可编程逻辑控制器是一种专门用于工业自动化控制的硬件设备，可以用于实时监测和控制生产过程中的各种设备和机器。可编程逻辑控制器通常具备多个输入输出接口，用于传输和采集数据。

（3）数据采集模块。数据采集模块是专门用于数据采集的硬件设备，可以直接连接各种传感器和设备。数据采集模块具备数据转换、存储和传输的功能，可以将采集到的数据发送到上层系统或云平台。

（4）通信设备和网关。通信设备和网关用于将采集到的数据传输到上层系统或云平台。它们起到数据传输的中转作用，通过各种通信协议（如 Ethernet、Wi-Fi、RS485 等）将数据发送出去。

（5）工控机/嵌入式设备。工控机/嵌入式设备通常集成了数据采集、存储和处理功能，可以直接连接到工业现场的传感器和设备，实现实时数据采集和处理。

以上是工业数据采集硬件接入产品中的几个常见类型，不同的应用场景和需求可能会选择不同的硬件设备来进行数据采集和处理。

【任务实施】

1.1.3　数据采集实训台架构认知

1.　任务目标

（1）能理解数据采集实训台架构。

（2）能理解数据采集实训台层级功能。

2.　实训设备及工具

（1）工业互联网综合实训云平台。

微课

数据采集实训台
架构认知

（2）数据采集实训台。

3. 数据采集实训台架构认知

实训台采用典型数据采集架构，包括设备层、控制层、监控层、数据采集层和云平台，其中云平台部署在数据中枢（服务器）上，如图1-3所示。

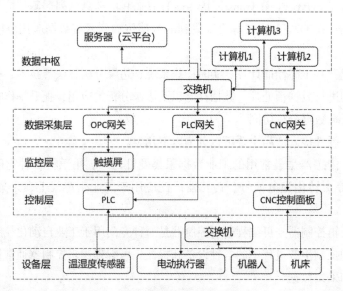

图1-3　数据采集实训台架构

设备层包括温湿度传感器、电动执行器、机器人和机床等设备。控制层包括PLC和计算机数控（Computer Numerical Control，CNC）控制面板，传感器和机器人等通过PLC控制协作，CNC控制面板作为机床控制器，可以从中看到机床的工作状态和输入参数后控制机床的动作。触摸屏作为PLC的人机接口可以输入、输出PLC的参数。数据采集层包括汉云的3种网关，即PLC网关、CNC网关和用于过程控制的OPC网关。网关负责采集传感器、执行器等的数据并上传到云平台。客户端可以登录到网关进行数据采集配置和上云配置，登录到云平台进行工程配置、网关配置、设备配置、采点配置、数据算法模型配置，并能通过云组态开发进行数据可视化展示。

【任务总结】

本任务在知识学习中首先介绍了工业互联网的定义和工业互联网的架构，让学生认识到数据采集的重要性，然后重点介绍了数据采集的架构和数据采集中使用的设备；在任务实施中通过实例介绍了数据采集的架构，使学生进一步理解数据采集的架构。

【任务测验】

1. 填空题

（1）工业互联网_____层是指把IT基础设施作为一种服务，并通过网络对外服务。

（2）工业_____层解决工业数据处理和知识积累问题，形成开发环境，实现工业知识的封装和复用。

（3）_____是利用泛在感知技术对多源设备、异构系统、运营环境、人等要素信息进行实时、高效采集和云端汇聚。

（4）网关处在数据采集实训台架构的_____层。

（5）传感器处在数据采集实训台架构的_____层。

2．单选题

（1）"工业互联网"的概念首次是由（　　　）提出的。

A．英特尔公司　　　　　　　　　　B．微软公司

C．通用电气公司　　　　　　　　　D．华为公司

（2）工业互联网数据采集在整个系统中的地位是（　　　）。

A．绝对关键的　　　　　　　　　　B．可选的

C．相对次要的　　　　　　　　　　D．可有可无的

（3）工业互联网数据采集的主要目的是（　　　）

A．提高生产效率和质量

B．实时监测员工的工作状态

C．收集市场竞争对手的数据

D．分析产品销售趋势

（4）工业互联网产业联盟，简称 AII，是（　　　）推动工业互联网产业生态的重要载体。

A．中国　　　　　　　　　　　　　B．美国

C．日本　　　　　　　　　　　　　D．德国

（5）分布式存储是哪个层级提供的功能？（　　　）

A．IaaS　　　　　　　　　　　　　B．PaaS

C．SaaS　　　　　　　　　　　　　D．采集层

3．简答题

工业数据采集架构包括哪些部分？

任务 1.2　数据的类型和采集方式认知

【任务描述】

互联网数据主要来自互联网用户和服务器等网络设备，主要是大量的文本数据、社交数据以及多媒体数据等，而工业数据主要是机器设备数据、工业信息化数据和产业链相关数据。采集数据的方式包括人工输入、半自动采集和自动化采集。本任务的知识学习部分详细介绍工业数据的种类，任务实施部分列举具体的数据类型，并介绍不同设备的采集方式。

【知识学习】

1.2.1　数据的类型

工业数据的类型不仅涵盖基础的结构化数据，还包括如工程图纸这类非结构化数据，甚至未来还有半结构化的用户行为数据、设备和传感器采集的周期性数据、网络爬虫获取的互联网数据，以及越来越多有潜在意义的各种各样的数据。不过就目前来说，常见的工业数据的类型主要包括海量的 Key-Value 数据、文档数据、信息化数据、接口数据、现场多媒体数据等。

1. 海量的 Key-Value 数据

Key 和 Value 的本意分别是钥匙和值，在计算机应用中通常被用作键值对，例如，在 map、JSON 等中。在键值对中，Key 是键，Value 是值。例如，{"firstName":"Brett","lastName":"McLaughlin"}，在这个 JSON 数据中，firstName 和 lastName 是 Key，对应的 Value 分别是 Brett 和 McLaughlin。

Key-Value 模型的基本原理是在 Key 和 Value 之间建立一个映射关系，类似于散列函数。在 Key-Value 模型中，数据被表达为键值对集合，每个 Key 在集合中只能出现一次，用户按照 Key 来输入或查询数据。与传统关系模型相比，Key-Value 模型有一个根本的特点，就是没有模式的概念。在传统关系模型中，数据的属性在设计之初就被确定下来了，包括数据类型、取值范围等。而在 Key-Value 模型中，只要确定 Key 与 Value 之间的映射，当遇到一个 Key 时，就可以根据映射关系快速找到与之对应的 Value，其中 Value 的类型和取值范围等属性都是任意的，且对长度一般不做特殊限制。

目前，传感器技术日益成熟，各类工业传感器被大量应用于工业现场，如温度传感器、压力传感器等。每个传感器在单位时间内产生几 KB 至几十 KB 的数据，这些数据随着工业生产不断地生成，且生成频率极高。在存储时会涉及频繁读写，但每条数据的内容很少，数据模型较为简单，因此十分适合使用 Key-Value 模型来表达和存储这些数据。Key-Value 模型可以满足传感器数据的周期性访问需求，但是对于非关键字查询和需要逻辑计算的查询，Key-Value 模型的效率较低。因此，为了提高传感器数据的存储和查询效率，在使用 Key-Value 模型表达和存储数据时，需要根据用户的查询需求和原始数据的大小合理地构建 Key 和 Value。Key 的构建原则是，既要保证 Key 的唯一性，又要体现其逻辑意义。由于 Key 越长，占用的内存就越多，因此 Key 在保证唯一的情况下要尽量简短。对于传感器数据，常见的用户查询需求是根据传感器标识、时间戳等关键词进行检索。因此，Key 可以设置为"sensorid-timestamp"，其中 sensorid 为传感器标识，timestamp 为数据采集时的时间戳。Key 对应的 Value 可以分为两种情况：如果传感器在某一时刻采集的数据量小，可以将原始数据作为 Value；如果传感器数据在某一时刻采集的数据量大，可以将原始数据存储在分布式文件系统中的文件路径信息作为 Value。

2. 文档数据

工业产品在其全生命周期中，会涉及或产生大量的文档数据。例如，在需求分析阶段会产生产品需求文档等，产品需求文档中包含产品用户定位、产品功能等信息。在设计阶段，会产生设计文档、计算机辅助设计（Computer Aided Design，CAD）图纸等，其中 CAD 是指利用计算机及其图形设备帮助设计人员进行设计工作。在生产制造阶段，会涉及工艺文档、生产管理手册等，其中工艺文档包括工序的主要步骤、要点等内容，生产管理手册包含生产流程制度、安全生产管理等内容。在销售阶段，会涉及合同、销售方案等，其中销售方案包含提成管理办法、销售模式等内容。在使用阶段，会涉及产品使用说明书等，产品使用说明书包含产品的结构特征、使用方法、故障分析及排除等方面的内容。在维修阶段，会涉及维修手册等，维修手册包含产品各个部件的安装分解步骤及相应的示意图等内容。在报废阶段，会涉及报废分析报告等。在回收阶段，会涉及回收实施方案等，如图 1-4 所示。

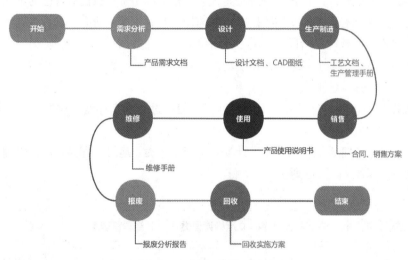

图 1-4　工业产品全生命周期

工业领域中文档数量庞大、数据结构复杂，且传统的关系数据库无法满足存储要求，因此出现了专门用来存储文档的数据库模型。文档存储数据库被认为是而不仅仅是所有 SQL（Not Only SQL，NoSQL）数据库类型中最复杂的。NoSQL 数据库采用 JS 对象表示法（JavaScript Object Notation，JSON）格式来存储数据，而不是采用典型的行和列结构。NoSQL 数据库是大多数日常互联网使用的基础。我们每天都会遇到 NoSQL 数据库。作为市面上流行的数据库模型之一，文档存储的工作方式与 Key-Value 非常相似，因为文档是以信息的特定键来存储的。有意思的是，Windows 注册表就是文档数据库，因此它是很强大的数据模型。

相比关系结构化查询语言（Structured Query Language，SQL）数据库，文档存储没有与 SQL 同样的缺点和限制。这意味着处理手头的信息要容易得多，查询执行也要容易得多。出人意料的是，在 SQL 数据库中可以执行的一种操作也可以在文档数据库中执行，比如删除、添加和查询。

如前文所述，每个文档都需要某种类型的键，这是通过唯一 ID 提供给它的。在任何过程中提供唯一 ID 时，直接读取和处理文档本身的信息，而不是逐列取出信息。

说到文档数据库（以及所有 NoSQL 数据库），要注意的一点是，它们的安全性往往比 SQL 数据库差一点儿。因此，要考虑数据库安全，而加强安全的一种方法是使用静态应用程序安全测试（Static Application Security Testing，SAST）。使用 SAST 可直接查看源代码以查找漏洞。还可以运行动态应用程序安全测试（Dynamic Application Security Testing，DAST），同样有助于避免 NoSQL 注入攻击。

文档数据库的最大优点是所有内容都在一个数据库中，而不是分散在多个链接数据库中。因此，与 SQL 数据库相比，文档数据库拥有更好的性能，只要不使用关系流程。链接数据库会大大增添复杂性，引用在文档数据库中效果其实也不好。

不像每条信息都有一个字段的传统数据库，即使没有任何内容，文档数据库也更加灵活。实际上，即使文档不具有一致性，基本上也可以存储大量数据。同样，由于文档存储更灵活，因此集成新数据根本不是问题。与必须将任何新类型的信息添加到所有数据集的关系数据库相比，文档数据库只需要添加到几个数据集即可。更具体地说，由于可以在不造成任何停机的情况下修改模式，或者由于将来可能不知道用户需求，因此文档数据库非常适合这些应用。

虽然大多数文档数据库已存在了一段时间，但除相关小圈子和数据库自己的论坛外，仍没有太多的说明文档。加上有太多的文档数据库可供选择，有时不深入研究，很难找到特定的信息。此外，由于不熟悉而导致配置错误，或由于使用单个节点，数据有可能丢失。另一个问题是，文档数据库其实不适合运行多个复杂的操作或复杂的查询。

3. 信息化数据

信息化数据是由工业信息系统产生的数据，一般通过数据库存储，这部分数据是比较好采集的。

常用的企业信息管理系统包括研发设计类、生产制造类、运维管理类、经营管理类和其他，每个类别包含的子系统如图 1-5 所示。

图 1-5　企业信息管理系统

4. 接口数据

在工业企业内部存在多种信息系统，如客户关系管理系统、生产管理系统。为了充分利用不同类型数据库的优势，不同的信息系统使用不同数据库的情况十分常见。这些数据库中的数据存储方式不同，可能会造成系统间的数据交互困难。并且工业在向智能化转型的过程中，不同类型信息系统之间的数据交互需求也日益增多。例如，为了实现个性化定制，生产管理系统需要使用销售管理系统中的用户定制数据，两个系统一般不在同一个存储空间，因此会涉及远程过程调用（Remote Procedure Call，RPC）的概念。为了实现 RPC 中的数据交换，XML-RPC、JSON-RPC、简单对象访问协议（Simple Object Access Protocol，SOAP）等规范相继出现。其中，XML-RPC 和 SOAP 都基于 XML 格式进行消息交换，而 JSON-RPC 基于 JSON 格式进行消息交换。有效数据交换的过程中产生了大量的接口数据。

这里重点介绍接口数据中常见的 XML 格式和 JSON 格式，如图 1-6 所示。

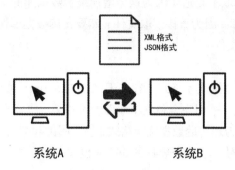

图 1-6 接口数据交互

（1）XML 格式数据。

数据交互的核心问题是信息描述的标准化。XML 提供了可用于数据交换的通用标记语言，与具体的平台无关。如图 1-7 所示，用 XML 来表示中国部分省市的信息。

```xml
<?xml version="1.0" encoding="utf-8"?>
<country>
    <name>中国</name>
    <province>
        <name>黑龙江</name>
        <cities>
            <city>哈尔滨</city>
            <city>大庆</city>
        </cities>
    </province>
    <province>
        <name>广东</name>
        <cities>
            <city>广州</city>
            <city>深圳</city>
            <city>珠海</city>
        </cities>
    </province>
    <province>
        <name>新疆</name>
        <cities>
            <city>乌鲁木齐</city>
        </cities>
    </province>
</country>
```

图 1-7 XML 格式数据示例

在 XML 中，它允许用户自定义标签。一个标签用于描述一段数据。一个标签可以分为开始标签和结束标签，在开始标签和结束标签之间又可以使用其他标签描述其他数据，以此来实现数据关系的描述。主要的应用如下。

①XML 格式的出现解决了程序间数据传输的问题。

比如 QQ 之间的数据传送，用 XML 格式来传送数据具有良好的可读性、可维护性。

②XML 文件可以作为配置文件。

将 XML 文件作为配置文件可以说非常普遍，比如 Tomcat 服务器的 server.xml、web.xml。再如 destructs 中的 structs-config.xml 文件和 hibernate 的 hibernate.cfg.xml。

③JSON 的读写速度更快。

④JSON 可以使用数组。

JSON 和 XML 最大的不同是：XML 需要使用 XML 解析器来解析，JSON 可以使用标准的 JavaScript 函数来解析。

5. 现场多媒体数据

由于监控的需要，在工业现场会产生海量的多媒体数据，这些多媒体数据包括图像数据和音频数据。图像数据主要包括工业现场各类图像设备拍摄的图片（如巡检人员用手持设备拍摄的设备、环境信息图片）。音频数据主要包括语音及声音信息（如操作人员的通话、设备运转的声音等）。工业现场会有大量的视频监控设备，这些设备会产生大量的视频数据。

（1）图像数据在工业中的应用。

图像数据在工业中的应用较多，如可以用在工业检测与立体视觉等方面。在工业检测中，使用图像处理技术能快速地帮助人们完成对工业零件的识别、分类，以及对不合格产品的检测等工作，从而实现检测的自动化。在立体视觉中，使用图像处理技术能很好地帮助定位物体，机械手就是这方面的典型应用。

（2）音频数据在工业中的应用。

工业声音检测技术是近几年随着计算机听觉（Computer Audition，CA）、人工智能（Artificial Intelligence，AI）应用的发展而逐渐兴起的一门新兴技术。该技术整体还处于早期发展阶段，虽不够成熟，但是具有广阔的应用空间。

声音信号具有丰富的信息量，在很多视觉、触觉、嗅觉不合适的场合下，具有独特的优势。声音信号通常被认为与振动信号具有较大的相关性，但声音信号具有非接触性，避免了振动信号数据采集的困难。基于一般音频／环境声的 CA 技术属于 AI 在音频领域的分支。

（3）视频数据在工业中的应用。

工业电视是视频数据在工业中的典型应用。工业电视是用于监视工业生产过程及其环境的电视系统。使用工业电视不仅可以节省人力、提高效率，还能保证安全生产、改善工作条件。例如，窑炉内窥式测温型工业电视是运用于高温环境的特种闭路电视设备。这种电视尤其适用于浮法玻璃、水泥厂回转窑、钢铁厂加热炉、退火炉、热处理炉、垃圾处理厂焚烧炉等工业高温炉上。对燃油炉、燃煤炉、燃气炉，窑炉内窥式测温型工业电视系统利用压缩空气和冷却循环水，可将摄像镜头直接伸至窑炉内（2000℃以下）连续、实时监视炉内火焰、物料运行的工作状态。通过窑炉内窥式测温型工业电视系统对水泥和浮法玻璃生产的窑炉内火焰、液面鼓泡的监视以及水泥厂窑头火焰形状、钢铁厂内物料加热炉、退火炉、焚烧炉的燃烧状况等诸多因素的有效观察起到高效、稳产的直接作用。加上测温软件可更加直观地掌握窑炉内的温度变化。系统采用 PLC 对摄像机和镜头部分的伸进、退出进行自动控制，在系统电源、压缩空气供应等出现问题以及探头罩内温度超出范围时均可自动将设备退出炉膛，起到自动保护的作用。

 **读一读**

从"运-20"工程来看数字化的重要性

让我们通过运-20 大型运输机的研发历程来看看数字化的重要性，当然数字化离不开数据采集。"20工程"是我国20世纪80年代运-10工程"下马"后，时隔30多年重新提出的大型飞机研制计划。2007年，我国宣布，将发展大型飞机正式确定为重大科研专项。我国"航天人"制定了一个看上去几乎不可能完成的任务目标——"五年定型，八年交付"。要知道美国的C-17大型运输机用了14年才飞上蓝天，欧洲的A400M大型运输机只是论证就用了10年之久，而日本的C-2大型运输机2001年立项，2011年首飞，又花了5年才勉强进入部队服役。由此可知，一款成功的大型运输机的研制与生产多么不易。中国"航天人"通过深度推进数字化管理体系，采用各种先进研发与制造工艺，最终在2007年6月20日立项之后，运-20原型机在2012年10月"下线"，2013年1月26日进行首飞。这堪称世界航天史上的一个奇迹。而最终列装部队的运-20，不仅整体技术水平位居世界前列，一些子系统更是达到世界顶尖水平。在这里不得不向我国"航天人"致以崇高的敬意，是他们的艰苦创新与不懈努力，才使我国拥有了自己的大型运输机，填补了大量的技术空白。

1.2.2 数据的采集方式

数据的采集方式有手动数据采集、半自动数据采集和全自动数据采集等。

1. 手动数据采集

手动数据采集是指通过人工方式进行原始数据的输入，再通过工业控制终端或其他可操作采集设备上传数据。在项目中，手动数据采集多集中在现场操作人员通过工位旁的工控机进行来料呼叫、对未编码的原材料进行编码和属性输入、通过手持工业掌上电脑（Personal Digital Assistant，PDA）下载和查看电子工艺指导文件及报工等相应人工操作环节。

手动输入的数据通过工业控制终端等设备，采用以太网接口，通过工业局域网上传至实时数据库内。MES及仓库管理系统（Warehouse Management System，WMS）等相关系统通过WebService或调用应用程序接口（Application Program Interface，API）等方式读取数据库内数据，实现数据的系统间传输。

2. 半自动数据采集

半自动数据采集主要指采集设备需要人工辅助或采集后需要人工校验的数据采集形式。在数字化工厂中，半自动数据采集方式多体现在质量数据的采集。例如，人工通过游标卡尺采集端盖尺寸数据，再通过蓝牙传输到对应终端上；电机装配线螺丝组装工位，通过电子扭矩枪手动对螺丝扭矩进行采集；原材料到货入库，人工通过扫码枪读取货物二维码信息，通过工业控制终端输入WMS等。在半自动数据采集方式中，数据的采集及传输往往都是自动完成的，但是采集的方式需要人工辅助。

3. 全自动数据采集

全自动数据采集主要是针对自动设备端的生产或状态数据进行全自动的采集、上传、分析等，是数据采集系统中最主要的一类数据采集形式。

（1）通过传感器采集。

传感器是一种检测装置，能感受到被测量的信息，能检测感受到的信息，并按一定规律变换为电信号或其他所需形式的信息输出，以满足信息的传输、处理、存储、显示、记录和控制等要求。在生产车间中一般存在许多传感节点，24小时监控着整个生产过程，当发现异常时可迅速反馈至上位机，可以算得上是数据采集的感官接受系统，属于数据采集的底层环节。

传感器采集数据过程中的主要特性是其输入与输出的关系。其静态特性反映了传感器在被测量各个值处于稳定状态时的输入和输出关系，这意味着当输入为常量或变化极慢时，这一关系就称为静态特性。我们总是希望传感器的输入与输出呈唯一的对照关系，最好是线性关系。一般情况下，输入与输出不会符合所要求的线性关系，同时由于受迟滞、蠕变等因素的影响，使输入与输出关系的唯一性也不能实现。因此，不能忽视工厂中的外界影响。其影响程度取决于传感器本身，可通过传感器本身的改善加以抑制，有时也可以对外界条件加以限制。

在工业企业实施数字化项目时，数据采集往往不是针对传感器或 PLC，而是采集已经完成部署的自动化系统上位机的数据。自动化系统在部署时因为厂商水平参差不齐，大量现场系统没有点表等基础数据；大部分系统没有数据接口，文档也大量缺失，使得对于这部分数据采集的难度极大。这一问题可以通过加装传感器解决，如图 1-9 所示。

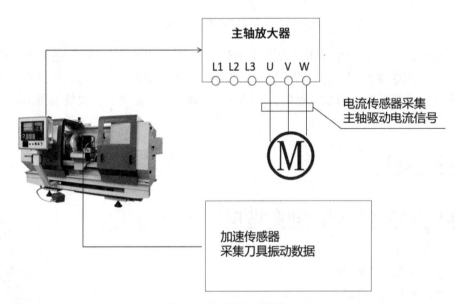

图 1-9 传感器布置举例

（2）协议数据采集。

针对数控机床类的数控设备，数据采集方式通常是通过机床内自带的以太网接口及串口，通过上层的组态软件或 OPC 服务器接口访问机床的数控系统，调取系统内已有的机床运行数据，还可以反向传输机床加工数控代码，实现设备的互联互通。如果数控设备没有上位机，可通过加装数据采集卡实现。

全自动数据采集还包括针对生产设备内 PLC 的控制信号及部分传感器信号的采集。很多关键设备均采用 PLC。针对这些关键设备，数据采集是通过采集 PLC 控制信号来实现的。PLC 控制信号主要包括模拟信号和开关信号。模拟信号主要是指生产设备在设备各种状态下的实时瞬态值，如开机、关机、待机、报警等状态。还有一部分是设备在生产过程中产生的实时状态值，例如，电机加工中的浸漆绝缘设备需采集的参数包括电流、电压、功率等，以及加工工艺中的温度、负压、时间等。PLC 控制信号数据流向示意如图 1-10 所示。

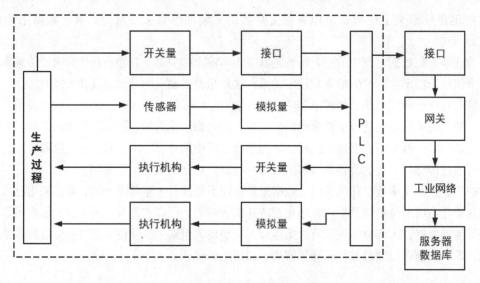

图 1-10　PLC 控制信号数据流向示意

　　现场的实时 PLC 控制信号由以太网接口或串口上传至现场工业网关，然后由工业网关将通信协议转为 MQTT 协议，通过以太网或无线网再上传至服务器，并写入数据库。针对 PLC 控制信号无法采集及监控的数据点位，如能耗、产线限位感应等，需要增加传感器进行数据采集。

【任务实施】

1.2.3　实训台数据类型和采集方式

微课

实训台数据类型和
采集方式

1.　**任务目标**

（1）知道实训台采集的数据的类型。

（2）能理解实训台数据采集的方式。

2.　**实训设备及工具**

（1）数据采集实训台。

（2）数据采集实训台架构。

3.　**实训台数据的类型和采集方式**

　　数据采集实训台包含的设备，其类型有传感器、PLC、人机接口（Human-Machine Interface，HMI）和 CNC 等。PLC 通过模拟量模块获取温、湿度传感器数据，通过输入、输出模块连接产线检测传感器、机器人，获取产线运行数据和机器人状态数据。汉云 PLC 网关通过 S7 协议采集 PLC 的数据，采集的数据再通过 MQTT 协议转发至工业互联网综合实训云平台。触摸屏的数据来源于 PLC，加装 OPC 模块，汉云 PLC 网关通过 OPC 协议采集 HMI 的数据，再通过 MQTT 协议转发至工业互联网综合实训云平台。汉云 CNC 网关通过 Modbus 协议采集 CNC 控制器的数据，再通过 MQTT 协议转发至工业互联网综合实训云平台。实训台采集的典型数据如表 1-1 所示。

表 1-1　实训台采集的典型数据

通信协议	设备	数量	数据变量	变量单位	数据类型	采集周期/s
S7	PLC	1	温度	℃	Real	30
			湿度	%RH	Real	30
			已合格产品数量	辆	DInt	30
			总生产数量	辆	DInt	30
			开机时长	小时	DInt	30
			产线运行速度	辆/时	DInt	30
Modbus	CNC 控制面板	1	机床 X 轴	mm	Real	30
			机床 Y 轴	mm	Real	30
			机床 Z 轴	mm	Real	30
OPC	触摸屏	1	温度	℃	Real	30
			湿度	%RH	Real	30

【任务总结】

本任务详细地介绍了采集的数据的类型，常见的工业数据类型主要包括海量的 Key-Value 数据、文档数据、信息化数据、接口数据、现场多媒体数据。数据采集的方式有手动数据采集、半自动数据采集和全自动数据采集等。任务实施部分讲解了实训台需要采集的数据的类型以及采集方式，希望使学生掌握不同设备的数据采集方式。

【任务测验】

1．填空题

（1）常用的信息管理系统包括_____、生产制造类、运维管理类、经营管理类和其他。

（2）数据采集的方式有_____、半自动数据采集和全自动数据采集等。

（3）_____主要指采集设备需要人工辅助或采集后需要人工校验的数据采集形式。

（4）工业产品在其全生命周期中，会涉及或产生大量的文档数据。例如，在_____阶段会产生产品需求文档等，产品需求文档中包含产品用户定位、产品功能等信息。

2．单选题

（1）工业数据的类型不包括（　　）。

A．流行电子书　　　　　　　　　　B．文档数据

C．信息化数据　　　　　　　　　　D．接口数据

（2）下列哪种设备更适合使用传感器数据采集方式？（　　）

A．手机　　　　　　　　　　　　　B．电视

C．工业机器人　　　　　　　　　　D．计算机

（3）下列哪种采集方式效率最低？（　　）

A．人工输入　　　　　　　　　　　B．半自动采集

C. 自动化采集   D. 无法判断

（4）下列哪项不属于产业链相关数据？（   ）

A. 供应商信息   B. 订单信息

C. 物流信息   D. 面试评估

（5）以下哪种不是工业信息化数据的来源？（   ）

A. 传感器数据   B. 生产设备数据

C. 员工表现数据   D. 仓储物流数据

3. 简答题

工业数据的类型主要有哪些？

【实战练习】

结合表 1-1，列出 CNC 使用时长、CNC 维护保养周期、高度检测值、产线运行速度和机器人启动等变量的参数。

项目2

工业互联网数据源

【项目导读】

工业数据采集利用泛在感知技术对多源异构设备和系统、环境、人员等一切要素信息进行采集，并通过一定的接口与协议对采集的数据进行解析。要采集数据，需要知道源头都有哪些数据、怎么采集。本项目讲解工业互联网数据源和采集手段，学习如何识读 PLC 点表，通过 PLC 采集传感器、执行器和机器人，以及 API 和 OPC 协议采集数据。

【内容导学】

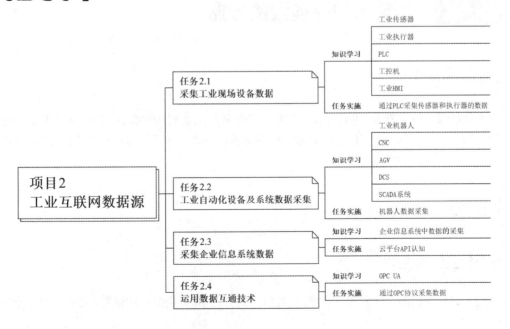

【项目目标】

知识目标

（1）了解工业传感器和工业执行器的种类和采集方法。
（2）掌握 PLC 的结构、数据类型和采集方式。
（3）了解工控机的知识。
（4）掌握工业 HMI 的作用和采集方式。

技能目标

（1）能采集工业传感器和工业执行器的数据。
（2）能理解 PLC 通信点表。
（3）能采集 PLC 数据。
（4）能通过 PLC 采集传感器和执行器的数据。
（5）能配置 PLC 网关。

素质目标

（1）培养学生解决问题的能力和创新思维。
（2）培养学生团队合作意识和沟通能力。

任务2.1 采集工业现场设备数据

【任务描述】

工业现场设备种类繁多，本任务在知识学习部分讲解工业现场的设备，包括常见工业传感器、工业执行器、PLC、工控机、工业 HMI 等，任务实施部分的目标是学习传感器和执行器数据采集方法以及 PLC 点表识读的方法。

【知识学习】

2.1.1 工业传感器

我们先回忆吃过的一顿大餐，虽然面前没有实物，但我们仍然能回忆起食物的色泽、气味和触感，这些都是我们把看到的、闻到的以及触感先通过感官采集并存储到我们的大脑里的数据。工业设备的感官就是传感器。在数据采集中，传感器起着至关重要的作用。传感器是一种能把特定的信息转换成某种可用信号并输出的器件或装置。传感器的种类很多，这里只介绍工业中常用的传感器。

1. 磁性开关

在自动控制设备里，由于气缸控制简单、直接、成本低，很多动作都是由气缸来完成的。气缸的动作控制靠电磁阀、磁性开关检测气缸位置，二者配合完成气缸动作。磁性开关主要用于检测气缸或油缸伸出和缩回是不是到了规定的位置，因此它会在气缸或油缸的前端和后端各安装一个磁性开关。当检测到气缸或油缸准确到位后，它就会控制继电器或者给 PLC 发出一个信号。我们可以这样理解：磁性开关类似于按钮，可以起通断作用，执行元件到位就闭合，不到位就断开。

2. 温度传感器

温度传感器是指能感受温度并使之转换成可用输出信号的传感器，按测量方式可分为接触式和非接触式两大类。接触式温度传感器的检测部分与被测对象有良好的接触。例如，温度计通过传导或对流达到热平衡，从而使其示值能直接表示被测对象的温度。非接触式温度传感器的敏感元件与被测对象互不接触，这种传感器可用来测量运动物体、小目标和热容量小或温度变化迅速（瞬变）对象的表面温度，也可用于测量温度场的温度分布。温度传感器按照传感器材料及电子元件特性分为热电阻和热电偶两类。

3. 压力传感器

压力传感器是一种用于测量和监测物体受到的压力或压力变化的装置。它能够将物体受到的压力转化为相应的电信号或机械位移，以便进行测量、控制和监测。压力传感器可用于各种测量场景，如工业控制、机械设备监测、航空航天、汽车工程、医疗仪器等领域。压力传感器广泛应用于流体力学、气体和液体压力的测量和控制中，为各种工业过程提供准确的数据支持。

4. 接近传感器

接近传感器是使用电磁场、光和声音检测物体存在或不存在的一类传感器。接近传感器有很多类型，每种类型都有特定的应用场景。电感式接近传感器利用电磁场进行工作，因此它只能检测金属目标。当金属靶进入电磁场时，金属的感应特性会改变磁场的特性，接近传感器就能检测到金属靶的存在。根据金属的感应程度，可以在更大或更短的距离处检测到目标。电容式接近传感器可以检测粉末、颗粒、液体和固体形式的金属和非金属目标。加上电容式传感器对有色金属材料的感应能力，它们非常适合罐液位检测、料斗粉液位识别。

5. 液位传感器

液位传感器在工业过程控制中非常常见，要选择何种液位传感器，取决于容器的尺寸和几何形状。工业过程控制常会用到静液压传感器和光学液位传感器，用于从简单的极限值检测到精确的连续液位检测。静液压传感器可以作为潜水式传感器安装在液体中，用于在液体中定位，也可以连接到罐壁外部。

传感器根据数据上传的类型的不同分为 4 种：485 型、模拟量型、网络型和无线电型。

485 型传感器通过 RS-485 总线接入 PLC 或者直接接入工业网关并将数据上传至云平台。模拟量型传感器发出的是连续信号，用电压或电流表示被测参数大小，可以接入 PLC 的模拟模块输入端采集数据。网络型传感器通过以太网或 Wi-Fi 将采集到的数据上传到服务器。无线电型传感器通过短距无线传感网或蜂窝网络将采集到的数据上传到服务器。

2.1.2　工业执行器

执行器是接收调节器输出信号并对调节对象施加作用的装置，通常用在驱动阀门等机械设备中。按使用的控制介质不同，执行器可以分为气动、电动和液动 3 种。按输出位移的形式不同，执行器可分为转角型和直线型 2 种。按动作规律不同，执行器可分为开关型、积分型和比例型 3 种。按输入控制信号不同，执行器可分为输入空气压力信号、直流电流信号、电接点通断信号、脉冲信号等。

气动执行器以压缩空气为动力，可实现对阀门的控制，具有结构简单、动作可靠、性能稳定、维修方便、防火防爆、价格便宜、检修维护简单，并且易于制成较大推力的执行机构、对环境的适应性好等优点。缺点是实现控制必须敷设专用的气源管道，对于双作用的气动执行器，断气源后不能回到预设位置；对于单作用的气动执行器，断气源后可以依靠弹簧回到预设位置。气动执行器按照控制气压转换成位移的方式不同，可分为薄膜式、活塞式和齿轮齿条式。

电动执行器在工业控制系统中是电动单元组合仪表中一个很重要的执行单元。电动执行器一般由控制电路和执行机构这两个在电路上完全独立的部分组成，可接收来自 DCS 的控制信号，将其线性地转换成机械转角或直线位移，用来操作风门、挡板、阀门等调节机构。其优点是能量取用方便，信号传输速度快，传输距离远，便于集中控制，灵敏度和精度较高，与电动调节仪表配合方便，安装接线简单。其缺点是结构复杂，平均故障率高于气动执行器，适用于防爆要求不高、气源缺乏的场所。按照输出的轴运动方式不同，电动执行器可分为直行程和角行程 2 种。

液动执行器是以液压油为动力完成执行动作的一种执行器。液动执行器的实际应用在 3 种执行器（电动、气动、液动）中最低，只有一些大型工作场合才会使用到液动执行器。

液动执行器的输出推动力要高于气动执行器和电动执行器，而且液动执行器的输出力矩可以根据要求进行精确的调整。液动执行器的传动更为平稳、可靠，有缓冲、无撞击现象，适用于对传动要求较高的工作环境。液动执行器的调节精度高、响应速度快，能实现高精确度控制。液动执行器使用液压油驱动，液体本身有难压缩的特性，因此液压执行器能轻易获得较好的抗偏离能力。由于液动执行器使用液压方式驱动，在操作过程中不会出现电动设备常见的打火现象，因此防爆性能要高于电动执行器。

执行器和传感器经常配合工作，执行器的状态依靠传感器来采集，比如在气缸的两端加上磁性开关以判断气缸是否执行到位。

2.1.3　PLC

1．PLC 的组成

要想了解 PLC，先要了解它的历史。自 20 世纪 20 年代起，人们把各种继电器、定时器、接触器及其触点按一定的逻辑关系连接起来组成控制系统，控制各种生产机械，这就是大家所熟悉的传统的继电接触器控制系统。由于它结构简单、容易掌握、价格便宜，在一定范围内能满足控制要求，因而使用面甚广，在工业控制领域一直占主导地位。但是以各种继电器为主要元件的电气控制线路可能需要成千只继电器来构成，需要使用成千上万根导线来连接。安装时，这些继电器需要大量的控制柜，且占据大量的空间；运行时，又产生大量的噪声，消耗大量的电能。为保证系统的正常运行，需要安排大量的电气技术人员进行维护。当系统出现故障时，排除故障又非常困难。尤其是在生产工艺发生变化时，可能需要增加很多的继电器或控制柜，系统改造的工作量极大，所以通用性和灵活性较差。

为挣脱传统的继电接触器控制系统的束缚，1968 年美国通用汽车制造公司（GM）公开招标，对控制系统提出具体要求，归纳起来，其核心是：该设备要使用计算机技术，还要使用能让以前的电气技术人员很容易掌握的编程语言，该设备与被控制设备连接方便，不需要使用特别的供电方式。

根据这些要求，美国数字设备公司（DEC）于 1969 年研制出世界上第一台 PLC——PDP-14，并在 GM 公司的汽车生产线上成功应用。

PLC 的种类很多，但是结构大同小异，如图 2-1 所示为典型的 PLC 控制系统组成。

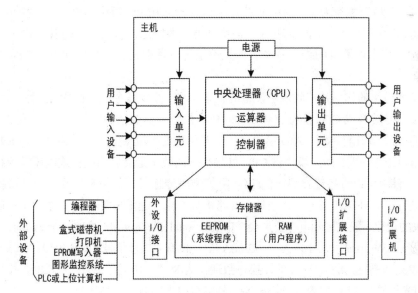

图 2-1　PLC 控制系统组成

（1）CPU。

中央处理器（Central Processing Unit，CPU）是 PLC 的控制中心，通过总线（包括数据总线、地址总线和控制总线）与存储器和各种接口连接，以控制它们有条不紊地工作。CPU 的性能对 PLC 工作速度和效率有较大的影响，故大型 PLC 通常采用高性能的 CPU。

（2）存储器。

存储器的功能是存储程序和数据。PLC 通常配有只读存储器（Read-Only Memory，ROM）和随机存储器（Random Access Memory，RAM）两种存储器。其中 ROM 用来存储系统程序，RAM 用来存储用户程序和程序运行时产生的数据。系统程序由厂商编写并固化在 ROM 中，用户无法访问和修改系统程序。系统程序主要包括系统管理程序和指令解释程序。系统管理程序的功能是管理整个 PLC，让内部各个电路能有条不紊地工作。指令解释程序的功能是将用户编写的程序翻译成 CPU 可以识别和执行的程序。用户程序是用户通过编程器输入存储器的程序。为了方便调试和修改，用户程序通常存放在 RAM 中。由于断电后 RAM 中的程序会丢失，因此 RAM 专门配有后备电池供电。有些 PLC 采用电可擦可编程只读存储器（Electrically-Erasable Programmable ROM，EEPROM）来存储用户程序，由于 EEPROM 中的内容可用电信号进行擦写，并且掉电后内容不会丢失，因此采用这种存储器后可不备用电池。

（3）I/O 单元。

I/O 单元通常也称 I/O 模块，I/O 接口是 PLC 与现场 I/O 设备或其他外围设备（简称外设）之间的连接部件。PLC 通过输入接口把外设（如开关、按钮、传感器）的状态或信息读入 CPU，用户进行程序运算与操作后，把结果经输出接口传送给执行机构（如电磁阀、继电器、接触器等）。输入接口对输入信号进行滤波、隔离、电平转换等，把输入信号安全、可靠地输入 PLC 的内部。输出接口把程序的结果输出到 PLC 的外部，输出接口除了具有隔离 PLC 内部电路和外部执行元件的作用，还具有功率放大的作用。输出形式有继电器输出、晶体管输出和晶闸管输出 3 种。

小型特别是超小型的 PLC 的 I/O 是和 CPU、电源等组装在一个整体结构中的，I/O 的点数受到一定的限制，且以开关量为主；而中型以上的 PLC 都采用 I/O 模块的形式，且多数与 CPU、电源等模块分离，以便于 I/O 容量的扩展。I/O 模块种类也多样化，可以任意混装（无固定安装位置），以便灵活地构成用户所需要的控制系统。但无论是哪一种形式，其功能和内部电路原理都是相似的。

开关量输入模块的作用是接收现场设备的状态信号、控制命令等，如限位开关、操作按钮等，并且将此开关信号转换成 CPU 能接收和处理的数字信号。模拟量 I/O 模块常用的有 A/D、D/A、热电偶/热电阻输入等几种模块。A/D 模块将传感器测量的电流或电压等模拟量转换成数字量，并传输给 PLC 的 CPU 处理；D/A 模块将 CPU 处理得到的数字量转换为电流或电压等模拟量；热电偶/热电阻输入模块可以直接连接热电偶/热电阻等测温传感器，外部不需要放大电路和线性化电路，能自动进行冷端补偿和调零，并且具有开路检查、输入越限报警功能，内部有 A/D 电路。模拟量 I/O 模块的量程一般是国际电工委员会（International Electrotechnical Commission，IEC）标准信号（0～5V、1～5V、0～10V、10mA、4～20mA 等），也有双极性信号（如 ±50mV、±5V、± 10V、±10mV、±20mA 等）。A/D、D/A 的转换位数通常为 8 位、10 位、12 位、16 位，并且在数字量 I/O 接口处用光电管将 PLC 的内部核心电路与外围接口电路隔离。

数字量 I/O 模块常用的有晶体管-晶体管逻辑（Transistor-Transistor Logic，TTL）电平 I/O 模块、拨码开关输入模块、发光二极管（Light Emitting Diode，LED）/液晶显示（Liquid Crystal Display，LCD）/阴极射线管（Cathode Ray Tube，CRT）显示控制模块、打印机控制模块等。TTL 电平 I/O 模块将外设输入的 TTL 电平数据进行处理，或者将处理的结果以 TTL 电平形式输出给外设以进行控制、执行。

通信模块用来实现 PLC 与上位机、下位机或同级的其他智能控制设备通信，常用通信接口标准有 RS-232C、RS-422、RS-485、PROFIBUS、以太网等。

2. PLC 的数据类型

不同厂商的 PLC 对数据类型的支持可能会略有出入，但是基本数据类型几乎相同。

第 1 种类型：位（bit）。它是 PLC（或计算机）的最小存储单位，其取值为 "0" 或 "1"。按位存放的数据，在数据类型中，被称为布尔型（Bool）。布尔型数据的取值为 "0" 或 "1"，可用英文 "TRUE"（真）和 "FALSE"（假）表示。在 PLC 中，布尔型数据的使用频率是很高的。对于数字量的输入或输出，都以位（布尔型）的方式进行操作。比如 "I0.0" 就是一个布尔型变量，它表示输入（Input）缓冲区的第 0 个字节的第 0 位。位，俗称点，常把输入通道称为"I 点"，把输出通道称为"Q 点"。

第 2 种类型：字节（Byte，B）。8 个位组成 1 个字节。在 PLC 中，输入模块和输出模块的通道也是按照字节的顺序来存放的。比如"I0.0～I0.7"，这 8 个输入"位"组成"IB0"。

第 3 种类型：字符型（Char）。字符型数据也占用 1 个字节，它内部存放的是该字符的 ASCII 码值。比如字符"B"，其 ASCII 码值为 66。当程序查询到该数据属于字符型，并且内部存储的值为 66 时，将会在屏幕上显示大写的字符"B"。

第 4 种类型：整型（Int）。整型数据占用 2 个字节，属于有符号数，其取值范围为-32768～+32767。整型数据的最高位为符号位，"0"表示正数，"1"表示负数。

第 5 种类型：字（Word）。字类型也占用 2 个字节，但是它表示无符号数，其取值范围为 0～65535（0xFFFF）。在 PLC 中，用"W"来表示一个字类型的变量。比如变量"MW0"，其中"M"表示该变量存放在"M"区，"W"表示它是一个字类型的变量，"0"表示其起始地址为 0。"MW0"由"MB0"和"MB1"组成，其中"MB0"为高字节，即大端（Big-Endian）字节序。

第 6 种类型：双字（Double Word）。双字由 2 个字组成，因此它包含 4 个字节，其取值范围为 0～4294967295（0xFFFFFFFF）。在 PLC 中，双字用"D"表示。比如"MD0"，它表示"M"区从地址 0 开始的 4 个字节，即"MB0""MB1""MB2""MB3"，字节序依然为大端字节序。

第 7 种类型：双整型（Double Int）。双整型由 2 个整型组成，也占用 4 个字节，不过它表示的是有符号数，其取值范围为-2147483648～+2147483648。在 PLC 中，表示为"DINT"。

第 8 种类型：实型（Real）。实型数据占用 4 个字节，用来表示浮点数。最高位（第 31 位）作为符号（Sign）位，正数为"0"，负数为"1"。

3．PLC 的存储区

（1）输入过程映像存储器 I。

输入过程映像存储器 I 是 CPU 用于接收外部输入信号的，如按钮、开关、行程开关等。CPU 会在扫描开始时从输入模块上读取外部输入信号的状态，放入输入过程映像区，当程序执行的时候从这个输入过程映像区读取对应的状态进行运算。

（2）输出过程映像存储器 Q。

输出过程映像存储器 Q 是将程序执行的运算结果输出驱动外部负载的，如指示灯、接触器、继电器、电磁阀等，但是需要注意，它不是直接输出驱动外部负载的，而是需要先把运算结果放入输出过程映像区，CPU 在下一个扫描周期开始时，将过程映像区的内容复制到物理输出点，然后才驱动外部负载动作。

（3）位存储器 M。

位存储器 M 既不能接收外部输入信号，也不能驱动外部负载，它属于内部的软元件。用户程序读取和写入 M，任何代码块都可以访问 M，也就是说，所有的 OB、FC、FB 都可以访问 M 中的数据，这些数据可以全局性地使用。

（4）临时存储器 L。

临时存储器 L 用于存储代码块被处理时使用的临时数据，只要调用代码块，CPU 就会将临时存储器自动分配给代码块。当代码块执行完成后，CPU 会重新将临时存储器分配给其他要执行的代码块。其实临时存储器 L 类似于位存储器 M，区别在于 M 是全局的，L 是局部的。

（5）数据块 DB。

数据块 DB 用于存储各代码块使用的各种类型的数据，数据块的访问可以按位、字节、字、双字的方式进行寻址。在访问数据块中的数据时，应该指明数据块的名称，如 DB0.DBB0。比如访问 DB1 中的第 0 个字节的第 0 个位，地址应该是 DB1.DBX0.0；访问 DB1 中的第 1 个字节，地址为 DB1.DBB1；访问 DB1 中的第 2 个字节，地址为 DB1.DBW2；访问 DB1 中的第 4 个字节，地址为 DB1.DBW4。

作为工业控制的关键设备，很多工业数据可以用 PLC 来采集。历史原因，PLC 市场长期被三菱、西门子等国外厂商占据。但随着我国自动化程度的普及，国产 PLC 已经逐渐进入一些高端应用领域及大型客户供应链体系中。国产品牌有台达、信捷、汇川和利时等。

 **读一读**

广域云化 PLC 试验成果发布

2021 年 6 月 17 日至 18 日，第五届未来网络发展大会在南京江宁举行，本次大会上正式发布了广域云化 PLC 技术试验成果。据悉，本次试验基于确定性广域网技术和下一代工业控制边缘计算架构，在中国未来网络试验设施（the China Environment for Network Innovations，CENI）上实现了沪宁两地间传输距离近 600km 的广域云化 PLC 工业控制系统的部署和稳定运行，为广域远程工业控制系统的应用铺平了道路。

工业互联网的发展正在推动企业生产系统走向现场少人化、无人化，实现降本增效、安全生产。工业控制系统加速走向远程集中控制模式，让操作人员可以在更安全、更舒适的集中控制室完成生产任务，也让大型企业能够在更大范围内实现总部、多基地之间的生产要素调度和优化。为此，工业控制系统需要走向广域化，确定性广域网技术成为下一代工业控制系统不可或缺的一种技术。

本次试验依托 CENI 在沪宁两地间构建确定性广域网环境，并进行试验验证。其中，云化 PLC 部署在上海，由宝信软件公司采用通用架构实现，包括鲲鹏 CPU、欧拉操作系统、基于 IEC 61499 标准的 PLC 集成开发及运行环境。云化 PLC 采用通用互联网协议（Internet Protocol，IP）。本次试验所验证的确定性广域网环境由 4 个确定性工业协议（Deterministic Industrial Protocol，DIP）设备组成，传输路径近 600km。在重载背景流量冲击下，该环境实现了 20μs 以内的时延抖动控制，且网络时延可有效保障在 4ms 以内，满足了典型云化 PLC 业务的需求。

2.1.4　工控机

工控机就是工业控制计算机，是为工业生产控制而设计的专业的计算机，用于对工业生产过程中的机器设备、生产流程、数据参数等进行监测与控制。典型的工控机如图 2-2 所示。因此，相对于个人计算机（Personal Computer，PC）和服务器，工控机的工作环境非常恶劣，对数据的安全性要求非常高。为了使工控机能更好地工作，通常会进行区别于普通计算机的加固、防尘、防潮、防腐蚀、防辐射等非常特殊的处理。同时，工控机对于扩展功能的要求非常高，工控机往往需要单独定制才能满足特定的外设的要求。

图 2-2　工控机

工控机的特点如下。

（1）可靠性：工控机常用于控制连续的生产过程，在运行期间不允许停机检修，一发生故障将会导致质量事故甚至生产事故。因此要求工控机具有很高的可靠性、低故障率和短维修时间。

（2）实时性：工控机必须实时响应控制对象各种参数的变化，这样才能对生产过程进行实时控制与监测。当过程参数出现偏差或故障时，能实时响应并报警和处理。通常工控机配有实时多任务操作系统和中断系统。

（3）扩充性：工控机由于采用底板＋CPU 卡结构，因而具有很强的 I/O 功能，最多可扩充 20个板卡，能与工业现场的各种外设、板卡（如车道控制器、视频监控系统、车辆检测仪）等相连，以完成各种任务。

（4）软硬件兼容性：能同时利用工业标准结构（Industry Standard Architecture，ISA）与外设部件互连（Peripheral Component Interconnect，PCI）及 PCI 工业计算机制造商组织（PCI Industrial Computer Manufacturers Group，PCIMG）资源并支持各种操作系统、多种编程语言、多任务操作系统，充分利用商用 PC 所积累的软硬件资源。

（5）系统通信功能强：一般要求工控机能构成大型计算机控制系统，具有远程通信功能，为满足实时性，要求工控机的通信网络速度高，并符合国际标准通信协议。

工控机在工业领域用于安装控制系统，如 DCS、现场总线控制系统（Fieldbus Control System，FCS）、工业机器人等，可作为控制中枢。工控机拥有大量的工业数据，数据采集可以从工控机入手，对 IT 系统的采集要相对容易。

2.1.5　工业 HMI

在工业中使用 HMI 来控制和监视设备。现在来谈谈工业 HMI。没有 HMI，在行业中很难实现自动化控制。

HMI 通常会以屏幕的形式出现，像计算机屏幕，而有时更多的是触摸屏。操作人员或维护人员可以从 HMI 操作和监视设备。显示内容包括温度、压力、工艺步骤和材料计数等信息，也能输入一些参数以控制生产过程，工业 HMI 如图 2-3 所示。此外，新一代工业 HMI 还具有简单的编程、对输入的数据进行处理、数据登录及配方等智能化控制功能。

通过 HMI 可以操作面板和监视屏幕。HMI 实际如何连接到机器进行控制和监视呢？

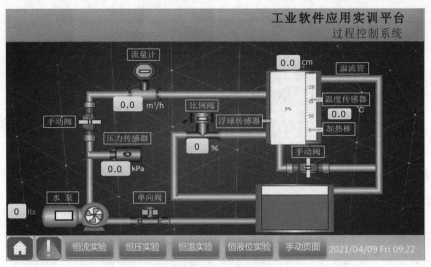

图 2-3　工业 HMI

首先，HMI 使用专用软件，工程师可以对其进行编程。不同品牌的 HMI 使用不同的软件。工程师可以在该软件上设计屏幕上实际看到的内容，可以在屏幕上监视数据，可以设计按钮实现操作控制。例如，HMI 可能会在屏幕上显示一个大水箱，并显示液位。在水箱旁边是一个水泵，用于控制液位。HMI 还可以在水泵旁边显示启动和停止按钮，并可以使用该按钮实现打开和关闭水泵。但是，这并不像在屏幕上放置一个按钮或在屏幕上放置一个带有水准仪的储罐那样简单。HMI 编程人员必须将每个指示器和按钮编程到 PLC 的指定寄存器地址中。这就提出了另一点需求，即 HMI 和 PLC 需要兼容。这意味着它们需要实现交互，即根据所谓的协议来执行操作，不同的公司使用不同的协议。只要 PLC 和 HMI 能够交互，就可以使用 HMI 中编程的指令数据来监视和控制 PLC 功能。HMI 和 PLC 使用串口或以太网接口连接，使用的通信协议有 S7、Modbus等。由于 HMI 集中了工业设备的各种信息，因此数据采集直接采集 HMI 上的数据，从而降低采集难度。HMI 还可以加装 OPC 模块，通过 OPC 协议进行通信，OPC 协议会在本项目的任务 2.4中详细讲解。

【任务实施】

2.1.6　通过 PLC 采集传感器和执行器的数据

微课

通过 PLC 采集传感器和执行器的数据

1. 任务目标
（1）能识读 PLC 的点表。
（2）会采集传感器和执行器的数据。
2. 实训设备及工具
（1）温湿度传感器、电动执行器、西门子 S7-1200、汉云 PLC 网关、网线。
（2）汉云 PLC 网关管理软件 XEdge。
3. 通过 PLC 采集传感器和执行器的数据
步骤 1：识读点表，需要采集的 PLC 点表如表 2-1 所示。

表 2-1　PLC 点表

名称	类型	单位	寄存器地址	备注
Open	Bool		M40.2	阀门开
Close	Bool		M40.3	阀门关
Temperature	Real	℃	MD304	温度
Humidity	Real	%RH	MD404	湿度

PLC 点表的基本内容包括第 1 列的采集数据、第 2 列的数据类型、第 3 列的数据单位、第 4 列的寄存器地址。由表 2-1 可知，阀门开和阀门关是布尔型，温度和湿度数值是浮点数。后面的数据采集根据表 2-1 提供的信息添加。

步骤 2：按照图 2-4 进行线缆连接和 IP 地址配置。

汉云 PLC 网关是一种工业互联网智能网关，先通过串口或以太网接口连接不同型号的 PLC、智能仪表或变频器等设备，通过网络将这些 PLC 或智能仪表中的数据发布到互联网云服务器中。调试 PC 通过打印机线连接汉云 PLC 网关 USB 口并

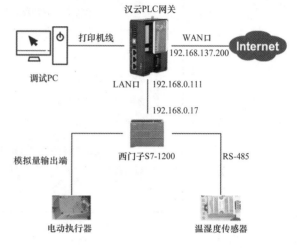

图 2-4　组网图

配置网关。西门子 S7-1200 通过 RS-485 接口连接温湿度传感器，通过模拟量输出端连接电动执行器，通过 LAN（Local Area Network，局域网）口连接汉云 PLC 网关，通过 WAN（Wide Area Network，广域网）口接入互联网。

步骤 3：打开 XEdge 软件，添加汉云 PLC 网关，执行"设备管理"→"网络 PLC"→"新增"命令，网络 PLC 设置参数如图 2-5、图 2-6 所示。

图 2-5　网络 PLC 设置 1　　　　图 2-6　网络 PLC 设置 2

步骤 4：在"新建监控数据"对话框中连接监控，参数设置如图 2-7 所示。

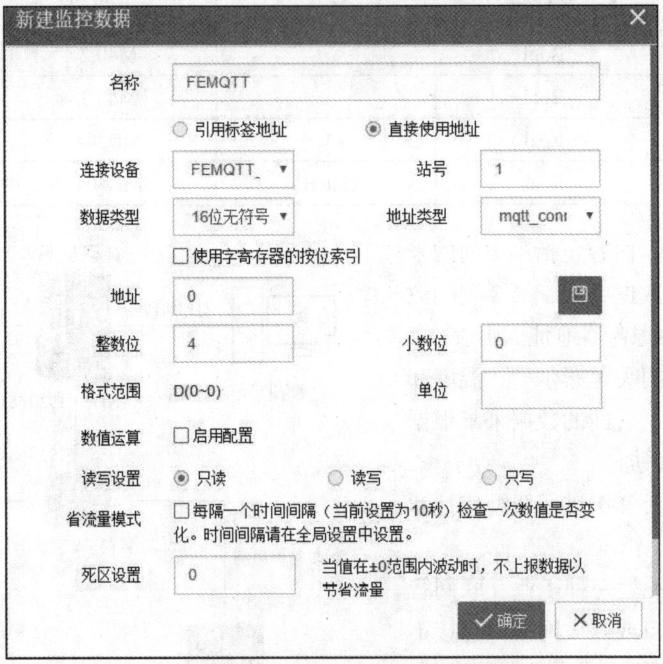

图 2-7　连接监控数据

添加温度监控数据，参数如图 2-8 所示。

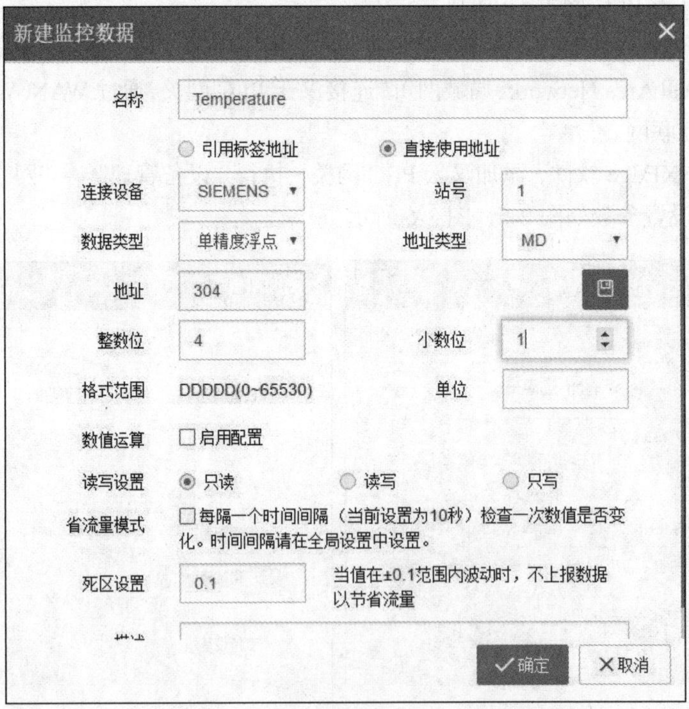

图 2-8　温度监控数据

添加阀门采集数据，参数如图 2-9 所示。

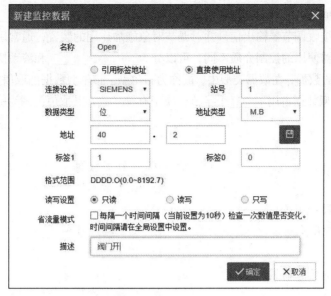

图 2-9　阀门采集数据

　　同理，阀门关和添加湿度的方法一样，只有地址不同，添加好后可以看到采集到的数据，如图 2-10 所示。

	状态	名称	数值	地址	省流量	描述	操作
☐	●	FEMQTT	1	mqtt_connect 0	否	MQTT_CONNECT 0	✏ ⧉ 🗑
☐	●	Temperature	20.4°	MD 304	否	温度	✏ ⧉ 🗑
☐	●	Humidity	32.3°	MD 404	否	湿度	✏ ⧉ 🗑
☐	●	Open	0	M.B 40.2	否	阀门开	✏ ⧉ 🗑

默认组 (4)　⚙分组设置　◎监控设置

图 2-10　PLC 采集的数据

【任务总结】

　　本任务在知识部分介绍了工业传感器、工业执行器、PLC、工控机和工业 HMI，以及数据采集的方法，帮助学生了解了常用传感器的种类和功能、工业执行器的种类和功能、PLC 的构成和数据存储类型，以及工控机和 HMI 的功能；在任务实施部分通过采集温湿度传感器、电动执行器的数据，帮助学生掌握了 PLC 点表识读、传感器和执行器的数据采集方法。

【任务测验】

1. 填空题

（1）温度传感器是指能感受温度并使之转换成可用输出信号的传感器，按测量方式可分为＿＿＿和＿＿＿＿两大类。

（2）传感器根据数据上传的类型不同分为4种：485型、_____、_____和无线电型。

（3）执行器是接收调节器输出信号并对调节对象施加作用的装置，通常用在驱动阀门等机械设备中，根据执行器使用的控制介质不同，可以分为_____、_____和液动执行器3种。

（4）按位存放的数据，在数据类型中，被称为布尔型。布尔型数据的取值为_____或_____。

（5）PLC中整型数据占用_____个字节，属于有符号数，其取值范围为-32768～+32767。

2. 单选题

（1）工业HMI是指（　　）。

A. 人机接口　　　　　　　　　　B. 无线局域网

C. 电子标签　　　　　　　　　　D. 以上都不是

（2）工业传感器用于（　　）。

A. 控制设备的开关　　　　　　　B. 检测物理量

C. 传送数据　　　　　　　　　　D. 以上均是

（3）常见的工业传感器类型包括（　　）。

A. 压力传感器　　　　　　　　　B. 位移传感器

C. 温度传感器　　　　　　　　　D. 以上都是

（4）常见的工业执行器包括（　　）。

A. 电磁阀　　　　B. 电机　　　　C. 液压马达　　　　D. 以上都是

（5）PLC是指（　　）。

A. 电流保护装置　　　　　　　　B. 可编程逻辑控制器

C. 逻辑控制器　　　　　　　　　D. 以上都不是

3. 简答题

简述传感器的采集原理以及常见的采集方式。

任务2.2　工业自动化设备及系统数据采集

【任务描述】

数据采集在实施的过程中有时高度依赖工厂的自动化水平，很多数据来源于生产现场的自动化系统。本任务就来讲解自动化中用到的常见设备和系统，如工业机器人、CNC、AGV、DCS、SCADA等，然后讲解这些设备和系统的数据采集方法，在任务实施部分讲解如何采集机器人的数据。

【知识学习】

2.2.1　工业机器人

很多喜欢科幻电影的同学应该看过《钢铁侠》这部电影。别误会，这里不讨论《钢铁侠》，而是讨论组装钢铁战袍的"机械臂"。工业机器人是面向工业领域的多关节机械手或多自由度的机器装置，它能自动执行任务，是靠自身动力和控制能力来实现各种功能、替代人力、提高效率的一种机器。工业机器人外观如图 2-11 所示。

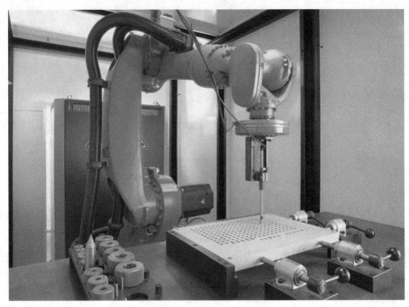

图 2-11　工业机器人外观

机器人的工作原理比较复杂。简单地说，机器人的原理就是模仿人的各种肢体动作、思维方式、控制和决策能力。从控制的角度，机器人可以通过如下 4 种方式来实现这一目标。

"示教再现"方式：它通过"示教盒"或人"手把手"两种方式教机械手如何动作，控制器将示教过程记忆下来，然后机器人就按照记忆周而复始地重复示教动作，如喷涂机器人。

"可编程控制"方式：工作人员事先根据机器人的工作任务和运动轨迹编制控制程序，然后将控制程序输入机器人的控制器；启动控制程序，机器人就按照程序所规定的动作一步一步地完成。如果任务变更，只要修改或重新编写控制程序即可，非常灵活方便。

"遥控"方式：由人用有线或无线遥控器控制机器人在人难以到达或危险的场所完成某项任务，如防爆排险机器人、军用机器人、在有核辐射和化学污染环境工作的机器人等。

"自主控制"方式：是机器人控制中最高级、最复杂的控制方式之一，它要求机器人在复杂的非结构化环境中具有识别环境和自主决策能力，也就是要具有人的某些智能行为。

大多数工业机器人是按照前两种方式工作的。

下面讲解工业机器人的基本构成部分。

（1）主体。

主体即基座和执行机构，包括由腰关节、腰部、肩关节、大臂、肘关节、小臂、腕关节和手腕等构成的多自由度的机械系统。有的机器人还有行走机构。工业机器人有 6 个自由度乃至更多腕部，通常有 1～3 个活动自由度。机械手臂还有末端执行器，又被称为工具，是安装在机器人手腕上的作业机构。现代工业机器人一般是多功能机器人，所谓的"焊接机器人""搬运机器人""装配机器人"等都取决于末端执行器的类型。例如，如果末端执行器是一把弧焊枪，那么该机器人是弧焊机器人。工业机器人主体结构如图 2-12 所示。

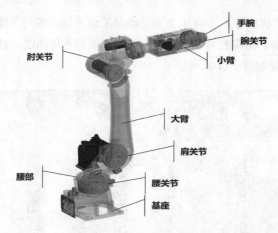

图 2-12　工业机器人主体结构

（2）驱动系统。

工业机器人的驱动系统按动力源分为液压、气动和电动 3 种。依据需求也可由这 3 种范例组合为复合式的驱动系统，或者通过同步带、轮系、齿轮等机械传动机构来间接驱动。驱动系统有动力装置和传动机构，用以实行相应的动作，这 3 种驱动系统各有特点，现在主流的是电动驱动系统。

（3）控制系统。

工业机器人的控制系统是工业机器人的"大脑"，是决定工业机器人功用和功能的关键。控制系统主要负责接收反馈信号，发送控制指令，通常由控制器、机器人操作系统、功能安全系统、示教器等软件和硬件组成。

控制器是控制系统的"大脑"，承载着工业机器人的操作系统，接收各种各样的反馈信号，处理各种中断请求，实时地发送控制指令。控制器可由工业计算机或 PLC 构成。如图 2-13 所示为机器人控制器。

图 2-13　机器人控制器

机器人操作系统处理各种控制指令、信号、中断请求等，一般在系统中预设了机器人参数、模型。功能安全系统避免机器人系统对操作人员构成伤害。国际上，工业机器人必须符合 ISO 10218 的所有内容，在北美，则必须满足 UL 1740。

示教器由显示器、键盘组成，大多数的机器人操作可以用示教器来完成。如今在行业内，示教器的显示器多是触摸屏。示教器作为人机交互的界面，帮助调试人员在现场直观地示教机械手臂的运动、调试程序、设置机器人操作系统的参数。一个符合人机工程学、带有便捷操作界面以及快速响应速度的示教器能够给现场调试人员带来极大的便利，缩短了现场调试的工作周期。

　　工业机器人在实际项目中常应用在各种生产线、装配线及复合型设备等上（如汽车组装生产线、工业电气产品生产线、食品生产线、半导体硅片搬运等）。机器人的各种搬运、码垛、焊接、喷涂等动作轨迹都编程、调试好后，还经常要配合生产线上的其他动作。它经常仅完成整个全自动生产线上的某几个或某些动作，要想完成全部的动作，还需要与 PLC 配合。这就需要 PLC 与工业机器人之间的通信，双方交换信号，PLC 什么时候让机器人去动作，当前动作到了什么位置点，以及机器人完成动作后通知 PLC 等。通过这样的交互通信，机器人可作为整条生产线上的"一员"，和生产线上的其他机构完成整个生产任务。

　　如果我们既掌握了工业机器人的编程，又掌握了 PLC 的控制技术，那么通过 PLC 控制机器人就不难了。只要将工业机器人和 PLC 有效地连接起来，让它们相互进行信号传输即可。工业机器人与 PLC 之间的通信方式有 I/O 连接和通信线连接两种。由于机器人和 PLC 联动控制，因此机器人的数据可以通过 PLC 来获取。机器人也有以太网接口和串口，支持的通信协议也比较丰富，如 PROFINET、PROFIBUS DP、CC-Link、EtherNet/IP、DeviceNet、OPC 等，也可以使用网关直接采集机器人数据。

2.2.2　CNC

　　按照惯例先谈定义，数字控制（Numerical Control，NC）技术是指用数字、文字和符号组成的数字指令来实现一台或多台机械设备动作控制的技术，简称数控。数控一般采用通用或专用计算机实现，因此数控也称为 CNC，如图 2-14 所示为典型的 CNC 设备。

图 2-14　立式加工中心机床

1. 数控设备种类

数控设备一般有以下几类。

金属切削类数控机床，包括数控车床、数控钻床、数控铣床、数控磨床、数控镗床等。这些机床都有适用于单件、小批量和多品种的零件加工能力，具有很好的加工尺寸的一致性、很高的生产率和自动化程度，以及很高的设备柔性。

金属成型类数控机床，包括数控折弯机、数控组合冲床、数控弯管机、数控回转头压力机等。

数控特种加工机床，包括数控线（电极）切割机床、数控电火花加工机床、数控火焰切割机、数控激光切割机床、专用组合机床等。

其他类型的数控设备，非加工设备采用数控技术，如自动装配机、多坐标测量机、自动绘图机等。

2. 数控机床的组成

数控机床一般由机床基础件、传动系统、辅助功能系统和装置、特殊功能装置，以及数控系统组成。在数控机床的机械结构中，有许多电气驱动代替了传统机床的机械传动结构，使得其结构相对简单。但是因为数控机床的高精度和高自动化要求，对机械部件的维护却显得更为重要。例如，对于数控机床的主轴部件来说，必须满足高精度、高刚度、小振动、小热变形等要求，以获得最佳的加工质量。对于数控机床的进给传动系统的重要传动部件滚珠丝杠螺母副，同样要保证它工作过程中的平稳、高精度等。因此，对数控机床本体的状态监控与数据采集显得十分重要。

数控机床的数控系统由输入和输出装置、CNC装置、PLC及其接口电路、主轴控制单元、进给控制单元、位置检测装置等组成，如图2-15所示。

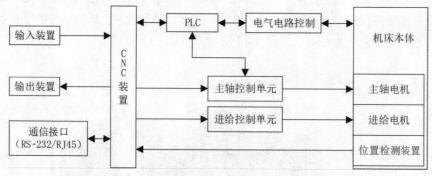

图2-15　数控机床的组成

现介绍其中部分装置。

（1）输入和输出装置。

数控机床现场操作人员通过机床操作面板以及机床上的开关、按钮等来控制数控机床。数控机床的输入和输出装置主要用来接收操作面板输入的信号指令，包括从软盘驱动器（简称软驱）、USB接口、串口、键盘、开关、按钮等读入信号，以及通过标准通信接口输出数据，通过显示器、信号灯输出数据和信号等。

（2）CNC装置。

数控系统的核心是CNC装置。目前的CNC装置不同于早期的数控装置，它采用数字计算机，主要由软件来实现数控功能，具有良好的可扩展性。目前市场上广泛出现的国产、进口的数控系统是最好的例证。CNC装置是在自动加工中完成管理和控制的独立过程单元，其软件结构取决于软硬件的分工及其工作内容，同时决定了不同厂商、不同型号的数控系统，其功能、可靠性有很大的不同。

（3）PLC。

在数控系统中，PLC接收CNC装置的数控指令，进行机床机电控制与检测装置的逻辑控制，同时为数控系统提供机床状态信号。两者共同配合完成对数控机床的控制。

（4）主轴控制单元和进给控制单元。

数控机床的控制单元是数控机床本体和CNC装置之间不可缺少的部分，它用来控制各个轴的运动。

数控机床各组成部分紧密关联。CNC装置在硬件部分的支撑下，通过执行数控软件，以存储程序的方式进行工作。数控机床操作人员通过键盘、软驱，或是数控机床的标准通信接口［如分布式数控（Distributed Numerical Control，DNC）接口、OPC接口、USB接口］等输入零件程序、控制参数和补偿量等数据。根据不同的输入途径，以上输入方式分为存储工作方式和手动直接输入方式。

CNC装置和数控机床之间的信号一般不直接传递，而是通过I/O接口电路来实现。它主要用来进行必需的电气隔离以及进行电平转换、功率放大。而CNC装置和PLC之间通过双端口随机存取存储器实现通信。PLC和CNC装置进行数据交换后，经过相关逻辑检测、运算和处理，将结果通过输出端口控制机床电器，同时反馈给CNC装置。

CNC装置用于设备层时通常还需要与上位机或DNC进行通信，采用的是数控机床的标准通信接口，一般是RS-232C或RS-422，有的还具备网络通信接口和USB接口。

3. 数控机床的数据采集

数控机床的数据采集可以采用3种主要形式。首先，可以通过数控机床的标准通信接口（如串口、网口）进行数据采集。其次，可以通过数控机床与计算机数控装置之间的接口电路来采集机床的状态量。最后，可以利用外接传感器网络对数控机床关键部件进行状态数据采集。

2.2.3 AGV

随着"中国制造2025"的推进，工厂自动化程度进一步提高，智能制造逐渐实现，由此带来了对智慧仓储的需求。无人化是智慧工厂发展的趋势所在，用机器人替代人进行仓储管理会进一步提高制造的效率。于是，AGV应运而生并受到广泛关注。

AGV是一种以电池为动力、装有非接触导引装置的无人驾驶车辆。它的主要功能表现为能在计算机监控下，按路径规划和作业要求，精确地行走并停靠到指定地点，完成一系列作业功能。AGV以轮式移动为特征，较之步行、爬行或其他非轮式的移动机器人具有行动快捷、工作效率高、结构简单、可控性强、安全性好等优势。与物料输送中常用的其他设备相比，AGV的活动区域无须铺设轨道、支座架等固定装置，不受场地、道路和空间的限制。因此，在自动化物流系统中，最能充分地体现其自动性和柔性，实现高效、经济、灵活的无人化生产，人们形象地把AGV称作现代物流系统的动脉，如图2-16所示为单臂移动协作机器人。

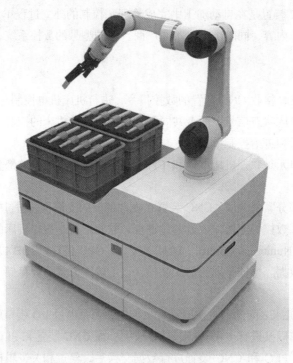

图 2-16　单臂移动协作机器人

AGV 的硬件组成主要包括以下几部分。

（1）动力系统：车载电源、驱动装置（伺服电机、驱动器、车轮、制动装置、控制卡）。

（2）传感系统（包含安全系统、定位导航系统）：各种传感器、数据采集装置（采集卡）。

（3）通信系统：工业无线客户端（无线网卡）。

（4）控制系统：转向装置、车载计算机。

（5）车体支架：AGV 的车体主要采用机械结构，并预留部分空间用于电气控制。

（6）其他装置：包含 HMI、操作面板、控制面板等辅助装置。

根据导引方式，AGV 可以分为六大类。

（1）环境映射法导引，即把整个行驶区域分成若干小区域，通过对小区域的计数实现导引。这种方式最大的优点就是通过修改软件的配置就可以实现路径修改，可靠性也比较高。但是导引以及定位的精度比较低，而且无法满足复杂的路径要求。

（2）电磁导引，这是应用最常见的一种，提前把金属线埋在地下并在金属上加载引导频率，这样小车可以跟着金属线走。它的优点就是非常隐蔽，不容易被污染和被破坏，不受声光干扰，而且造价比较低；缺点是金属线埋设在地下，路径可扩展性很低，改变路径非常复杂、困难。

（3）磁带导引，它也比较常见，和电磁导引的工作原理基本上是一样的，电磁导引是把电线埋在地下，磁带导引是把磁带埋在地下。

（4）光学导引，在行驶的路上涂漆或者贴色带，通过这种方式来引导小车。它灵活性很高，因为贴色带很容易改变路线，而且简单易行，但是它对环境要求过高，而且可靠性较差，精度也很难保证。

（5）激光导引，它可以很好地保证精度，在小车行驶路径周围安装位置精确的激光反射板，AGV 发射激光束的同时接收激光，通过某种计算定位进行引导。它最大的好处就是非常精准，但是这种技术现在还不是很流行，算是比较先进的技术，核心技术仅限于个别公司掌握。它通常在军用上用得比较多，在民用上用得比较少。

（6）惯性导引，在小车上安装陀螺仪，并在行驶的地面上安装定位块，通过陀螺仪的偏差信号进行计算，从而进行引导。它的优点是技术先进，非常灵活，但缺点也非常明显，即成本比较高，引导的精度和可靠性与陀螺仪本身的精度和寿命有关。

如果工厂对精度要求不是特别高，通常会用电磁导引、磁带导引或光学导引，偶尔会见到环境映射法导引。但无论采取哪种方式，都要根据实际需要来决定。

AGV 的控制系统主要可分为两部分：地面控制系统和车载控制系统。

（1）地面控制系统即地面固定设备，主要负责任务的分配、车辆调度、交通管理、电池充电等。

（2）车载控制系统即车载移动设备，在收到上位机系统的指令后，负责 AGV 的引导、路径选择、小车行走、装卸操作等。

AGV 系统结构如图 2-17 所示。

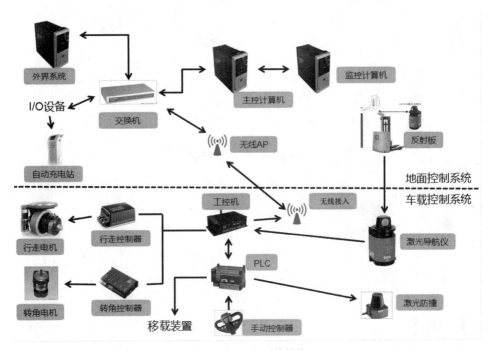

图 2-17　AGV 系统结构

软件系统是整个 AGV 系统正常运行的重要部分之一，它的好坏直接影响系统功能能否实现，它是用户和计算机之间的媒介。控制系统各项功能是通过软件编程得以最终实现的，包含控制流程、数据逻辑运算及处理、状态显示以及参数存储等。软件系统的主要任务一般包括界面显示、算法实现、系统设定，以及实现控制等。AGV 的软件系统一般采用上位机和下位机程序设计模式，上位机与下位机程序通过通信实现数据交换。

PC 端上位机软件主程序一般采用高级语言编写，主要功能包括算法实现、车体姿态数据的采集、路径规划、手动控制、显示与保存、参数设置、与下位机通信等。算法实现主要指实现控制策略算法，得到控制参数，是在主程序后台实现的；显示及参数设置属于人机交互界面设计，用户对 AGV 的操作都是在上位机界面上进行的。

　　下位机主要是 PLC 程序，下位机接收上位机下达的指令，执行运动。PLC 程序主要包括 3 个方面，一是与上位机之间的通信，二是与传感器之间的通信，三是负责顺序控制和信息控制。PLC 程序主要负责顺序控制，即实现系统按照一定的顺序工作，而信息控制完成数据采集、存储、变换、逻辑运算与处理等任务。控制软件是 AGV 的功能得以实现的基础和前提。

　　对于 AGV 这种移动设备，通常会采用无线通信接收调度系统等控制中心的指令。常用的无线通信方式有 Wi-Fi、ZigBee 等，Wi-Fi 在实际中使用较多。

　　上层机器人控制系统（Robot Control System，RCS）平台作为搬运系统的"大脑"，主要负责 AGV 的任务分配及调度，而 AGV 则作为任务的执行者，直接和系统中的机台对接，自动完成搬运任务。因此，AGV 的数据采集主要是和 RCS 对接获取 AGV 的数据，架构如图 2-18 所示。

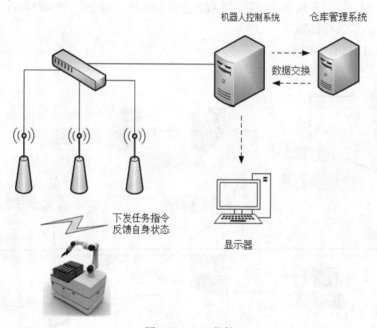

图 2-18　RCS 架构

2.2.4　DCS

　　DCS 是分布式控制系统（Distributed Control System）的英文缩写，在国内自控行业又被称为集散式控制系统，是相对于集中式控制系统而言的一种新型计算机控制系统。DCS 是一个融过程控制和过程监控为一体的计算机综合系统。在通信网络的不断带动下，DCS 已经成为一个综合计算机、通信、显示和控制等技术的完整体系。其主要特点是分散控制、集中操作、分级管理、配置灵活以及组态方便。

　　DCS 主要用于将地理上很分散的设备集中监控并自动控制起来，主要用于大型流水线工业（比如冶金行业）中，可集中反映当前生产状况及设备运行参数。它靠一个中枢系统来集中处理，多个操作员站来监视控制。

　　举个例子，炼钢厂运转车间保障转炉冷却的上联压力水箱（压力罐），水箱液位需要保持在一定范围内。当水箱液位出现较大波动且超出此范围后,可以选择去现场手动调节控制水位的阀门,也可以通过控制 DCS 发出指令调节。DCS 相当于"大脑",对"眼睛"看到的情况如水位降低(现场检测仪表传输过来的信号)做出反应,如增大进水阀开度,现场执行设备接收到指令后做出相应的动作(如增大进水阀开度,保持水位在一定范围内)。

DCS 基本结构为三站一线,即工程师站、操作员站、现场控制站与系统网络配合,如图 2-19 所示。

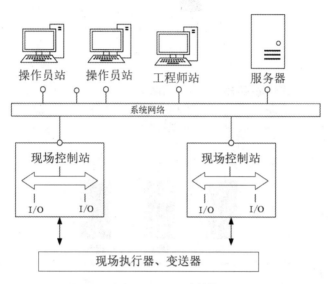

图 2-19 DCS 基本结构

(1)工程师站。

工程师站是对 DCS 进行离线的配置、组态工作和在线的系统监督、控制、维护的网络节点。

主要功能:提供对 DCS 进行组态、配置工作的工具软件,并在 DCS 在线运行时实时监视 DCS 网络上各个节点的运行情况,使系统工程师可以通过工程师站及时调整系统配置及一些系统参数,使 DCS 随时处在最佳工作状态。

(2)操作员站。

操作员站是处理一切与运行操作有关的 HMI 功能的网络节点。

主要功能:为系统的运行操作人员提供 HMI,使操作员可以通过操作员站及时了解现场运行状态、各种运行参数的当前值、是否有异常情况发生等,并可通过输入设备对工艺过程进行控制和调节,以保证生产过程的安全、可靠、高效。

(3)现场控制站。

现场控制站是 DCS 的核心,是对现场 I/O 进行处理并实现直接数字控制(Direct Digital Control,DDC)功能的网络节点。

系统主要的控制功能由现场控制站来完成,系统的性能、可靠性等重要指标也都要依靠它来保证。它的设计、生产及安装都有很高的要求,它是 DCS 中的主要任务执行者。

(4)系统网络。

系统网络是连接系统各个站的桥梁。由于 DCS 是由各种具有不同功能的站组成的,这些站之间必须实现有效的数据传输，以实现系统总体的功能。

系统网络的实时性、可靠性和数据通信能力关系到整个系统的性能，特别是网络的通信规约，关系到网络通信的效率和系统功能的实现。

DCS 一般由以下 4 级组成，如图 2-20 所示。

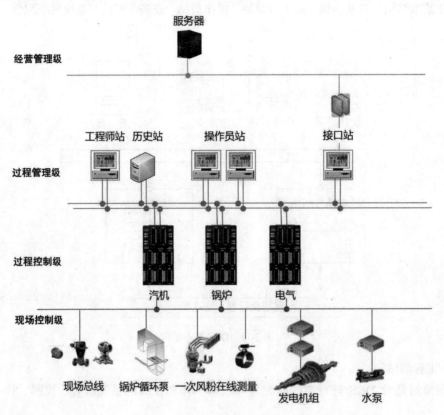

图 2-20　DCS 层级

（1）现场控制级。

现场控制级又称为数据采集装置，主要是对过程非控制变量进行数据采集和预处理，而且对实时数据进行进一步加工处理，供操作员站显示和输出，从而实现开环监视，并将采集到的数据传输到监控计算机。

输出装置在有上位机的情况下，能以开关信号或者模拟信号的方式，向终端元件输出计算机控制命令。现场控制级直接面对现场，和现场设备等相连。例如，阀门、电机、各类传感器、变送器、执行机构等，它们都是工业现场的基础设备，也是 DCS 的基础。在 DCS 中，现场控制级的功能就是执行上位机发来的命令，同时向上位机反馈执行的情况。以军队来举例，可以将现场控制级形容为底层的士兵。它只要能准确地执行命令，并且准确地向上级汇报情况即完成使命。至于它与上位机交流，就是通过模拟信号或者现场总线的数字信号进行的。由于模拟信号在传递的过程中或多或少存在一些失真或者会受到干扰，因此目前流行的是通过现场总线来进行 DCS 信号的传递。

（2）过程控制级。

过程控制级又称为现场控制单元或基本控制器，是 DCS 中的核心，生产工艺的调节都是靠它来实现的，如阀门的开闭调节、顺序控制、连续控制等。前文说到现场控制级是"士兵"，那么给它发号施令的就是过程控制级。过程控制级接收现场控制级传来的信号，按照工艺要求控制规律运算，然后将结果作为控制信号发给现场控制级的设备。所以，过程控制级要具备聪明的"大脑"，能将"士兵"反馈的"军情"进行分析，然后发出命令，以使"士兵"能打赢"战争"。过程控制级不是最高的级别，相当于军队里的"中尉"。它也一样必须将现场的情况反馈给更高级别的"上校"，也就是下面讲的过程管理级。

（3）过程管理级。

DCS 的 HMI 装置普遍配有高分辨率大屏幕、键盘、打印机、大容量存储器等，操作员通过操作员站选择各种操作和监视生产过程。过程管理级是操作员和 DCS 交换信息的平台，是 DCS 的核心显示、操作和管理装置。操作员可以通过屏幕了解到生产情况，了解每个过程变量的数字和状态。过程管理级在军队中算是"上校"。它所掌握的"大权"可以根据需要随时进行手动或自动切换、修改设定值、调整控制信号、操纵现场设备，以实现对生产过程的控制。

（4）经营管理级。

经营管理级又称为上位机，功能强、速度快、容量大，它通过专门的通信接口与高速数据通路相连，综合监视系统各单元，管理全系统的所有信息。它是全厂自动化系统的最高一层，只有大规模的 DCS 才具备，相当于军队中的"元帅"。它所面向的使用者是厂长、经理、总工程师等行政管理或运行管理人员。它的权限很大，可以监视各部门的运行情况，利用历史数据和实时数据预测可能发生的各种情况，从企业全局利益出发，帮助企业行政或运行管理人员进行决策，帮助企业实现其计划、目标。

在早期的 DCS 中，多采用制造商自行开发的专用计算机网络。网络的覆盖范围上至用户的厂级管理信息系统，下至现场控制站的 I/O 子系统。系统网络包括其硬件和软件，都是各个厂商专门设计的专有产品。近年来，随着技术的发展，DCS 的网络取得了长足的进步。很多标准的网络产品陆续推出，特别是以太网的普及，越来越多的 DCS 厂商直接采用以太网作为系统网络。随着网络技术的不断进步，DCS 的上层将与国际互联网融合在一起，而下层将采用现场总线通信技术，使通信网络延伸到现场。

2.2.5 SCADA 系统

SCADA（Supervisory Control and Data Acquisition）是一种对分布距离远、生产单位分散的生产系统进行数据采集、监视和控制的系统。了解生产情况是实施科学生产的基础。如果生产过程分布距离很近，可以采用就近控制的办法，就地接线，就地监视，就地控制，对于复杂的生产过程采用 DCS 控制的比较多，也有采用 PLC 或者专业控制器的。而对于生产过程分布距离非常远的，比如几千米、几十千米、几百千米甚至几千千米的，如变电站、天然气管线、油田、自来水管网等，随着技术的发展，人们慢慢发展出远程采集、监控系统，即 SCADA 系统。

如图 2-21 所示为一个智慧泵站 SCADA 系统，具有泵站数据、巡检系统、云监测、数据分析、安防系统、环境监控、配电系统、报警事件等功能。SCADA 系统具有采集、控制分散，管理集中的 DCS 的特征。

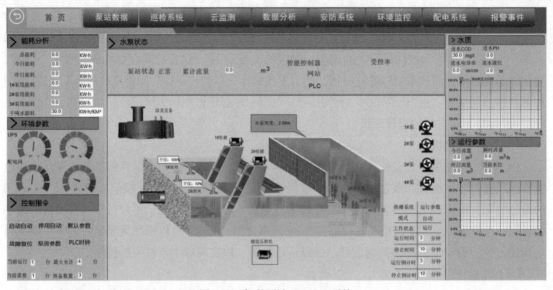

图 2-21　智慧泵站 SCADA 系统

SCADA 系统组成如图 2-22 所示。

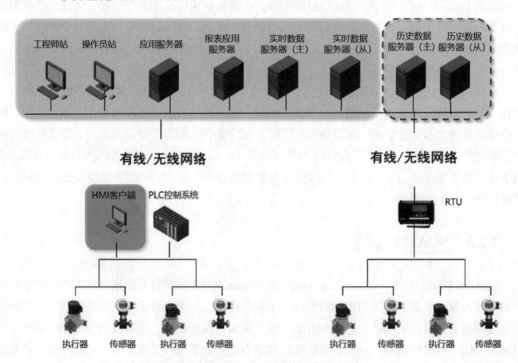

图 2-22　SCADA 系统组成

（1）HMI。

　　HMI 是一个可以显示程序状态的设备，操作员可以用此设备监控及控制程序。HMI 会连接到 SCADA 系统的数据库及软件，读取相关信息，以显示趋势、诊断数据及相关管理用的信息，如定期维护程序、物流信息、特定传感器或机器的线路图，或是可以协助故障排除的专家系统。

HMI 系统常会用图像的方式显示系统的信息，而且会用图像模拟实际的系统。操作员可以看到控制系统的示意图。例如一个连接到管路的泵浦图标，可以显示泵浦正在运转，以及管路中液体的流量。操作员可以使泵浦停机，HMI 软件会显示管路中液体流量随时间下降。模拟图会用线路图及示意图来表示制程中的元素，也可能用制程设备的图片，再加上动画说明制程情形。

　　SCADA 系统的 HMI 软件一般会包括绘图软件，可以让系统维护者修改系统在 HMI 中的呈现方式。

　　实现 SCADA 系统时，警告处理是很重要的一部分。系统会监控指定的警告条件是否成立，以确定是否有警告事件发生。当有警告事件时，系统会采取对应的行动，例如启动一个或多个警告指示，发出电子邮件或短信给系统管理者或 SCADA 系统操作员，告知已有警告事件。SCADA 系统操作员需确认警告事件，有些警告事件在确认后其警告指示就会关闭，也有一些警告指示要在警告条件清除后才会关闭。

　　（2）监控系统。

　　监控系统可以采集数据，也可以下发命令到 PLC 或 RTU 实现对设备的控制和监控。

　　（3）远程终端。

　　远程终端（Remote Terminal Unit，RTU）用于连接和管理传感器、执行器等现场设备，数据被采集后传送给监控系统。RTU 可连接到其他设备。RTU 可将设备上的电气信号转换为数值，例如一个开关或阀的打开/关闭状态，或是仪器测量到的压力、流量、电压或电流。RTU 也可以借由信号转换并传送信号来控制设备，例如特定开关或阀的打开/关闭，或是设置一个泵浦的速度。

　　（4）PLC。

　　SCADA 系统属于调度管理层，PLC 属于现场设备层。PLC 系统适用于工业现场的测量、控制。SCADA 系统的重点是监视、控制，可以实现部分逻辑功能，基本用于上位机；PLC 实现逻辑功能和控制，不提供 HMI，需借助按钮、指示灯、HMI 以及 SCADA 系统对 PLC 完成操作。

　　（5）通信网络。

　　通信网络提供监控系统及 RTU（或 PLC）之间传输数据的管道。

　　传统的 SCADA 系统会使用广播、串行或调制解调器来达到通信的目的，有些大型的 SCADA 系统(如发电厂或铁路中的)也常会使用架构在同步光网络（Synchronous Optical Network，SONET）或同步数字体系（Synchronous Digital Hierarchy，SDH）上的以太网或网络协议进行通信。SCADA 系统中的远程管理或监视功能常称为遥测。

　　如果所有设备的相关信息都由 SCADA 系统采集，意味着 SCADA 系统成为一个数据收集器。SCADA 系统可以对接 MES，接收 MES 下发的指令并传递给设备，同时设备生产过程中的状态以及工艺数据可以通过 SCADA 系统上传给 MES，供 MES 执行、调度。SCADA 系统也可以对接工业互联网平台，为平台提供设备和工艺方法两个要素的数据。SCADA 系统多采用客户端/服务器（Client/Server，C/S）架构。随着 IT 的发展，浏览器/服务器（Browser/Server，B/S）架构的 SCADA 系统逐渐增多，B/S 架构最大的优势是统一了客户端，不再需要专门开发。浏览器就是客户端，SCADA 系统界面通过浏览器呈现。

【任务实施】

2.2.6　机器人数据采集

微课

机器人数据采集

1．任务目标

（1）能识读 PLC 的点表。

（2）能采集机器人运行数据。

2．实训设备及工具

（1）工业机器人、汉云 PLC 网关、西门子 S7-1200、网线。

（2）汉云 PLC 网关管理软件 XEdge。

3．机器人数据采集实施

步骤 1：识读点表，实验需要采集的 PLC 点表数据如表 2-2 所示。

表 2–2　PLC 设备点表

名称	类型	单位	寄存器地址	备注
RX	Real	mm	DB17.DBD76	机器人 x 坐标
RY	Real	mm	DB17.DBD80	机器人 y 坐标
RZ	Real	mm	DB17.DBD84	机器人 z 坐标
RCycle	Int	h	DB17.DBW88	机器人维护保养周期

机器人需要采集 3 个坐标值和 1 个维护保养周期数据，坐标数据类型为单精度浮点型，机器人维护保养周期数据类型为整型。

步骤 2：进行线缆连接，实验的线缆连接和 IP 地址配置如图 2-23 所示。

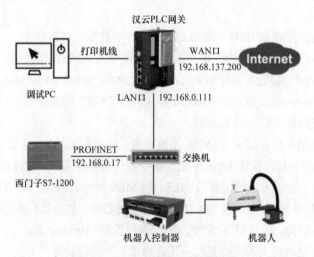

图 2-23　机器人数据采集组网示意

按照图 2-23 连接线缆，汉云 PLC 网关、西门子 S7-1200 和机器人控制器通过交换机进行互连。汉云 PLC 网关通过 LAN 口连接 PLC，通过 WAN 口接入互联网。PLC 通过 PROFINET 通信口连接机器人控制器。

步骤 3：打开 XEdge 软件，新建机器人数据采集分组，单击"新建监控数据"，添加机器人 x 坐标，配置数据如图 2-24 所示。

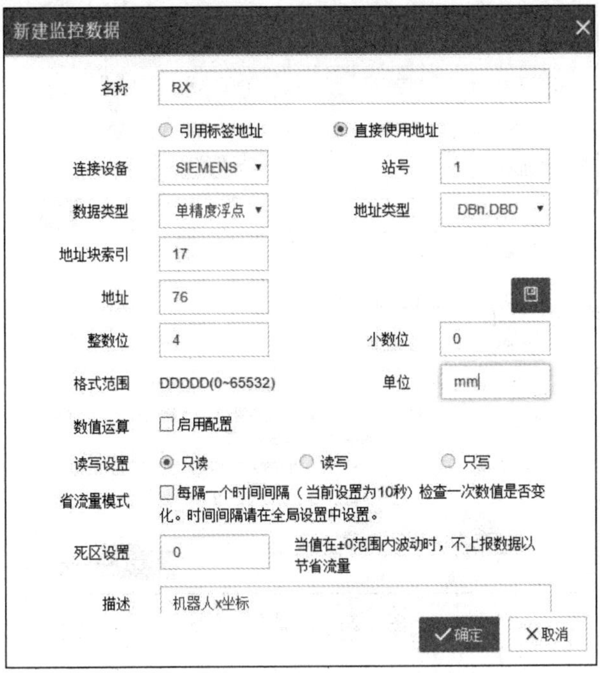

图 2-24　机器人 x 坐标

步骤 4：添加机器人 y 坐标，配置数据如图 2-25 所示。

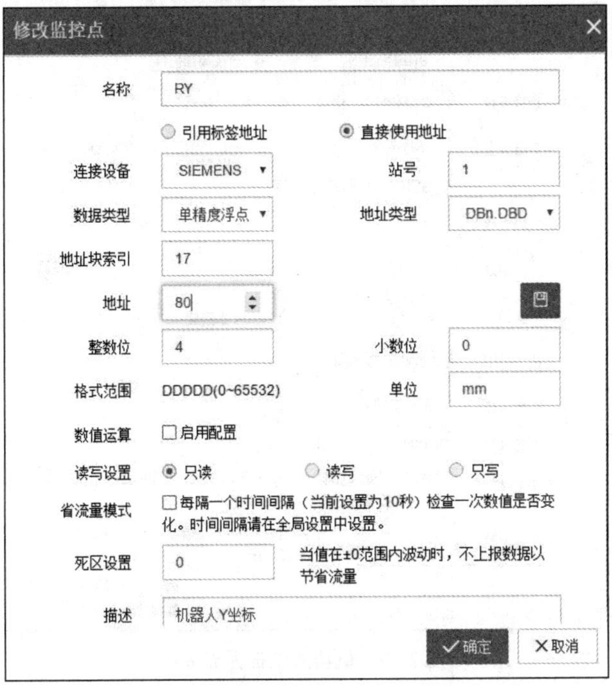

图 2-25　机器人 y 坐标

步骤 5：添加机器人 z 坐标，配置数据如图 2-26 所示。

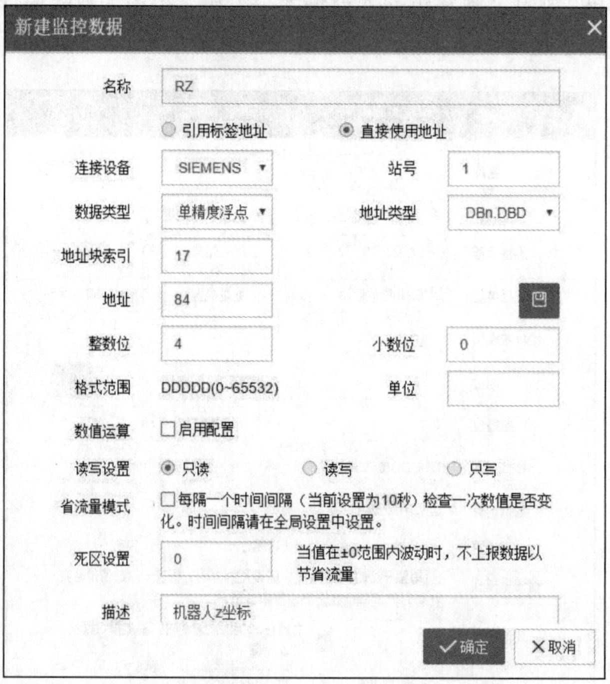

新建监控数据 ✕

名称	RZ

○ 引用标签地址　　● 直接使用地址

连接设备	SIEMENS ▼	站号	1
数据类型	单精度浮点 ▼	地址类型	DBn.DBD ▼
地址块索引	17		
地址	84		回
整数位	4	小数位	0
格式范围	DDDDD(0~65532)	单位	

数值运算　□ 启用配置

读写设置　● 只读　　○ 读写　　○ 只写

省流量模式　□ 每隔一个时间间隔（当前设置为10秒）检查一次数值是否变化。时间间隔请在全局设置中设置。

死区设置　| 0 |　当值在±0范围内波动时，不上报数据以节省流量

描述　| 机器人z坐标 |

✓ 确定　　✕ 取消

图 2-26　机器人 z 坐标

步骤 6：添加机器人维护保养周期，配置数据如图 2-27 所示。

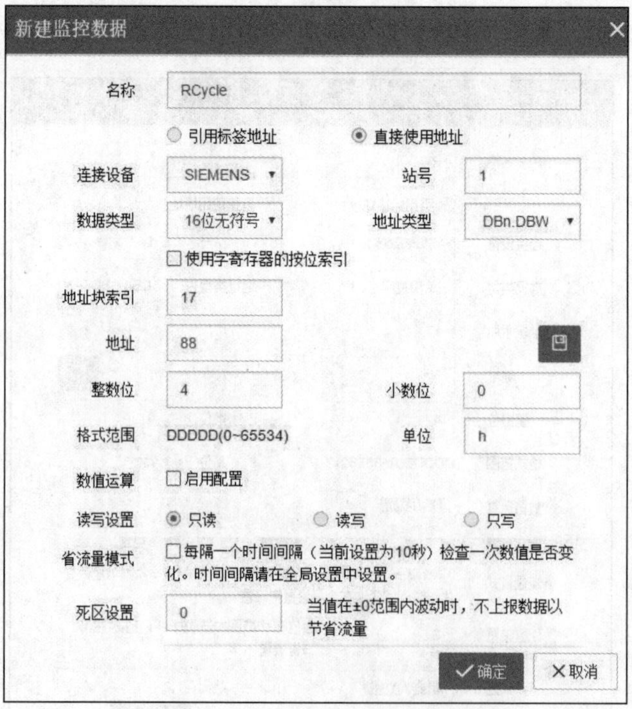

新建监控数据 ✕

名称	RCycle

○ 引用标签地址　　● 直接使用地址

连接设备	SIEMENS ▼	站号	1
数据类型	16位无符号 ▼	地址类型	DBn.DBW ▼

□ 使用字寄存器的按位索引

地址块索引	17		
地址	88		回
整数位	4	小数位	0
格式范围	DDDDD(0~65534)	单位	h

数值运算　□ 启用配置

读写设置　● 只读　　○ 读写　　○ 只写

省流量模式　□ 每隔一个时间间隔（当前设置为10秒）检查一次数值是否变化。时间间隔请在全局设置中设置。

死区设置　| 0 |　当值在±0范围内波动时，不上报数据以节省流量

✓ 确定　　✕ 取消

图 2-27　机器人维护保养周期

步骤 7：查看采集数据，结果如图 2-28 所示。

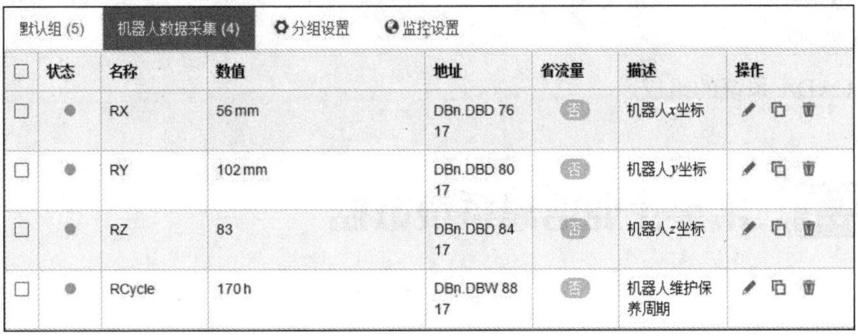

	状态	名称	数值	地址	省流量	描述	操作
☐	●	RX	56 mm	DBn.DBD 76 17	否	机器人x坐标	✏ 📋 🗑
☐	●	RY	102 mm	DBn.DBD 80 17	否	机器人y坐标	✏ 📋 🗑
☐	●	RZ	83	DBn.DBD 84 17	否	机器人z坐标	✏ 📋 🗑
☐	●	RCycle	170 h	DBn.DBW 88 17	否	机器人维护保养周期	✏ 📋 🗑

默认组 (5)　机器人数据采集 (4)　⚙分组设置　⚙监控设置

图 2-28　机器人数据采集结果

【任务总结】

本任务在知识学习部分介绍了工业机器人、CNC、AGV、DCS 和 SCADA 系统，以及数据采集的方法，帮助学生了解了这些设备和系统的架构与功能，不同的设备如何采集数据；在任务实施部分通过采集机器人 x、y、z 坐标和维护保养周期，帮助学生掌握 PLC 点表识读、机器人的数据采集方法。

【任务测验】

1. 填空题

（1）机械手臂还有_____，又被称为工具，是安装在机器人手腕上的作业机构。

（2）数控一般采用通用或专用计算机实现数字程序控制，因此数控也称为计算机数控，简称_____。

（3）AGV 的控制系统主要可分为两部分：_____系统和_____系统。

（4）_____是分布式控制系统的英文缩写，在国内自控行业又被称为集散式控制系统。

（5）SCADA 是 Supervisory Control and Data Acquisition 的缩写，是一种对分布距离远、生产单位分散的生产系统进行_____、_____和_____的系统。

2. 单选题

（1）机器人的工作原理比较复杂。简单地说，机器人的原理就是模仿人的各种肢体动作、思维方式、控制和决策能力。从控制的角度，机器人可以通过如下哪种方式来达到这一目标？（　　）

A. 示教再现　　　　B. 可编程控制　　　　C. 遥控　　　　D. 以上都是

（2）工业机器人的基本构成部分不包括（　　）。

A. 主体　　　　B. 驱动系统　　　　C. 控制系统　　　　D. 网关

（3）AGV 的硬件组成不包括（　　）。

A. 动力系统　　　　B. 传感系统　　　　C. 通信系统　　　　D. 充电站

（4）SCADA 系统包括哪个子系统？（　　）

A. HMI　　　　B. 动力系统　　　　C. 示教系统　　　　D. 运动系统

（5）数控机床的数控系统包含以下哪个部分？（　　　）

A. 传感系统　　　　　B. CNC 装置　　　　　C. 网关　　　　　D. 遥控

3. 简答题

简述 SCADA 系统的组成。

任务2.3　采集企业信息系统数据

【任务描述】

企业信息系统是指建立在信息技术基础上，能够帮助企业实现大部分职能，并且能够提供实时、准确、完整的数据，为管理者提供决策依据、帮助企业提高工作效率的一种蕴含管理思想的软件。本任务主要介绍企业中常用的信息系统，以及这些系统的数据如何采集。

【知识学习】

2.3.1　企业信息系统中数据的采集

智能工厂信息系统需要将现代管理理论、智能制造理论与最新信息化技术、自动化技术、网络通信技术、信息物理系统、大数据技术、云计算技术深度融合，通过科学规划和全面集成企业设备单元和生产监控、制造执行、企业管理、设计研发等各类系统，最终构建由智能设计、智能经营、智能生产、智能决策组成的智能工厂。主要的信息系统以及系统间的关系如图 2-29 所示。

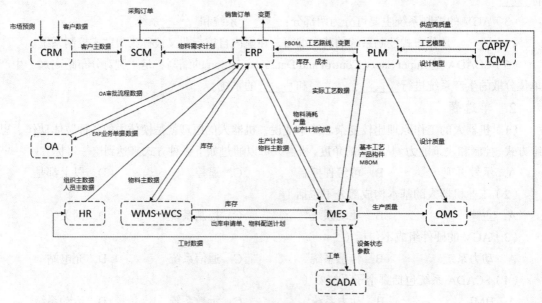

图 2-29　主要的信息系统以及系统间的关系

基于智能工厂所需的主要业务系统进行规划建设，主要内容如下。

（1）ERP。

企业资源计划（Enterprise Resource Planning，ERP）系统是指建立在信息技术基础上，以系统化的管理思想，为企业决策层及员工提供决策手段的管理平台。它是从物料需求计划（Material Requirements Planning，MRP）系统发展而来的新一代集成化管理系统。它扩展了 MRP 系统的功能，其核心思想是供应链管理。它打破了传统企业边界，从供应链范围优化企业的资源。ERP 系统集信息技术与先进的管理思想于一身，成为现代企业的运行模式，反映了时代对企业合理调配资源、最大化地创造社会财富的要求，成为企业在信息时代生存、发展的基石。它对于改善企业业务流程、提高企业核心竞争力的作用是显而易见的。

（2）SCM。

供应链管理（Supply Chain Management，SCM）是指从原料采购到产品交付至最终目的地的整个过程中，对与产品或服务有关的商品、数据和资金的流动进行的管理。它旨在帮助企业有效管理和控制整个供应链的活动，从供应商到制造商，再到分销商和最终客户。SCM 系统通过整合和优化供应链中的各个环节，实现物料采购、生产计划、库存管理、订单处理、物流配送等方面的协调和管理，从而提高供应链的运作效率和效果。

（3）WMS。

仓库管理系统（WMS）是通过入库业务、出库业务、仓库调拨、库存调拨和虚仓管理等功能，综合批次管理、物料对应、库存盘点、质检管理、虚仓管理和即时库存管理等功能的管理系统，可有效控制并跟踪仓库业务的物流和成本管理全过程，实现完善的企业仓储信息管理。WMS 可以独立执行库存管理操作，与其他系统的单据和凭证等结合使用，可提供更为完整、全面的企业业务流程和财务管理信息。

（4）QMS。

质量管理系统（Quality Management System，QMS）是一种管理体系，旨在确保产品或服务在符合质量标准的同时满足用户需求。QMS 涵盖了制定质量方针、设定质量目标、实施质量策划、质量控制、质量保证和持续的质量改进等活动。它是企业内部建立的一套系统和流程，用于指挥、控制和监督组织的质量管理工作。

（5）CRM。

客户关系管理（Customer Relationship Management，CRM），从字面上来看，是指企业用 CRM 来管理与客户之间的关系。CRM 是选择和管理有价值客户及其关系的一种商业策略，CRM 要求以客户为中心的商业哲学和企业文化来支持有效的市场营销、销售与服务流程。CRM 是获取、保持和增加可获利客户的方法和过程。CRM 既是一种崭新的、国际领先的、以客户为中心的企业管理理论、商业理念和商业运作模式，也是一种以信息技术为手段，有效提高企业收益、客户满意度、雇员生产力的具体软件和实现方法。

（6）MES。

制造执行系统（MES）是一套面向制造企业车间执行层的生产信息系统。MES 可以为企业提供制造数据管理、计划排程管理、生产调度管理、库存管理、质量管理、人力资源管理、工作中心/设备管理、工具工装管理、采购管理、成本管理、项目看板管理、生产过程控制、底层数据集成分析、上层数据集成分解等管理模块，为企业打造一个扎实、可靠、全面、可行的制造协同管理平台。

（7）WCS。

仓库控制系统（WCS），也有的业内人士称之为仓库设备调度系统。WCS 主要应用于自动化立体仓库，是自动化立体仓库的重要组成部分。它向上获取 WMS 的作业任务，向下对自动化设备下发详细的操作指令，是介于 WMS 和 PLC 系统之间的一层管理控制系统，可以协调各种物流设备（如输送机、堆垛机、穿梭车以及机器人、自动导引小车等）的运行，主要通过任务引擎和消息引擎优化和分解任务、分析执行路径，为上层系统的调度指令提供执行保障和优化，实现对各种设备系统接口的集成、统一调度和监控。

（8）PLM。

产品全生命周期管理（Product Lifecycle Management，PLM）通过数据和技术手段，连接产品设计、生产、营销等部门，实现产品数据的贯穿和共享。PLM 系统的主要功能包括产品数据管理、产品结构管理、需求管理、项目管理、流程管理、供应链协同等。应用 PLM 系统可以降低产品开发成本，缩短产品开发周期，提高产品质量，并实现全球协同开发。总之，PLM 是企业实现产品创新、优化产品开发流程的关键信息系统。

（9）CAPP。

计算机辅助工艺计划（Computer Aided Process Planning，CAPP）系统利用计算机技术来进行工艺路线设计和工艺文件编制。CAPP 系统的主要功能包括：进行工艺分析，确定工艺路线和工序顺序；根据产品设计图纸，自动生成工艺文件和工艺卡；进行工艺规程优化和碰撞检查；生成加工程序和 NC 代码。应用 CAPP 系统可以缩短产品设计到生产准备的周期，减少工艺设计错误，提高工艺规范化程度，实现工艺文档自动化生成功能。总之，CAPP 系统大大提高了工艺设计的效率和质量。

介绍完了常用的信息系统，那么系统间的数据如何调用呢？常用的有 API。我们通过 API 可以实现特定的功能，而不需要了解其内部实现细节。可以把 API 理解为特定服务的一种封装，将服务封装起来给他人调用，这样一来很多功能就不需要重新开发。

举一个例子，我们想要知道一周的天气如何，如果由自己来实现这个功能很难，因为天气数据只有气象部门才知道。那么，该如何获得天气信息呢？气象部门提供数据 API 给我们使用，我们只要输入地区就会知道该地区一周的天气情况，但我们并不需要了解天气预报是如何实现的。

我们在前面说过，API 其实就是一种服务的封装。我们可以使用不同的编程语言编写 API，开发习惯和编程语言的不同导致 API 风格也存在差异。常见的 API 有以下几种形式。

（1）HTTP 接口。

基于 HTTP 提供的 API，这类 API 常常以"网址"形式提供，比如现在主流的 RESTful 就属于这类接口。

（2）RPC 接口。

RPC 是将一部分代码放在远程服务器上部署，然后在需要的地方调用即可（调用远程方法与调用本地方法一样），本质上是 C/S 模式，而且支持多种协议和数据传输方式。

（3）Web Service 接口。

Web Service 接口并不具象地指某种 API，我们将以 Web 形式提供的服务都称为 Web Service，RESTful 也属于 Web Service。

【任务实施】

2.3.2 云平台 API 认知

微课

云平台 API 认知

1. 任务目标

（1）能理解 API 文档。

（2）能测试 API。

2. 实训设备及工具

（1）Apipost 软件。

（2）云平台接口文档。

3. 云平台 API 认知操作步骤

步骤 1：打开 Apipost 软件，新建一个接口，需要先调用/login 接口获取 token 值。请求类型为"POST"，请求 URL（Uniform Resource Locator，统一资源定位符）为"<%=BaseUrl%>/login"，data 为 token 值，如图 2-30 所示。

图 2-30 获取 token 值

步骤 2：将 token 值放入 Header，如图 2-31 所示。

图 2-31　将 token 值放入 Header

步骤 3：查询网关列表，请求类型为"GET"，请求 URL 为"<%=BaseUrl%>/v1/dpu/list"，如图 2-32 所示。

图 2-32　查询网关列表

步骤 4：查询设备列表，请求类型为"GET"，请求 URL 为"<%=BaseUrl%>/v1/machine/list"，如图 2-33 所示。

图 2-33 查询设备列表

步骤 5：查询设备详情，请求 URL 为 "<%=BaseUrl%>/v1/machine/{id}"，如图 2-34 所示。

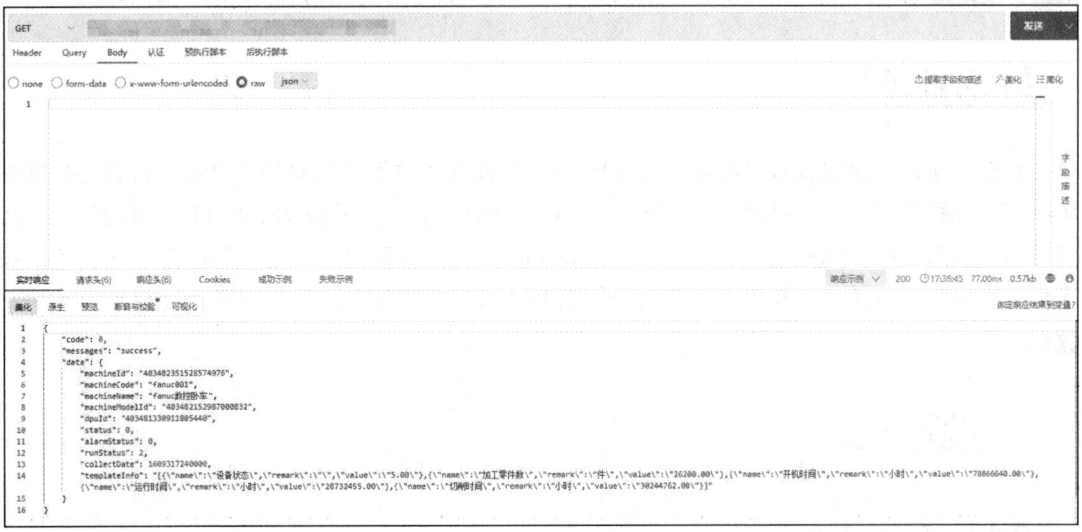

图 2-34 查询设备详情

【任务总结】

本任务介绍了企业信息系统的作用、常见的企业信息系统以及这些系统发挥的作用、信息系统中数据采集的方法、常见的 API 形式；在任务实施部分讲解了 API 测试的方法，帮助学生理解 API 文档，会用 Apipost 软件获取网关列表、设备列表、设备详情等。

【任务测验】

1. 填空题

（1）ERP 是 Enterprise Resource Planning 的缩写，即_____。

（2）SRM 是 Supplier Relationship Management 的缩写，即_____。

（3）OMS 是 Order Management System 的缩写，即_____。

（4）_____系统是一套面向制造企业车间执行层的生产信息系统。

（5）CRM 就是_____。从字面上来看，是指企业用 CRM 来管理与客户之间的关系。

2. 简答题

（1）ERP 的功能是什么？

（2）SRM 的功能是什么？

（3）WMS 的功能是什么？

（4）MES 的功能是什么？

（5）TMS 的功能是什么？

任务2.4 运用数据互通技术

【任务描述】

数据互通是工业领域永恒的话题，当前企业 IT 管理运营系统需要采集设备运行状态数据和实时工艺过程数据，需要打通 OT（Operational Technology，运营技术）与 IT 层级的限制，实现横向和纵向互通。OPC UA（Unified Architecture，统一体系结构）是一个跨越 OT 与 IT 的技术标准和规范，本任务在知识学习部分介绍 OPC UA，在任务实施部分介绍通过 OPC UA 采集数据。

【知识学习】

2.4.1 OPC UA

1. OPC

工业控制领域用到大量的现场设备，在 OPC 出现以前，软件开发商需要开发大量的驱动程序来连接这些设备。即使硬件供应商在硬件上做了一些小小的改动，应用程序也可能需要重写。同时，由于不同设备甚至同一设备不同单元的驱动程序也有可能不同，软件开发商很难同时对这些设备进行访问以优化操作。为了消除硬件平台和自动化软件之间互操作性的障碍，建立了 OPC 软件互操作性标准，开发 OPC 的最终目标是在工业控制领域建立一套数据传输规范，如图 2-35 所示。

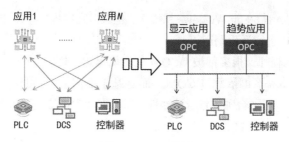

图 2-35 OPC 目标

为了便于自动化行业不同厂商的设备和应用程序能相互交换数据，定义了一个统一的接口函数，就是 OPC 协议规范。OPC 是基于 Microsoft Windows 的 COM（Component Object Model，组件对象模型）/DOM（Document Object Model，文档对象模型）的技术，可以使用统一的方式访问不同设备厂商的产品数据。简单来说，OPC 就是用于在设备和软件之间交换数据。

OPC Classic 规范基于 Microsoft Windows 的 COM/DCOM（Distributed Component Object Model，分布式组件对象模型），用于在软件组件之间交换数据。该规范为访问过程数据、报警和历史数据提供了单独的定义。

（1）OPC Data Access（OPC DA，OPC 数据访问）。OPC DA 规范定义了数据交换，包括值、时间和质量信息。

（2）OPC Alarms&Events（OPC A&E，OPC 报警和事件）。OPC A&E 规范定义了报警和事件类型消息信息的交换，以及变量状态和状态管理。

（3）OPC Historical Data Access（OPC HAD，历史数据访问）。OPC HDA 规范定义了可应用于历史数据、时间数据的查询和分析的方法。

OPC 基于 COM/DCOM 技术用于在设备和软件之间交换数据，如图 2-36 所示。这也意味着 OPC 只能在 Windows 系统上运行，在运行 OPC 之前需要配置 Windows 的 COM/DCOM。在"运行"对话框中输入"DCOMCNFG"并按 Enter 键，可以看见 Windows 的组件服务的配置。不过有一点可以确认，就是 OPC 在运行 Windows 的工业 PC 和上位机上方可运行。这是在 Windows "一统天下"的年代的不二选择，一台 PLC 如果要和 OPC 上位机通信，必须通过 Windows 工业 PC 来完成。

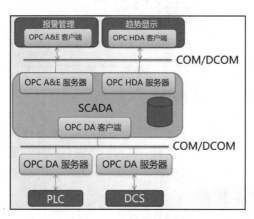

图 2-36 OPC 典型实例

OPC 自发布以来已广泛应用在工业控制系统的信息集成中，但由于对 COM/DCOM 技术的依赖性，该技术在安全性、跨平台性以及连通性方面都存在很多问题。例如，很难通过 Internet/Intranet，尤其是企业防火墙；难以运行在非 Windows 系统中，也难以在嵌入式系统中实现；很多上层应用没有 OPC-COM 接口，难以进行远程调用等。

早期用过 OPC 的工程师，很多都被 DCOM 配置搞得焦头烂额。OPC UA 的推出，正是基于这一背景。OPC UA 技术不再依靠 DCOM，而是基于面向服务的体系结构（Service-Oriented Architecture，SOA），提供了平台独立性、扩展性、高可靠性和连接互联网等能力。因此，OPC UA 的使用更简便。

2．OPC UA

OPC UA 实质上是一种抽象的框架，是一种多层架构，其中的每一层完全是从其相邻层抽象而来的。这些层定义了线路上的各种通信协议，以及能否安全地编码/解码包含数据、数据类型定义等内容的信息。利用 OPC UA 这一核心服务和数据类型框架，人们可以在其基础上（继承）轻松添加更多功能。

OPC UA 是 OPC 基金会为自动化以及其他领域的数据通信提供的新标准，旨在通过允许使用不同协议并在不同平台（如 Windows、macOS 以及 Linux）上运行的工业设备相互通信来解决此问题。

而且，OPC UA 超越了工业以太网的范围，它包括从"自动化金字塔"底层开始的设备——处理现场数据的现场设备，诸如传感器、执行器等，一直到高层，包括 SCADA、MES 和 ERP 系统，以及云计算。OPC UA 允许"自动化金字塔"各个级别的工业设备（以不同的协议和不同的平台运行）相互通信，如图 2-37 所示。

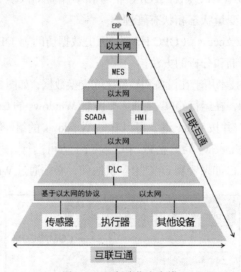

图 2-37 "自动化金字塔"

在工业控制领域，通信协议种类多样，不同厂商的 PLC 通信协议不同，同一厂商不同型号的 PLC 通信协议也不相同。现场设备（如电表、水表、热表、水泵、变频器、各种控制器）只要是涉及通信的，协议都不尽相同。相比较而言，只有 Modbus 通信协议相对统一，但是具体到不同厂商，其设备的通信点表也是不同的。

所以在工业控制领域衍生了一种 SCADA 软件，这种软件最重要的功能就是集成各种厂商设备的通信协议驱动，实现与设备的通信。随着物联网时代的到来，设备需要接入物联网平台，这种多协议类型势必不方便，因此需要一种统一化的通信协议。OPC UA 的目的就是提供一种统一的通信协议，方便系统集成和物联网设备接入。图 2-38 显示了 OPC UA 和 PROFINET 如何在制造环境中一起工作。

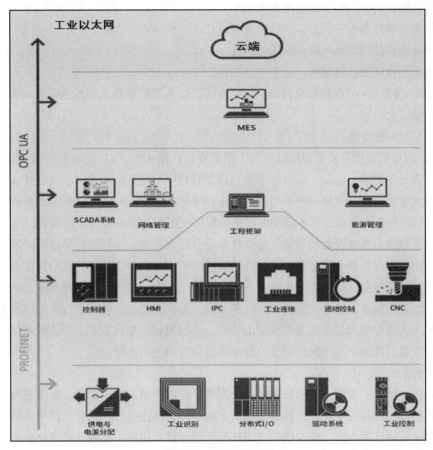

图 2-38　OPC UA 应用

如图 2-38 所示，在现场控制级和过程控制级中使用 PROFINET 通信协议来控制设备，在过程管理级以上则使用 OPC UA。无论是在云中还是在工厂中，OPC UA 是能够获取系统数据的一个有效途径。以工厂中的焊接机器人为例，它可以被 PLC 控制，即 PROFINET 协议所实现的部分；而同时机器人也能够提供状态监控数据，这就是 OPC UA 通过 PLC 与 PROFINET 通信的同一网络所实现的部分，此时也可以在云上获取机器人的状态数据。

下面我们来具体了解 OPC UA。

（1）OPC UA 的连接。

Modbus TCP 属于传输控制协议（Transmission Control Protocol，TCP），常用端口号是 502，OPC UA 也是一种 TCP，常用端口号是 4840。

（2）OPC UA 的安全性。

OPC UA（Open Platform Communications Unified Architecture）在设计时充分考虑了安全性，主要从以下几个方面保证了通信和信息的安全。

①支持多种安全传输协议，如 HTTPS、TLS 等，保证数据传输过程的保密性和完整性。

②提供基于用户角色的访问控制机制，进行身份验证和授权控制，防止非法访问。

③支持数据加密和数字签名，保护敏感数据的保密性。

④采用 X.509 证书进行客户端/服务器端点的认证，防止身份欺骗。

⑤支持数据源认证，确保数据来源可靠。

⑥记录安全事件和报警信息，进行安全审计。

⑦支持冗余和故障切换，提高系统可用性。

⑧提供应用程序的沙箱保护，避免非法操作。

通过应用 OPC UA 的综合安全机制，可以有效预防各类网络攻击和恶意破坏，确保工业自动化系统的信息安全。

（3）OPC UA 的变量。

Modbus 的变量类型，或者说地址访问，主要有位数据 0X、1X，还有字数据 3X、4X。数据类型单一，表示不明确。因此，基本每个项目都要有相应的地址映射表。也就是什么地址表示温度，什么地址表示产量，这样不利于项目的实施和维护。OPC UA 允许 OPC UA 客户端发现服务端的变量。这对使用者来说，就不需要看设备的程序或配置，也不需要再找点表，在 OPC UA 客户端就可以获取当前连接设备的变量。变量数据是分层表示的，这样的好处是不同的变量数据的分组关系会比较明确，利于表示复杂的数据结构。OPC UA 类似于访问计算机文件夹，用户能看到什么目录，目录里有什么文件（变量），文件（变量）是什么类型，数据是多少，一目了然。并且变量直接以名称显示，这个就是所谓的标签变量。看到变量名，就知道对应的数据是什么意思了。在 OPC UA 客户端可以获取每个变量的属性，属性里就包括该变量是可读的还是可写的。对于不可写的变量，在客户端发起写请求，服务端也会有相应的出错提示。

（4）数据的订阅。

像 Modbus 这样的协议，获取数据时每次都需要向服务端发起读命令，服务端再回复数据。这种就是问答式的数据获取。要想数据更新快，就要频繁地去问，这就会造成网络请求压力。而 OPC UA 存在一种订阅方式，即对数据进行订阅之后，就不用每次去问这个变量是多少，可以由服务端主动把数据发过来。

可以说 OPC UA 真的是包罗万象，既能做实时数据，又能做历史数据，既能上云，又能嵌入控制器，甚至能被封装到 PLC 中的功能码，将触角深入工业控制通信行业的各个角落。而且 OPC UA 是一款成长中的协议，有很多功能在拓展，OPC UA 还在与时间敏感网络（Time-Sensitive Network，TSN）技术融合。

【任务实施】

2.4.2　通过 OPC 协议采集数据

微课

通过 OPC 协议
采集数据

1. 任务目标

（1）能使用 OPC UA 客户端工具 UaExpert 软件。

（2）能通过 OPC UA 采集产线运行速度。

2. 实训设备及工具

（1）汉云 OPC 网关、西门子 S7-1200、网线。

（2）UaExpert 软件、汉云 OPC 网关管理软件。

3. 通过 OPC 协议采集数据操作步骤

连接关系和 IP 地址如图 2-39 所示。

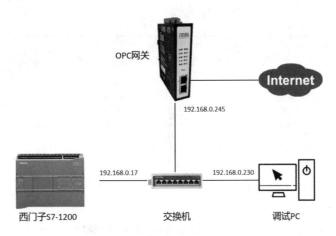

图 2-39　连接关系和 IP 地址

步骤 1：打开 UaExpert 软件，添加服务器地址 "opc.tcp://192.168.0.17:4840"，端口号为 4840，把 "产线运行速度" 拖入中间空白处，查看采点信息，如图 2-40 所示。

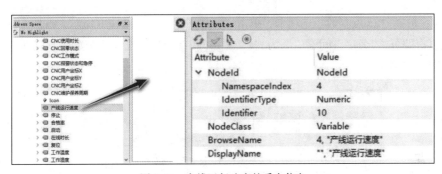

图 2-40　产线运行速度的采点信息

步骤 2：打开汉云智能终端 OPC 开发系统，执行 "新建项目" → "新建工程" 命令，选择 "采集服务" 选项，单击鼠标右键选择 "新建通道" 选项，在出现的 "通道" 界面中设置参数，如图 2-41 所示。

图 2-41　新建通道

61

步骤 3：选择"通道：C1"选项，单击鼠标右键选择"新建设备"选项，按照默认参数配置，单击"确定"按钮。单击"设备"选项，选择"高级参数"选项卡，填写 OPC 服务器参数，填写 URL 为"opc.tcp://192.168.0.17:4840"，如图 2-42 所示。

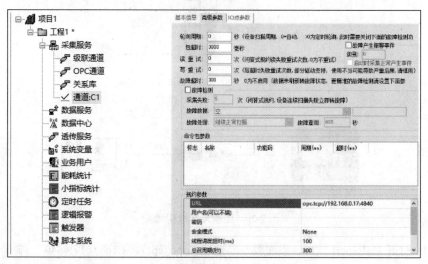

图 2-42　填写 OPC 服务器参数

步骤 4：选择"IO 点参数"选项卡，单击"新建子组"→"新建 IO 点"，按照 UaExpert 软件中的参数填写即可，"名字空间索引"为"4"，"访问 ID 类型"选择"按数字 ID 访问"，"ID"为"10"，如图 2-43 所示。

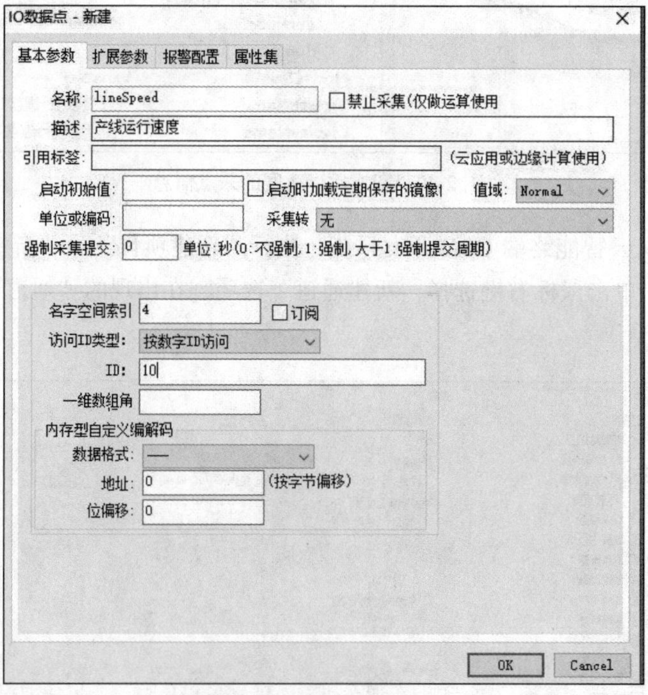

图 2-43　新建 IO 数据点

步骤 5：单击"OK"按钮，选择"设备维护"选项卡，单击"新建工程"选项，填写 IP 地址为"192.168.0.245"，单击"确定"按钮，如图 2-44 所示。

图 2-44　填写 OPC 网关地址

步骤 6：选择网关，单击"维护"→"登录"→"更新工程"选项，选择配置的工程，如图 2-45 所示。

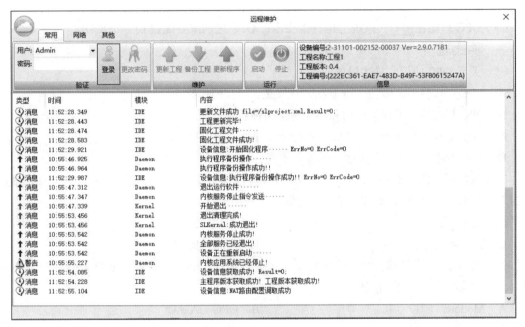

图 2-45　更新工程

步骤 7：打开汉云智能终端 OPC 网关系统，选择网关，单击"打开"按钮，可以看到采集的数据，如图 2-46 所示。

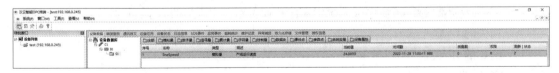

图 2-46　采集的数据

【任务总结】

本任务讲解了 OPC UA 出现的原因以及在工业控制中发挥的作用、OPC 和 OPC UA 的区别、OPC UA 的安全性、OPC UA 的变量、数据的订阅和未来的发展；在任务实施环节讲解了 OPC 网关通过 OPC UA 采集产线运行速度，帮助学生掌握 UaExpert 软件的使用，即如何通过 OPC UA 采集数据。

【任务测验】

1. 填空题

（1）_____是工业领域永恒的话题。

（2）OPC UA 允许 OPC UA_____发现服务端的变量。

（3）UaExpert 软件是 OPC UA_____工具。

（4）Modbus TCP 属于 TCP，常用端口号是 502，OPC UA 也是一种 TCP 协议，常用端口号是_____。

（5）OPC 只能在_____系统上运行，在运行 OPC 之前需要配置 COM/DCOM。

2. 单选题

（1）关于 OPC 协议，描述错误的是（   ）。

A. OPC 协议具有高效性、可靠性、开放性、可互操作性

B. OPC 规范规定了同步通信和异步通信两种通信方式

C. 同步通信适用于 OPC 客户程序较多、数据量较大的场合

D. 和同步通信相比，异步通信的效率更高

（2）在汉云智能终端 OPC 开发系统中，在进行适配 OPC 的网关数据采集时添加 HMI 的 IP 地址和端口号要求注意 IP 地址与端口号之间的冒号用（   ）。

A. 拉丁文　　　　　　　　　　　B. 中文格式

C. 英文格式　　　　　　　　　　D. 多重格式

（3）在汉云智能终端 OPC 开发系统，在进行适配 OPC 的网关数据采集前，"规约"选择（   ），单击"确定"按钮。

A. Modbus　　　　　　　　　　　B. OPC-UA-AO

C. OPC-XML-DA　　　　　　　　　D. 北斗 V4.0

（4）打开（   ），可以查看设备变量的值。

A. 汉云智能终端 OPC 开发系统　　B. 汉云网关客户端 XEdge

C. 汉云智能终端 OPC 网关系统　　D. 工业智能网关平台

（5）在汉云智能终端 OPC 网关系统中需注意设备列表中添加的 IP 地址是（   ）。

A. 网关的 IP 地址　　　　　　　　B. 服务器的 IP 地址

C. PLC 的 IP 地址　　　　　　　　D. HMI 的 IP 地址

3. 简答题

简述 OPC UA 的核心优势。

【实战练习】

使用 OPC 协议采集机器人的运行数据。

工业互联网网络技术

【项目导读】

工业互联网核心技术体系由网络、平台和安全3个部分组成。无处不在的网络连接是实现工业互联网布局的重要基础，包括网络互联和数据互通两个层次，可解决工厂内、外互联问题，最终目的是形成高效、稳定、安全、确定、智能的工业网络体系。采集的数据通过网络连接到达远端数据中心或云平台，不同系统之间也需要网络连接实现互联互通。在工业领域存在多种网络连接技术，它们针对特定场景而设计。本项目从数据采集产品形态和网络拓扑方面介绍不同的设备接入方式，如工厂内的现场总线、工业以太网。

【内容导学】

【项目目标】

知识目标

（1）了解串口线缆选择和匹配原则。

（2）了解光纤种类和类型知识。

（3）了解网络拓扑和架构知识。

（4）了解 PON 系统的结构和传输机制。

（5）掌握 Modbus 现场总线的特性。

（6）掌握工业以太网的相关标准和应用趋势。

技能目标

（1）能识别网关接口。

（2）能识别光纤接口。

（3）能完成网关网络连接。

（4）会配置网关有线和无线网络参数。

（5）会通过 Modbus RTU/TCP 采集数据。

（6）会进行网关 MQTT 配置。

素质目标

（1）建立"立足中国，放眼世界"的国际视野。

（2）培养认真、细致的职业精神。

（3）培养工作中的创新精神。

任务 3.1 识别通信线缆及接口

【任务描述】

工业网络中协议类型众多，线缆类型多种多样，线缆可以分为两大类：电缆和光纤。电缆接口主要有 RS-232C、RS-485、RJ45 等，光纤接口主要有订阅器连接器或标准连接器（Subscriber Connector or Standard Connector，SC）、直端接头（Straight Tip，ST）、卢森特连接器（Lucent Connector，LC）、弹簧连接器（Ferrule Connector，FC）等。本任务中，我们要认识这些线缆、接口以及它们的特征。

【知识学习】

3.1.1 通信电缆

1. 串行通信基础

串行通信，顾名思义就是利用串行接口进行通信。串行通信按位发送和接收数据，尽管比按字节传输数据的并行通信慢，但是串行通信可以在使用一根线发送数据的同时，用另一根线接收数据。

串行通信中比较重要的参数包括波特率、数据位、停止位及校验位，通信双方需要约定一致的数据格式才能正常收发数据。串行通信可以进一步分为单工、半双工和全双工 3 种。

波特率也称码元速率，为单位时间内传输符号的个数或载波调制状态改变次数，单位是 Baud。比特率又称码率，表示单位时间内传输的位数，单位是 bit/s。

比特率和波特率的转换关系与信号的调制方式有关，通常为：比特率=波特率×调制位数（调制位数即码元位数）。在异步串行通信中，由于采用二进制编码，码元位数为 1，通常情况下比特率=波特率。

在设备之间传送数据，不管是同步通信还是异步通信，都是为了保证数据被正确发送和接收，即发送方和接收方的"同步"。即接收方可以确定什么时候发送方开始或者结束发送数据以及每个数据单位（如位、字符）的开始和结束的位置，这样接收方才能在正确的时间对发送方的数据进行采样，以接收正确的数据，否则接收到的数据就是错误的。

根据同步方式的不同，分出两种同步信号的方法。

（1）同步通信（位同步）。

（2）异步通信（字符间同步，字符内位异步）。

同步通信会利用一根额外的信号线，也就是时钟信号线，它往往用于发送设备提供时钟信号，发送设备和接收设备在发送设备提供的同一时钟频率下完成同步，如图 3-1 所示（实际上，基本上所有的并行通信采用同步通信）。

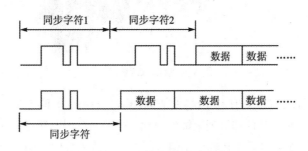

图 3-1 同步通信帧格式

异步通信没有额外的一根信号线用于同步，接收方和发送方使用各自的时钟信号，接收方根据与发送方事先约定的规定来确定数据发送的开始与结束以及数据单位的持续时间。例如异步串行通信中，一般接收双方会确定一致的停止位、数据位的个数、波特率的大小以及是否采用奇偶校验位。接收方可以根据这些信息推测出准确的数据采样时间以接收正确的数据，如图 3-2 所示。

如果是同步通信，就不需要这些额外的用于同步的数据位（起始位、停止位、奇偶校验位）。

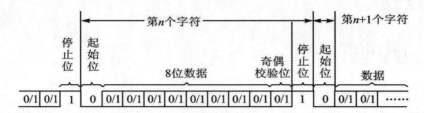

图 3-2　异步通信帧格式

2. 双绞线

信号（无论是模拟信号，还是数字信号）和动力传输经常采用的形式是电流或电压。这种电流会在电缆周围产生一个引起干扰的电磁场，由此对周围的线路产生噪声影响。这种电缆间的串扰会随着线路长度的增加而递增。而双绞线的诞生正是为了消除这种干扰。

双绞线是一对相互绝缘的导线，按照一定的规律（通常采用逆时针绞合）互相缠绕、绞合在一起的一种布线形式，如图 3-3 所示。

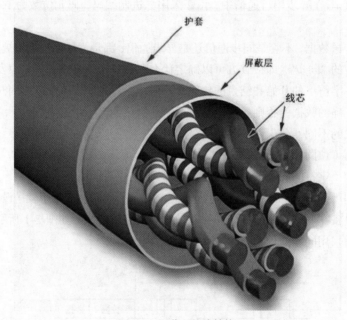

图 3-3　屏蔽双绞线结构

这种布线形式的最大特点是有利于消除信号传输过程中的外部电磁干扰（Electro Magnetic Interference，EMI），如来自其他非屏蔽电缆的干扰，或者来自周围邻近导线的串扰。双绞线既可以用于传输模拟信号，也可以用于传输数字信号。在一对双绞线中，两芯导线分别传输幅值相等但相位（极性）相反的信号，并且在接收端通过差分放大器检测两者之间的差异，这也就是常说的差分信号传输。噪声源通过电场或磁场的耦合将噪声引入导线，并倾向于均等地同时耦合到两条彼此扭曲的导线上。这样噪声就会在双绞线上产生一组共模的信号。由一条导线产生的干扰/噪声将会与另一根导线产生的干扰/噪声相互抵消，因为它们本质上是大小相等且方向相反的。当差分信号被接收时，在接收器处就会被消除掉，最终得到纯净的、没有干扰的信号。有人可能会说，同轴电缆的抗干扰性能更加优异。是的，10 年之前（甚至现在还有）每家每户的有线电视信号都是采用同轴电缆进行传输的。然而，为了有效阻止来自外界的干扰，同轴电缆的结构非常复杂，包括被多层厚实的绝缘层包裹在中央的一根圆形铜导体和外部编织网屏蔽层，这就导致同轴电缆比较难以实现大规模的安装及布线。

双绞线抗电磁干扰的效果在很大程度上取决于电缆绞合的方式，需要确保电缆在安装使用的过程中保持完好。因此，双绞线电缆通常会在最大牵引力和最小弯曲半径等方面有着严格的要求。

双绞线通常可以分为屏蔽双绞线（Shielded Twisted Pair，STP）和非屏蔽双绞线（Unshielded Twisted Pair，UTP）。

为了获得更好的防止电磁干扰的效果，双绞线通常会使用屏蔽层。屏蔽层的作用是导电屏障，用以削减从外部进入的电磁波，并为感应电流提供传导路径。通过该传导路径，感应电流可以通过接地参考连接闭合回路导向大地。这种屏蔽既可以应用于一对导线，也可以应用于成对导线的集合。有时候每对导线被金属箔单独屏蔽，而整体电缆可以另外使用金属箔与编织网屏蔽。

屏蔽有如下几种类型。

（1）单独屏蔽。

电缆中每对双绞线都采用铝箔单独屏蔽，如图 3-4 所示。

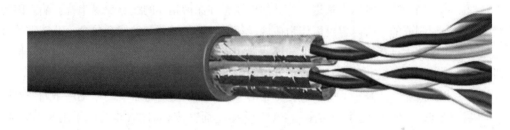

图 3-4　单独屏蔽双绞线

（2）整体屏蔽。

用金属箔或编织网对电缆中所有的成对导线进行整体包裹，如图 3-5 所示。

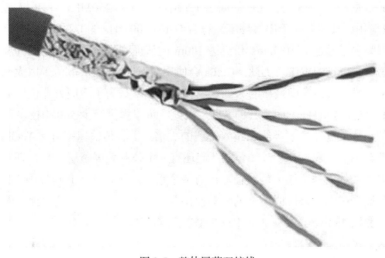

图 3-5　整体屏蔽双绞线

（3）单独屏蔽+整体屏蔽。

每对双绞线使用金属箔进行单独屏蔽，并且在整个外层还使用金属箔或编织网屏蔽，如图3-6所示。

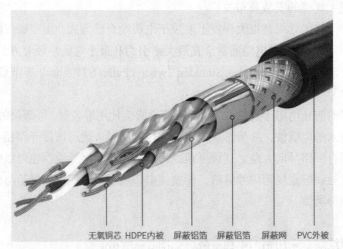

无氧铜芯　HDPE内被　屏蔽铝箔　屏蔽铝箔　屏蔽网　PVC外被

图3-6　整体屏蔽+单独屏蔽双绞线

屏蔽双绞线有助于防止电磁干扰进入或逃离电缆，并保护相邻的线路免受串扰影响。因为屏蔽双绞线是由金属制成的，所以也可以作为接地线。有时候，屏蔽双绞线会包含一芯特殊的接地线，这条芯线也被称为排扰线，其电气上与屏蔽层相连，有助于简化连接器与地之间的连接。

讲完了几种不同的屏蔽，再来看看常见双绞线的分类。

无论是工业、商业，还是生活中，对称分布的4对双绞线都是最常见的基础网络通信电缆形式之一。屏蔽Cat5e、Cat6/6a电缆通常采用F/UTP结构，而屏蔽Cat7/7A电缆则采用S/FTP结构。由TIA/EIA-568-A标准所界定及承认并提供100MHz带宽的Cat5和TIA/EIA-568-B所界定及承认并提供125MHz带宽的Cat5e电缆常见于传统的局域网，采用UTP，仅适用于100Mbit/s级别的以太网应用，最长传输距离不超过100m。由于不支持新兴的应用和信令技术，Cat5及Cat5e的使用量正在大幅下降，已经处于其产品生命周期的尾声。Cat6目前为TIA/EIA-568-B所界定及承认，提供250MHz的带宽，比Cat5与Cat5e的高出1.5倍。Cat6的250MHz UTP仅支持35～55m的10Gbit/s短距离应用，具体取决于串扰环境。符合Cat6a 500MHz的UTP和STP已经成为最流行的类型之一，因为它们通过了10Gbit/s和长达100m的认证测试，而目前10Gbit/s以太网端口的出货量已经成为工业市场的主流。因此，Cat6a会使用在万兆位（10Gbit/s）以太网中。

Cat7是ISO7类/F级标准中最新的一种双绞线，它主要是为了适应万兆位以太网技术的应用和发展。但它不再是一种UTP，而是一种STP，因此它可以提供至少500MHz的综合衰减对串扰比和600MHz的整体带宽，是6类线和超6类线的2倍以上，传输速率可达10Gbit/s。在7类线缆中，每对线都有一个屏蔽层，4对线合在一起还有一个公共大屏蔽层。从物理结构上来看，额外的屏蔽层使得7类线有一个较大的线径。还有一个重要的区别在于其连接硬件的能力，7类系统的参数要求连接头在600MHz时所有的线对提供至少60dB的综合近端串扰。而超5类系统只要求在100MHz提供43dB，6类在250MHz的数值为46dB。

3. RS-485电缆

工业现场经常要采集多点数据（模拟信号或开关信号），一般用到RS-485总线。RS-485采用半双工工作方式，支持多点数据通信。RS-485 总线网络拓扑一般采用终端匹配的总线型拓扑结构，即一条总线将各个节点串接起来，不支持环形或星形网络。

RS-485 无具体的物理形状，根据工程的实际情况而采用接口。RS-485 采用差分信号负逻辑，＋2～＋6V 表示"0"，−6～−2V 表示"1"。

RS-485 有两线制和四线制两种接线方式。四线制只能实现点对点的通信方式，现很少采用。现在多采用的是两线制，这种接线方式为总线型拓扑结构，在同一总线上最多可以挂接 32 个节点。

根据 RS-485 总线型拓扑结构理论，在理想环境的前提下，RS-485 总线传输距离可以达到 1200m。其条件是通信线材优质达标，波特率为 9600Baud，只负载一台 RS-485 设备，才能使得通信距离达到 1200m，所以通常 RS-485 总线实际的稳定通信距离往往达不到 1200m。如果出现负载 RS-485 设备多，线材阻抗不合乎标准，线径过小，转换器品质不良，设备防雷保护复杂和波特率的提高等都会降低通信距离。

在一般场合采用普通的双绞线就可以，在要求比较高的环境下可以采用带屏蔽层的同轴电缆。严格来说，普通的 UTP、STP 并不能满足 RS-485 协议的传输要求。抛开网线的机械强度、耐环境性能不说，只说电性能，一般网线的特性阻抗通常为 100 Ω，而 RS-485 要求的匹配阻抗必须在 120 Ω 以上（个别的如 PROFIBUS 则达到 150 Ω）。当数据在高速率传输的情况下，线路就呈现传输线效应，此时负载的特性阻抗必须与输出相匹配，否则，就会导致信号回波反射、系统不能正常工作。即使某些情况下，可以通过在末端并联匹配电阻等方法来实现阻抗匹配，但从长远来说，一旦该电阻因某种原因改变而会重新发生故障，再说，此种方法还会带来增大系统功率消耗的弊端。

理论上 RS-485 的最长传输距离能达到 1200m，但在实际应用中传输的距离要比 1200m 短，具体能传输多远视周围环境而定。在传输过程中，可以采用增加中继的方法对信号进行放大，最多可以加 8 个中继，也就是说，理论上 RS-485 的最大传输距离可以达到 9.6km。但是没人会这么做。如果真需要长距离传输，可以采用光纤为传播介质。

RS-485 布线注意事项如下。

必须采用增强型聚氯乙烯屏蔽电缆（Reinforced Vinyl Shielded Cable，RVSP）屏蔽双绞线。所用屏蔽双绞线规格与 RS-485 通信线的距离和挂接的设备数量有关。采用屏蔽双绞线有助于减少和消除两根 RS-485 通信线之间产生的分布电容以及来自通信线周围产生的共模干扰。

有人说，RS-485 总线可以带 128 台设备进行通信。其实并不是所有 RS-485 转换器都能够带 128 台设备的，要根据 RS-485 转换器内芯片的型号和 RS-485 设备芯片的型号来判断，只能按照指标较低的芯片来确定其负载能力。一般 RS-485 芯片负载能力有 3 个级别，即 32 台、128 台和 256 台。此外，理论上的标称往往实际上是达不到的，通信距离长、波特率高、线径小、线材质量差、转换器品质差、转换器电能供应不足（无源转换器）、防雷保护强，这些都会降低真实负载数量。工程商大都习惯采用 5 类网线或超 5 类网线作为 RS-485 通信线，这是错误的。因为普通网线没有屏蔽层，不能防止共模干扰，线径太小的网线会导致传输距离降低和可挂接的设备减少，网络线为单股的铜线，相比多芯线而言容易断裂。

RS-485 通信线应如何走线？

通信线应尽量远离高压电线、日光灯等干扰源，通信线不能与电源线等干扰源避开时通信线应与电源线垂直，不能平行，更不能捆扎在一起，并采用质量高的双绞线走线。

RS-485 通信网络结构如下。

RS-485 总线要采用"手拉手结构"，而不能采用星形结构。星形结构会产生反射信号，从而影响到 RS-485 通信。总线到每个终端设备的分支线长度应尽量短，一般不要超出 5m。当总线长度超过 100m 后，应在两端 RS-485 设备的 485+和 485−上并接 120Ω的终端电阻。

手拉手结构连接方式如图 3-7 所示。

图 3-7　手拉手结构

4. RS-232 电缆

RS-232 接口又被称为 RS-232 口、串口、异步口或 COM（通信）口。RS-232 是其最明确的名称，连接的硬件就是 RS-232 九芯电缆。

RS-232 电缆的两端，一端为公头，另一端为母头，主要使用 RS-232 口作为与工控机连接的数据通道，并使用了一种常见的最简单的连接方式，只使用其中的 3 根电缆线直接焊接相连，可以使用常见的四芯或八芯网络双绞线作为通信线缆。将其中的一对双绞线作为 2 脚、3 脚的连接线可有效提高数据通信的可靠性（电缆长度尽量短，小于 50m）。

当然，市场上通用的 RS-232 九芯电缆也可直接使用，而这种线缆将定义的 9 根数据线全部一一对应连接而成，这样可免去自制的麻烦。

目前较为常用的工控机串口有 9 针串口（DB9）和 25 针串口（DB25），通信距离较近时（<12m），可以用电缆线直接连接标准 RS-232 端口（RS-422、RS-485 较远）。若距离较远，需附加调制解调器（Modem）。最为简单且常用的连接方法之一是三线制接法，即地、接收数据和发送数据三脚相连。

5. RS-422 电缆

RS-422 标准全称是"平衡电压数字接口电路的电气特性"，它定义了接口电路的特性。典型的 RS-422 是四线接口。实际上还有一根信号地线，共 5 根线。因接收器采用高输入阻抗和发送驱动器比 RS-232 具备更强的驱动能力，故允许在相同传输线上连接多个接收节点，最多可接 10 个节点。即一个主（Master）设备，其余为从（Slave）设备，从设备之间不能通信，所以 RS-422 支持点对多点的双向通信。

RS-422 的最大传输距离为 1219m，最大传输速率为 10Mbit/s。其平衡双绞线的长度与传输速率成反比，只有在 100kbit/s 以下，才可能达到最大传输距离；只有在很短的距离下，才能获得很高的传输速率。

3.1.2　通信光纤

我们很难想到日常常见的玻璃是重要的通信介质，下面我们一起来学习这种神奇的通信介质。光纤是光导纤维的简写，是一种由玻璃或塑料制成的纤维，可作为光传导工具。

1. 光纤的结构

微细的光纤封装在塑料护套中，使得它能够弯曲而不至于断裂。通常，光纤一端的发射装置使用 LED 或一束激光将光脉冲传送至光纤，光纤另一端的接收装置使用光敏元件检测脉冲。

光纤是一种高度透明的玻璃纤维，由石英材料拉制而成。从横截面上看光纤由三部分组成，即折射率较高的纤芯、折射率较低的包层以及表面起保护作用的涂覆层，如图 3-8 所示。

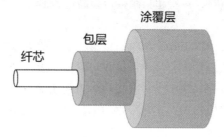

图 3-8　光纤结构

光纤根据内部可传导光波的不同，分为单模（传导长波长的激光）和多模（传导短波长的激光）两种，如图 3-9 所示。

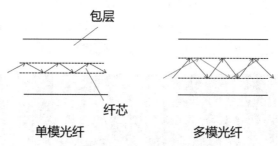

图 3-9　光在不同光纤中的传输路径

单模光缆的连接距离可达几十千米或上百千米，多模光缆的连接距离要短得多，是 300m 或 500m（主要由不同的激光决定，产生短波长激光的光源一般有两种，一种是直径为 62.5μm 的，另一种是直径为 50μm 的）。单模光纤和多模光纤如图 3-10 所示。

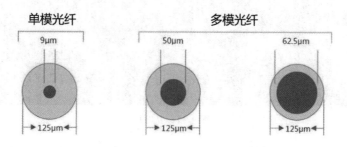

图 3-10　单模光纤和多模光纤

2．光纤的特征

单模光纤的内芯直径小于多模光纤。

多模光纤的芯直径有两种型号：62.5μm 和 50μm。

单模光纤的芯直径有 3 种型号：8μm、9μm 和 10μm。

相同条件下，纤径越小衰减越小，可传输距离越远。

3. 功率范围

多模口发射功率比单模口小，与千兆位电信号转换为光信号（Gigabit Interface Converter，GBIC）或小型可插拔（Small Form-factor Pluggable，SFP）的型号直接相关，一般在$-9.5\sim-4$dBm；单模口的范围一般在 0dBm 左右，一些超长距接口会高达 5dBm。

接收功率的范围如下。

多模口接收功率一般为$-20\sim0$dBm，单模口接收功率一般为$-23\sim0$dBm。

最大可接收功率称为过载光功率，最小可接收功率称为接收灵敏度。

工程上要求正常工作接收光功率小于过载光功率$3\sim5$dBm，大于接收灵敏度$3\sim5$dBm。一般来讲，不管是单模接口还是多模接口，实际接收功率在$-15\sim-5$dBm 算比较合理的工作范围。

 读一读

全反射的发现与运用

相信大家都见过光纤灯，如图 3-11 所示，看起来很漂亮。光纤灯就是用了光纤导光原理，而光纤导光用到了全反射原理。估计很多人见到这个玩具没有深究背后的原因，但物理学家丁达尔看到了从酒桶里流出来的酒竟会熠熠发光，对其深入研究后发现了背后的原因。

图 3-11　光纤灯

1870 年的一天，英国皇家学会的演讲厅内座无虚席。物理学家丁达尔从容地走上讲台，他清了清嗓子说："几个月之前有位朋友告诉我，从酒桶里流出来的酒竟会熠熠发光，真是不可思议。我听了之后也觉得奇怪，诸位对此也一定存有疑虑，所以我先来演示一番。"说着，他走到放有水桶的讲桌旁，拔掉塞在水桶侧面孔上的木塞，并用光从水桶上面向水面照明。观众都出乎意料地看到这样的奇迹，发光的水从水桶的小孔里流了出来，水流弯曲，光线也跟着弯曲，光居然被弯弯曲曲的水"俘获"了。这究竟是为什么？难道光线不再沿直线传播吗？丁达尔接着解释说："原来这是全反射起的作用，表面上看，光好像走着弯路，实际上光是在弯曲的水流的内表面发生了

多次的反射，光走过的是一条曲曲折折的折线！"

那么，光在水中为什么会发生多次反射呢？丁达尔的观点是：当光从水中射向空气，也就是从光密介质射向光疏介质的时候，折射角随着入射角的增大而增大，并且折射角总要大于入射角。因此，当入射角大于某一临界角 θ 时，折射角就会大于 90°。也就是说，这是一个不大的角度，水流中的光线射到内表面的入射角都要超过这个临界角，所以它只能一次次地被反射，曲折地前进了。只要我们留意，是经常可以见到全反射现象的。在清晨，我们可以看到荷叶上的露珠闪烁着耀眼的光芒，这就是光在水珠内发生了全反射的缘故。美丽的宝石光彩夺目，也是全反射的作用。天然的金刚石并不是原本就非常美丽的，常常要经过加工才能发出光彩。工匠在钻石上磨出许多棱边，使大部分光线能在它众多的内表面发生多次全反射，最后散射开来。这样在各个方向上都有它的反射光线，所以无论从哪个角度看，钻石总是那样晶莹透亮、光彩照人。用玻璃或其他材料磨制的仿宝石，由于折射率比金刚石大，临界角也大，光线在这些仿制品里就没有那么容易发生全反射，因此就不如金刚石晶亮。

后期光纤通信也用到了这个原理。这个故事告诉我们，只有在工作中多探究现象背后的原因，才可能有更多的发现。

3.1.3　数据采集网络接口

1. RS-232C 接口

RS-232 标准接口是常用的串行通信接口标准之一，它由美国电子工业协会（Electronic Industries Association，EIA）联合贝尔系统公司、调制解调器厂商及计算机终端生产厂商共同制定，其全名是"数据终端设备（Data Terminal Equipment，DTE）和数据通信设备（Data Communication Equipment，DCE）之间二进制串行数据交换接口技术标准"。

在进行串行通信时，要求通信双方都采用一个标准接口，使不同的设备可以方便地连接起来进行通信。RS-232C 接口是目前最常用的一种串行通信接口（"RS-232C"中的"C"表示 RS-232 的版本，所以与"RS-232"是类似的）。该标准规定采用一个 25 个脚的 DB25 连接器，对连接器的每个引脚的信号内容加以规定，还对各种信号的电平加以规定。后来 IBM 公司的 PC 将 RS-232 连接器简化成 DB9 连接器，从而成为事实标准。而工业控制的 RS-232 接口一般只使用 RXD、TXD、GND 这 3 条线。

其数字逻辑与电平之间的关系是：1 为 -25～-3V，0 为 3～25V。典型应用是微型计算机的串行接口。

RS-232TTL 的本质是 RS-232C 协议的扩展，采用三线通信制，功能与 RS-232C 的数据通信线相同，而且一旦设备就绪，其接口总是可以读写的，可以理解为 RS-232C 中接口始终处于就绪状态（DTR、DSR、RTS、CTS 始终接通），其数字逻辑与电平之间的关系是：0 为 0~0.4V，1 为 2.6~5V（TTL 标准）。其典型应用是 MCS 系列单片机和其他基于 TTL 规范的 MCU。一般 RS-232 就是指 RS-232C。

RS-232C 一般使用 9 针和 25 针 DB 连接器，工业控制中 9 针连接器用得较多。

当通信距离较近时，通信双方可以直接连接，最简单的情况是通信中不需要控制联络信号，只需要 3 根线（发送线、接收线和信号地线）便可以实现全双工异步串行通信。RS-232C 采用负逻辑，用 -15～-5V 表示逻辑"1"状态，用 5～15V 表示逻辑"0"状态，最大通信距离为 15m，最高传输速率为 20kbit/s，只能进行一对一通信。

连接器的机械特性如下。

连接器：由于 RS-232C 并未定义连接器的物理特性，因此，出现了 DB25、DB15 和 DB9 各种类型的连接器，其引脚的定义也各不相同，下面分别介绍两种连接器，如图 3-12 所示。

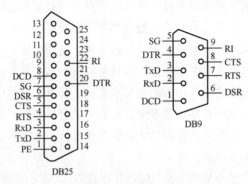

图 3-12　DB25、DB9 接口

（1）DB25 连接器。

DB25 连接器定义了 25 根信号线，分为 4 组。

①异步通信的 9 个电压信号（含信号地 SG）：2、3、4、5、6、7、8、20、22。

②20mA 电流环信号 9 个：12、13、14、15、16、17、19、23、24。

③空 6 个：9、10、11、18、21、25。

④保护地（PE）1 个（1），作为设备接地端（1 脚）。

（2）DB9 连接器。

在先进技术（Advanced Technology，AT）机及以后，不支持 20mA 电流环界面，使用 DB9 连接器作为提供多功能 I/O 卡或主板上 COM1 和 COM2 两个串列界面的连接器。它只提供异步通信的 9 个信号。DB9 连接器的引脚分配与 DB25 连接器的引脚信号完全不同。因此，若与配接 DB25 连接器的 DCE 设备连接，必须使用专门的电缆线。

电缆长度：在通信速率低于 20kbit/s 时，RS-232C 连接的最大直接传输距离为 15m。

最大直接传输距离说明：RS-232C 标准规定，若不使用调制解调器，在码元畸变小于 4% 的情况下，DTE 和 DCE 之间最大传输距离为 15m。可见这个最大传输距离是在码元畸变小于 4% 的前提下给出的。为了保证码元畸变小于 4% 的要求，界面标准在电气特性中规定，驱动器的负载电容应小于 2500pF。

2. RS-485 接口

RS-485 是工业领域应用非常广泛的一种通信接口。

使用 RS-485 作为物理层的常用标准协议有如下几种。

（1）工业可寻址远程传感器高速通道（Highway Addressable Remote Transducer，HART）总线。

（2）Modbus 协议。

（3）PROFIBUS DP。

信号采样差模传输，差模是相对于共模而言的，差模也称为差分，那么什么样的情况是差模呢？一图胜千言，看图 3-13 和图 3-14 就明白了。

共模传输如图 3-13 所示。

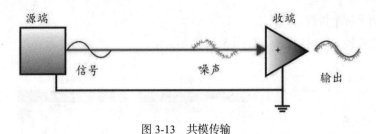

图 3-13　共模传输

采用共模传输方式时，共模噪声将会叠加在最终的输出信号上面，污染了原始的信号。

差模传输如图 3-14 所示。

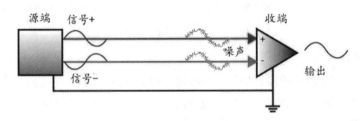

图 3-14　差模传输

若采用差模传输方式，则源端发出的信号+与信号−相位是相反的。对于共模噪声而言，在信号+与信号−两条线上都会存在，理想情况是等幅同相的；而接收端相当于一个减法器，有用信号由于相位相反经过减法器仍然保留，而噪声则会被抵消。而实际电路中，则会大幅度削弱。由此可见，差模传输相对于共模传输方式，优势在于差模传输方式可以有效抵消共模干扰。

RS-485 有两种类型。

（1）在半双工模式下，RS-485 具有 2 个触点。

（2）在全双工模式下，RS-485 具有 4 个触点。

当需要同时发送和接收数据时，可以使用全双工模式。在半双工模式下，只能在任何给定时间发送或接收数据。线路上的电压范围为−7～+12V。没有用于实现 RS-485 协议的特定连接器类型，但是在大多数情况下，都使用 DB9 连接器或端子块。

RS-485 接口体现在更远的传输距离和更好的数据速率的性能上，比 RS-232 协议传输方式更优越。最长 10m 的传输距离支持 30～35Mbit/s 的传输速率。在长达 1200m 的距离上可以实现 100kbit/s 的传输速率。RS-485 主要用于利用其平衡差分接口的多点配置中。

下面我们来学习两线制和四线制手拉手接线方法。

（1）两线制手拉手接线。

用 2 个触点连接 RS-485 设备，如图 3-15 所示。

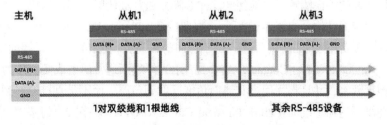

图 3-15　用 2 个触点连接 RS-485 设备

（2）四线制手拉手接线。

用 4 个触点连接 RS-485 设备，如图 3-16 所示。

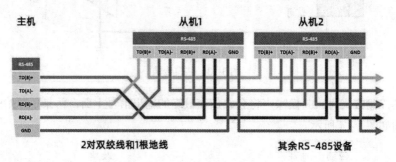

图 3-16　用 4 个触点连接 RS-485 设备

3. RJ45 接口

RJ45 接口通常用于数据传输，最常见的应用为网卡接口。RJ45 的连接方式有两种，一种是直连线的方式，另一种是交叉线的方式，分别对应两个标准 EIA/TIA-568-A 和 EIA/TIA-568-B，但实际使用中后者居多。

EIA/TIA-568-A 的排线顺序从左到右依次为：白绿、绿、白橙、蓝、白蓝、橙、白棕、棕。

EIA/TIA-568-B 的排线顺序从左到右依次为：白橙、橙、白绿、蓝、白蓝、绿、白棕、棕。

交叉线是指一端是 EIA/TIA-568-A 标准，另一端是 EIA/TIA-568-B 标准的双绞线。直连线则是指两端都是 EIA/TIA-568-A 或都是 EIA/TIA-568-B 标准的双绞线，如需把 RS-232 信号和 RS-485 信号转换为 RJ45 信号通信接口，可以利用串口服务器，因为其原理相同。

4. 光纤连接器

光纤连接器的主要作用是快速连接两根光纤，使光信号可以连续而形成光通路。光纤连接器是可活动的、重复使用的，也是目前光通信系统中必不可少且使用量最大的无源器件。通过光纤连接器可以把光纤的两个端面精密地对接起来，使发射光纤输出的光能量最大限度地耦合到接收光纤中，并且需要尽量减少由于其介入而对系统造成的影响。因为光纤的外径只有 125μm，而通光部分更小，单模光纤只有 9μm 左右，多模光纤有 50μm 和 62.5μm 两种，所以光纤之间的连接需要精确对准。

通过光纤连接器，可以看出影响连接器性能的核心部件是插芯。插芯的质量直接影响到两根光纤的精准中心对接。插芯的制成材料有陶瓷、金属或塑料。陶瓷插芯是应用较为广泛的，主要材质是二氧化锆，具有热稳定性好、硬度高、熔点高、耐磨、加工精度高等特点。套筒是连接器的另一个重要部件，套筒起对准的作用，便于连接器的安装、固定。套筒的内径比插芯的外径稍小，开缝的套筒箍紧两个插芯，以实现精密对准。

为了让两根光纤的端面能够更好地接触，插芯端面通常被研磨成不同结构。PC、APC、UPC 代表陶瓷插芯的前端面结构，如图 3-17 所示。物理接触（Physical Contact，PC）表示微球面研磨抛光，插芯表面研磨成轻微球面，光纤纤芯位于弯曲的最高点，这样两个光纤端面实现物理接触。斜面物理接触（Angled Physical Contact，APC）表示光纤端面通常研磨成倾斜角为 8°的斜面。8°斜面让光纤端面更紧密，并且将光通过其斜面角度反射到包层，而不是直接返回到光源处，提供了更好的连接性能。超物理端面（Ultra Physical Contact，UPC）是在 PC 的基础上优化了端面抛光和表面光洁度，端面看起来更加呈圆顶状。连接器连接需要相同的端面结构，例如 APC 和 UPC

不能组合在一起，会导致连接器性能下降。

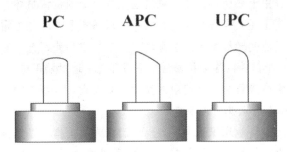

图 3-17　连接器端面结构

由于插芯端面不同，连接器损耗的性能也不同。光纤连接器的光学性能主要通过插入损耗和回波损耗两个基本参数来衡量。插入损耗（Insertion Loss，IL）是由连接而造成的光功率损耗。插入损耗主要用于测量光纤中两个固定点之间的光损耗，通常是由两根光纤之间的横向偏离、光纤接头中的纵向间隙、端面质量等造成的，单位用 dB 表示，数值越小越好，一般要求应不大于0.5dB。

回波损耗（Return Loss，RL）是指信号反射性能的参数，描述的是光信号返回/反射的功率损耗，一般越大越好，数值通常用 dB 表示。一般 APC 连接器的典型 RL 值约为−60dB，PC 连接器的典型 RL 值约为−30dB。

光纤连接器的性能除需要考虑插入损耗、回波损耗两个光学性能参数外，在选择好的光纤连接器时，还应注意光纤连接器的互换性、重复性、抗拉强度、操作温度、插拔次数等。

 读一读

不可轻视的防尘帽

在使用光纤连接器的时候要注意一个问题，不用的光纤插头要盖上防尘帽，光模块要盖上防尘塞，如图 3-18 所示。防尘帽在光纤系统中扮演着重要角色，它能保护光纤接头、光纤适配器、光模块以及其他设备的端口不受外部环境污染和外力损坏，防止网络严重减速或出现网络故障。总之，在任何不常使用的光纤接头或光接口上都应该使用防尘帽。

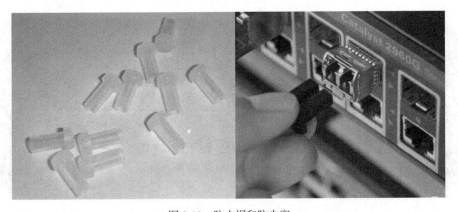

图 3-18　防尘帽和防尘塞

防尘帽是光纤接头、光纤适配器和光模块的必备配件，它的作用在光纤接头、光纤适配器和光模块的储存和运输过程中十分明显，能避免这些光器件受到机械损坏。当光器件处于非使用状态时，防尘帽在某种程度上还具有防尘功能。但是，这并不意味着防尘帽能够完全避免光器件的污染，相反，防尘帽也可能是光纤系统污染源之一。空气中到处都充斥着灰尘，防尘帽内部也不例外，因此，当防尘帽与光器件的端面接触后，将不可避免地对端面造成不同程度的污染。此外，一些劣质防尘帽内部通常会残留加工时使用的油脂、凝胶或其他污染物。基于这些原因，有人认为用"防尘帽"3个字命名有点儿用词不当。

遗憾的是，大多数用户没能意识到这一点。他们认为防尘帽可以保持光器件的端面清洁，不会造成污染。因此，他们要使用光器件时，一般会在取下防尘帽后直接将光器件用在光纤系统中，不经过任何清洁步骤，然而这一操作会造成光接口出现额外的损耗。当发现光纤系统没有达到最佳性能时，应该回想一下在使用光器件时是否对其进行了恰当的清洁工作，小小的细节也可能会造成大大的麻烦。

【任务实施】

3.1.4　通信线缆及接口识别

微课

通信线缆及接口识别

1．任务目标

（1）能识别汉云 PLC 网关、OPC 网关、CNC 网关的接口。

（2）能识别单模光纤和多模光纤。

（3）能识别各类型的光纤连接器、耦合器。

2．实训设备及工具

（1）汉云 PLC 网关、汉云 OPC 网关、汉云 CNC 网关各一台。

（2）单模光纤、多模光纤若干。

（3）各类型光纤连接器、耦合器若干。

3．通信线缆及接口实操内容

（1）网关接口识别。

步骤 1：汉云 PLC 网关接口识别。汉云 PLC 网关前面接口如图 3-19 所示。

图 3-19　汉云 PLC 网关前面接口

汉云 PLC 网关设备上提供一个安全数字（Secure Digital，SD）卡接口，用于插入 SD 卡，以便于存储历史数据、事件报警信息和操作记录等数据，最大可扩展为 32GB。USB 接口可用于汉云 PLC 网关配置下载、存储历史数据。提供 3 个以太网接口（1 个 WAN 口和 2 个 LAN 口），并具备交换机功能。汉云 PLC 网关可通过任意接口连接触摸屏和 PLC 等设备。

汉云 PLC 网关设备集成 2 路开关量输入接口和 2 路继电器输出接口，可连接外部开关量接点。提供 COM1～COM3 3 种通信端口。其中 COM1 和 COM3 共用同一 D 型 9 针接口，COM2 的通信端口位于并行 12 针接口上。COM1～COM3 指的是不同形式的串口（COM1：RS-232/RS-485/RS-422，对应 Port1。COM2：RS-485，对应 Port2。COM3：RS-232，对应 Port3），如图 3-20 所示。

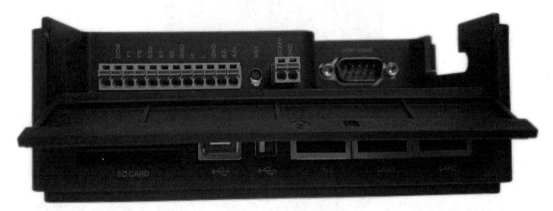

图 3-20　PLC 网关侧面接口

步骤 2：汉云 CNC 网关接口识别。CNC 网关包括 2 路以太网接口，1 路 RS-485 接口。网络接入支持以太网、2G/3G/4G、Wi-Fi。可以通过以太网接口和 RS-485 接口连接采集设备，如图 3-21 所示。

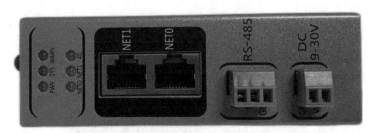

图 3-21　汉云 CNC 网关接口

步骤 3：汉云 OPC 网关正面接口识别。OPC 网关正面包括 2 路 RJ45 接口，可以连接内网设备和外网，如图 3-22 所示。

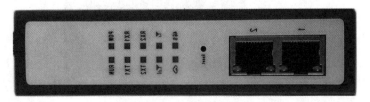

图 3-22　OPC 网关正面接口

OPC 网关侧面包括 RS-232/RS-485 接口，可以采集相应接口的数据，如图 3-23 所示。

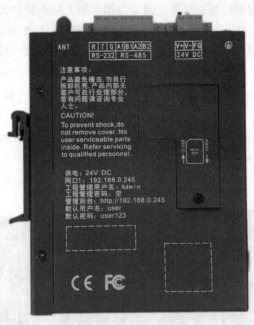

图 3-23　OPC 网关侧面接口

（2）光口单模式、多模式识别方法。

①通过标注的中心波长判断。中心波长 850nm 为多模式，1310nm 或 1550nm 为单模式。

②把光口的发射端激活，快速查看发射端是否有红光发出，若有则为多模口，否则为单模口。

（3）连接器类型判断方法。

SC 光纤接口一般用在光网络单元（Optical Network Unit，ONU）、光纤收发器等设备。由于 SC 光纤接口占用体积大，在需要密集光接口的场合都被 LC 接口取代，如图 3-24 所示。

图 3-24　光纤收发器接口

SFP 可以简单地理解为 GBIC 的升级版本。SFP 模块体积比 GBIC 模块少一半，只有拇指大小，因此可以在相同的面板上配置一倍以上的端口数量。SFP 模块的其他功能基本和 GBIC 一致。有些交换机厂商称 SFP 模块为小型化 GBIC（MINI-GBIC），如图 3-25 所示。

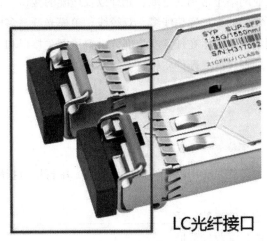

图 3-25　SFP 模块

连接器按连接方式分为 LC、SC、FC、ST、MU、MT、MPO/MTP 等，按光纤端面分为 FC、PC、UPC、APC，如表 3-1 所示。

表 3-1　光纤连接器型号

连接器型号	描述	外形图	连接器型号	描述	外形图
FC/PC	圆形光纤接头/微凸球面研磨抛光	FC/PC	FC/APC	圆形光纤接头/面呈 8° 并做微凸球面研磨抛光	FC/APC
SC/PC	方形光纤接头/微凸球面研磨抛光	SC/PC	SC/APC	方形光纤接头/面呈 8° 并做微凸球面研磨抛光	SC/APC
ST/PC	卡接式圆形光纤接头/微凸球面研磨抛光	ST/PC	ST/APC	卡接式圆形光纤接头/面呈 8° 并做微凸球面研磨抛光	ST/APC
MT-RJ	卡接式方形光纤接头	MT-RJ	LC/PC	卡接式方形光纤接头/微凸球面研磨抛光	LC/PC

【任务总结】

本任务系统介绍了工业网络中常用的电缆、光纤以及适配的接口。首先普及了串行通信的基础知识，其次重点介绍了常用的串口通信线缆、双绞线、单模光纤、多模光纤、串口物理特征、光纤连接器的类型和应用场景，最后在任务实施部分讲解了网关接口和光纤连接器的识别方法，为数据采集的现场调研、规划设计、硬件实施打下坚实基础。

【任务测验】

1. 填空题

（1）串行通信，顾名思义就是利用串行接口进行通信，串行接口指串口按_____发送和接收数据。

（2）串行通信中比较重要的参数包括_____、_____、_____及校验位，通信双方需要约定一致的数据格式才能正常收发数据。

（3）双绞线通常可以分为_____和_____。

（4）RS-485总线要采用_____，而不能采用星形结构。星形结构会产生反射信号，从而影响到RS-485通信。

（5）光口的最大可接收功率称为_____，最小可接收功率称为_____。

2. 单选题

（1）如果要将两台计算机通过双绞线直接连接，正确的线序是（   ）。

A. 两台计算机不能通过双绞线直接连接

B. 1-1、2-2、3-3、4-5、5-5、6-6、7-7、8-8

C. 1-3、2-6、3-1、4-4、5-5、6-2、7-7、8-8

D. 1-2、2-1、3-6、4-4、5-5、6-3、7-7、8-8

（2）在以太网中，双绞线使用（   ）与其他设备连接起来。

A. BNC接口   B. AUI接口

C. RJ45接口   D. RJ11接口

（3）下面哪个不是光纤的组成部分？（   ）

A. 纤芯   B. 包层

C. 绝缘层   D. 涂覆层

（4）不使用RS-485作为物理层标准协议的是（   ）。

A. PROFINET   B. 工业HART总线

C. Modbus协议   D. PROFIBUS DP

（5）下面哪个不是光纤插芯端面结构？（   ）

A. PC   B. APC   C. UPC   D. CPC

3. 简答题

光接口主要有哪几种类型？

任务 3.2　通过有线网络采集数据

【任务描述】

根据适用场景，工业互联网的网络连接分为有线网络连接和无线网络连接。数据采集或者控制信息以有线网络连接为主，以无线网络连接为辅。本任务主要介绍工厂内外工业网络架构、工业网络设备、工业 PON 技术、现场总线接入、工业以太网接入，帮助学生对整个网络架构和数据采集信息流形成清晰的认识，并会通过 Modbus TCP 采集数据。

【知识学习】

3.2.1　工业互联网网络架构

在讲网络连接之前，先看看人怎么交流。人与人交流需满足两个条件，一是两个人要能对话，就是网络互联。二是两个人还要能理解对方的语言，就是数据互通。在工业互联网架构中，网络连接为促进各种工业数据的充分流动和无缝集成提供支撑。网络连接分为两个层次，即网络互联和数据互通，如图 3-26 所示。

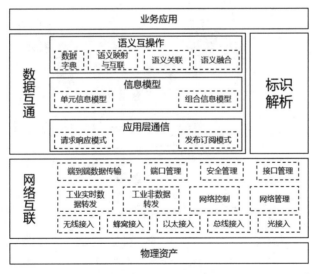

图 3-26　工业互联网网络架构

网络互联是实体间通过网络连接实现数据传递，重点在于物理连通（物理层）和数据分发（链路层和网络层）。工厂内外有着各自的技术实现手段。在工业现场，实体对象无外乎"人、机、料、法、环"，它们是影响产品质量和交期的主要因素。"人"指制造产品的人员，"机"指制造产品的机器设备，"料"指制造产品所使用的原材料，"法"指制造产品所使用的方法，"环"指产品在制造过程中所处的环境。智能制造和数字化工厂致力于将这些生产要素通过网络互联，再通过工业数据建模、数据分析，实现产品的品质和生产过程的联动，倒推各要素的改善和优化。

数据互通指建立标准的数据结构和规范，使得传递的数据能被有效地理解和应用。数据在系统间无缝传递，各种异构系统在数据层面能够相互理解，从而实现数据的互操作。数据互通强调的是语义，即用计算机、控制器和设备等都能"听懂"的语言，这样就能够轻松交互。数据互通对应开放系统互联（Open System Interconnection，OSI）参考模型的传输层和应用层，深刻了解这两个层次的拆分对于理解网络连接有着重要意义。

1. 网络互联

工厂内网络互联以有线网络连接为主，以无线网络连接为辅。工厂外智能产品/移动装备以无线网络连接为主。工厂内网络连接工厂的各种要素，并与企业数据中心互联，支撑工厂内的业务应用；工厂外网络用于连接工厂与工厂、工厂内与工厂外的系统、智能产品和用户、分支机构以及上下游协作企业。

传统工厂内网络主要用于连接生产和办公，而如今大量新型物联网设备和新业务流程被引入，将对网络产生新的需求，从而引起工厂内网络架构的变化。企业为了打破信息孤岛，提高运营效率并降低运营成本，经慎重考虑，将原来分散部署在不同服务器上的业务系统（如 ERP 系统、SCM 系统、CRM 系统）等集中部署到公有云或企业数据中心。

当前，工业网络主要处于各个工业企业内部，总体来说，工厂内网络呈现"两层三级"的结构，如图 3-27 所示。"两层"是指存在"IT 网络"和"OT 网络"。"三级"是指根据目前工厂管理层级的划分，网络也被分为"现场级""车间级""工厂级" 3 个层级，每层之间的网络配置和管理策略相互独立。

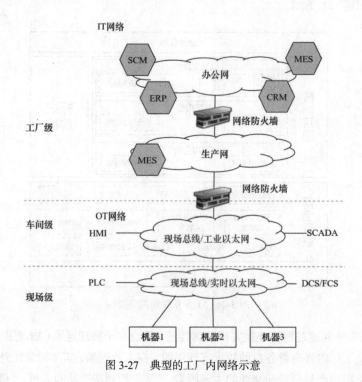

图 3-27 典型的工厂内网络示意

（1）现场级。

在现场级，工业现场总线被大量用于连接现场检测传感器、执行器与工业控制器。近年来，已有部分支持工业以太网通信接口的现场设备在部署，但仍有现场设备采用电气硬接线直连控制器。在现场级，无线通信只在部分特殊场合使用，存量很低。这种现状造成工业系统在设计、集成和运维的各个阶段的效率都受到极大制约，进而阻碍着精细化控制和高等级工艺流程管理的实现。

（2）车间级。

车间级主要是完成控制器之间、控制器与本地或远程监控系统之间，以及控制器与运营级之间的通信连接，MES 也通过在车间级部署实现生产执行控制。车间级网络多采用工业以太网技术实现，也有部分厂商采用普通以太网、工业总线或自有通信协议进行控制器和系统间的通信。当前已有的工业以太网往往是在通用的以太网基础上进行修改和扩展而来的，不同工业以太网协议间的互通性和兼容性较差，限制了大规模网络互联。

（3）工厂级。

在工厂级，企业 IT 网络通常采用高速以太网以及 TCP/IP（Internet Protocol，互联网协议）进行网络互联。随着智能工厂的建设，企业 IT 管理运营系统对现场实时工艺过程数据和设备状态数据有着强烈需求，高效、便捷部署现场设备的通信互联，利用先进的网络技术实现现场级与工厂级系统间高实时性、高可靠性数据通信，解决 OT 网络与 IT 网络的融合互通，是目前工厂内网络系统技术领域面临的主要问题。

现有的"两层三级"模式存在一些不足，一是 OT 网络和 IT 网络的标准各异，影响了互联互通；二是组网模式相对固定，不那么灵活，涉及变更时调整时间长。一种优化路径是在同一个网络中，做到实时数据和非实时数据传输并存。以 TSN 为例，在 OT 网络中，TSN 支持实时数据传输，而在 OT 网络与 IT 网络之间 TSN 支持标准 IT 协议。TSN 技术可实现在同一个网络部署中实时数据和非实时数据共存，互不干扰。TSN 技术还比较新，目前 TSN 网络设备的维护成本也很高。另一种优化路径是 OT 网络 IP 化和无线化。IP 化指利用工业以太网取代现场总线，用标准协议取代私有协议，IP 化后减少异构网络的数量。无线化指在不便于布线的地方，利用无线替代有线，通过无线实现传输。由于少了布线限制，因此增加了组网的灵活性，便于调整。目前无线方式主要应用于对时延和可靠性要求不高的场景，作为有线网络的补充。两条路径都致力于实现网络扁平化。

在企业外，由于不同行业和领域信息化发展水平不一，对工业化数据信息开发利用的广度、深度不尽相同，因此企业对于工厂外网络的建设和发展不均衡，部分工业企业仅申请了普通的互联网接入，部分工业企业的不同区域之间仍存在信息孤岛现象，限制了跨地区、跨行业、跨企业的网络协同，以及远程服务等新业务、新模式的发展。

2. 典型网络拓扑结构

设备接入与网络拓扑有关，显然网络拓扑和系统架构之间有一定关系，但网络拓扑更强调在物理层的设备接入形态，使用传输介质互联各种设备的物理布局，同时网络拓扑体现了数据的流动。网络拓扑由节点和链路组成，节点可以是各种设备或服务器对象，而链路负责节点之间的连接。

常见的网络拓扑结构有星形拓扑结构、总线型拓扑结构、环形拓扑结构、树形拓扑结构，以及衍生出的更复杂的拓扑结构。这些网络拓扑结构从字面上也比较好理解，每种拓扑结构都有它的优势和劣势，在设计设备接入网络时，应根据实际情况选择合适的拓扑结构。

（1）星形拓扑结构。

星形拓扑结构的明显特点是中间有一个中心节点，一般这个中心节点可以是路由或者交换机。其中每个节点都直接连接到这个中心节点，构成了整个网络，如图3-28所示。

一般在工业网络中常见的中心节点就是PLC，其他类似的如阀岛、伺服控制器、变频器、远程 I/O 等直接接入 PLC。工业以太网中也能够看到很多以交换机为中心，由 PLC、远程 I/O、变频器等组成其他节点的情况。由此我们可以看到星形拓扑结构的网络结构非常简单，便于管理，某个节点出现故障以后也不会影响到其他节点；但同时有相当大的缺点：需要耗费大量的线缆，成本高，同时中心节点承担数据交换，一旦发生故障，则全网都会受到影响。

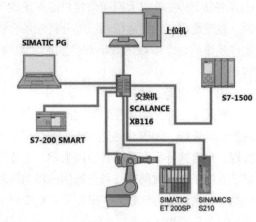

图 3-28　星形拓扑结构

（2）环形拓扑结构。

相较于星形拓扑结构，环形拓扑结构中将不再有中心节点，而是所有的节点通过首尾相连形成一个闭合的环，这样信息就在这个环上流动。一般以工业以太网构建的环形结构比较常见，如图 3-29 所示。

相较于星形网络，环形拓扑结构简化了网络结构和路径选择，增强了整个网络的可靠性。

（3）树形拓扑结构。

对于自动化系统而言，树形拓扑结构是最常见的网络结构之一，其中典型的就是 DCS。树形拓扑结构的特点为集中、分散。与星形拓扑结构相比，这种拓扑结构的通信线路总长度短，成本较低，节点易于扩充，寻找路径比较方便。但除叶节点及与其相连的线路外，任一节点或与其相连的线路发生故障都会使系统受到影响，如图 3-30 所示。

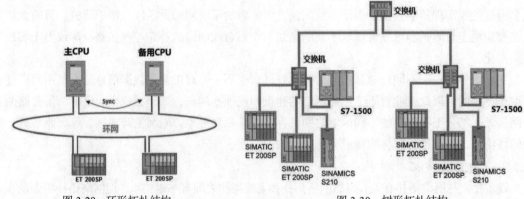

图 3-29　环形拓扑结构　　　　　　　图 3-30　树形拓扑结构

根据树形拓扑结构可知，树形拓扑结构整体的可扩展性很大，可以延伸出很多分支和子分支，这些新节点和新分支都能很容易地加入网络。如果某一分支的节点或线路发生故障，很容易将故障分支与整个系统隔离开来。但与此同时，各个节点对根节点的依赖性很大。如果根节点设备发生故障，整个网络将崩溃。

（4）总线型拓扑结构。

总线型拓扑结构如图 3-31 所示，目前工业网络中的很多现场总线都是基于这种结构构建的。

各个节点均是挂在一条总线上的，各工作站地位平等，无中心节点控制，公用总线上的信息多以基带形式串行传递，其传递方向总是从发送信息的节点开始向两端扩散。各节点在接收信息时都进行地址检查，看是否与本站地址相符，相符则接收网上的信息。

图 3-31　总线型拓扑结构

3. 接入层、汇聚层和核心层

如果企业内的网络规模比较大，会分为 3 层，从下往上分别是接入层、汇聚层和核心层。当然这个要根据实际情况而定，也可以分为两层，还可以混合，比如有些服务器通过交换机直接接入核心层，如图 3-32 所示。

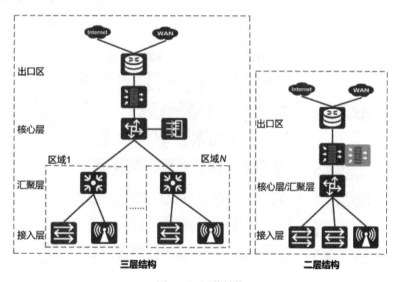

图 3-32　网络结构

核心层：网络主干部分。核心层的功能主要是实现骨干网络之间的优化传输，核心层设计任务的重点通常是冗余能力、可靠性和高速传输。网络的控制功能尽量少在核心层上实施。核心层一直被认为是所有流量的最终承受者和汇聚者，主要功能在于通过高速转发通信，提供可靠的骨干传输结构。因此，核心层交换机应拥有更高的可靠性、性能和吞吐量。核心层最主要的作用就是高速转发和路由。

汇聚层：位于接入层和核心层之间，是网络的信息汇聚点，包括连接接入层和核心层的网络设备，为接入层提供数据的汇聚、传输、管理、分发处理，提供基于策略的连接，如地址合并、协议过滤、路由服务、认证管理等。通过网段划分（如虚拟局域网）与网络隔离，可以防止某些网段的问题蔓延而影响到核心层。汇聚层也可以提供接入层虚拟网之间的互联控制和限制接入层对核心层的访问，保证核心层的安全和稳定。汇聚层是多台接入层交换机的汇聚点，它必须能够处理来自接入层设备的所有通信，并提供到核心层的上行链路，需要更高的性能、更少的接口和更高的交换速率。设备一般采用可管理的三层交换机或堆叠式交换机，以满足带宽和传输性能的要求。

接入层：通常指网络中直接面向用户连接或访问网络的部分。接入层是终端设备与网络的接口，它应该提供即插即用的功能，同时应该非常易于使用和维护。由于接入层的主要功能是允许终端用户连接到网络，因此接入层交换机要求具有低成本和高端口密度特性。一般也用接入层交换机来实施端口 MAC 地址的绑定。

3.2.2 工业网络设备

在介绍网络设备之前我们先来聊聊 OSI 模型，理解了这个模型不但有助于我们理解网络设备的功能，也有助于我们后期学习各种协议。

1. OSI 参考模型

OSI 参考模型从低到高分别是物理层、数据链路层、网络层、传输层、会话层、表示层、应用层，如图 3-33 所示。一个抽象七层模型，但其核心思想一点儿也不抽象，非常具体，其核心思想如下。

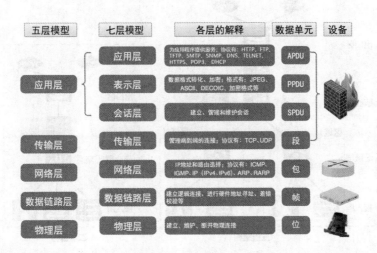

图 3-33　OSI 模型

（1）通信两端的主机能够理解对方的语言，即要求主机使用相同的协议格式来发送数据。

（2）希望通信系统模块化，每个模块提供标准接口，每个模块给直接耦合的模块提供标准化的流程接口，每个模块内部怎样实现没有硬性规定，但外在的接口一定是标准件，这样耦合的模块可以无缝对接。

这样做的好处如下。

（1）由于使用标准接口，每个通信模块可以独立开发，增加自由度，提高生产效率。

（2）提高代码的重复利用率。由于通信模块的标准化的外在接口，应用程序可以直接使用现成的通信模块，而无须重新编码，这大大减轻了开发者的负担，间接地提高了生产效率。

第一层：物理层。

在 OSI 参考模型中，物理层是参考模型的底层，也是 OSI 模型的第一层。物理层的主要功能是：利用传输介质为数据链路层提供物理连接，实现比特流的透明传输。物理层的作用是实现相邻节点之间比特流的透明传输，尽可能屏蔽掉具体传输介质和物理设备的差异，使上面的数据链路层不必考虑网络的具体传输介质是什么。

第二层：数据链路层。

数据链路层是 OSI 模型的第二层，负责建立和管理节点间的链路。在网络中，由于各种干扰的存在，导致物理链路不可靠。因此这一层的主要功能是：在物理层提供的比特流的基础上，通过差错控制、流量控制等方法，使有差错的物理线路变为无差错的数据链路，即提供可靠的通过物理介质传输数据的方法。

基于物理层向接收者传输 0/1 信号，一段数据传输会分割成若干个"帧"，在一段 0/1 数据的前后分别添加首部和尾部，这样就构成了一个帧。若干个帧包含起始帧和结束帧，当接收方收到起始帧，才认为这是一条完整的数据，若不完整，则丢弃。

数据链路层在一个子网（局域网）内通信，比如 192.168.1.2 和 192.168.1.3 之间的通信。交换机收到携带 MAC 地址的消息后，将消息广播到交换机下所有的机器。当机器收到后判定 MAC 地址是否与本机一致，不一致则丢弃，一致则接收。换言之，数据链路层借助交换机实现 MAC 地址传输。这里的 MAC 地址有点儿像人们的名字，解决"我是谁"的问题。交换机就在这一层工作。

第三层：网络层。

网络层是 OSI 模型的第三层。它是 OSI 参考模型中最复杂的一层，也是通信子网的最高一层，在前两层的基础上向资源子网提供服务。它的主要功能是：在数据链路层提供的两个相邻端点之间的数据帧的传送功能上，进一步管理网络中的数据通信，控制数据链路层与传输层之间的信息转发，建立、维持和终止网络的连接，将数据设法从源端经过若干个中间节点传送到目的端，从而向传输层提供基本的端到端的数据传输服务。具体地说，数据链路层的数据在这一层被转换为数据包，然后通过路径选择、分段组合、顺序、进/出路由等控制，将信息从一个网络设备传送到另一个网络设备。数据链路层和网络层的区别为：数据链路层的目的是解决同一网络内节点之间的通信，而网络层主要解决不同子网间的通信。要实现不同子网间的通信，数据链路层就不能满足了，这个时候就需要网络层去路由。路由器就工作在这一层，所以路由器的端口一定不在一个网段，在不同网段寻址是路由器的本职工作。

第四层：传输层。

OSI 下三层的任务是数据通信，上三层的任务是数据处理。而传输层是 OSI 模型的第四层。该层提供建立、维护和拆除传输连接的功能，起到承上启下的作用。该层的主要功能是：向用户提供可靠的端到端的差错控制和流量控制，保证报文的正确传输，同时向高层屏蔽下层数据通信的细节，即向用户透明地传送报文。在 TCP/IP 中，TCP 是基于 IP 的。IP 是对应于网络层的协议，是一个不可靠的协议。TCP 的可靠性保证给 IP 提供了可靠环境，从而使得 IP 可以不必考虑传输的可靠性，专注于网络层的功能。这也是协议分层的初衷。

IP 解决了数据包的路由和传输，上层的 TCP 就可以不再关注路由和寻址；TCP 解决了传输的可靠性和顺序问题，上层的应用层就可以直接使用 TCP 进行数据传输，不再需要关心数据段的丢失和重复。

第五层：会话层。

会话层是 OSI 模型的第五层，是用户应用程序和网络之间的接口，该层的主要功能是：组织和协调两个会话进程之间的通信，并对数据交换进行管理。当建立会话时，用户必须提供他们想要连接的远程地址。而这些地址与 MAC 地址或网络层的逻辑地址不同，它们是为用户专门设计的，更便于用户记忆。域名就是一种网络上使用的远程地址。

第六层：表示层。

表示层是 OSI 模型的第六层，它对来自应用层的命令和数据进行解释，对各种语法赋予相应的含义，并按照一定的格式传送给会话层。该层的主要功能是：处理用户信息的表示问题，如编码、数据格式转换和加密/解密等。

第七层：应用层。

应用层是 OSI 参考模型的最高层，它是计算机用户以及各种应用程序和网络操作系统之间的接口。该层的主要功能是：直接向用户提供服务，完成用户希望在网络上完成的各种工作。它在其他 6 层工作的基础上，负责完成网络中应用程序与网络操作系统之间的联系，建立与结束使用者之间的联系，并完成网络用户提出的各种网络服务及应用所需的监督、管理和服务等各种协议。此外，该层还负责协调各个应用程序间的工作。

我们来打个比方，假设 A 公司的经理要寄文件给 B 公司的经理。A 公司的经理会喊秘书把文件寄给 B 公司的经理。秘书拿到文件后，首先选取"逆风快递"，并且查到 B 公司的地址，把文件装在快递信封里，填好快递单，就交给快递员。而"逆风快递"则把近期收到的快递装成一个集装箱，找到某卡车司机并让他把这个箱子运到 B 公司所在地的集散中心去。然后这封快递信封送到 B 公司，B 公司经理的秘书拆开快递，把文件递给了 B 公司的经理。

综观整个过程，我们发现以下内容。

（1）A 公司的经理在把文件交给秘书时，他并不关心秘书怎么打包文件，也不关心秘书找了什么快递公司寄出去，他只期待 B 公司的经理能收到。

（2）秘书则既不关心"逆风快递"是用什么运输方式将文件运送到 B 公司，也不关心这份文件的内容，只期待这份文件能够被送达 B 公司。

（3）"逆风快递"快递员则只关心装着快递的集装箱能够被司机运往 B 公司所在地的集散中心，却不关心司机究竟走了什么路线、开了什么牌子的货车，也不关心快递里装了什么。

（4）司机只关心怎么把集装箱运到目的地，而不会关心集装箱里面装的是什么。

OSI 七层模型则与之类似，都是下层为上层提供传输服务，不关心上层传输的内容，而上层也不关心下层传输的手段，只期望能将信息最终发到通信对端的相应层次上。

2. 主要网络设备

在 IT 领域，普通网络设备通常指交换机和路由器等。在大型网络拓扑结构中，网络设备还存在多个层级，如交换机分为接入层交换机、汇聚层交换机与核心层交换机，考虑到网络稳定性和可靠性，核心层交换机将做冗余热备。工业网络设备同样有交换机和路由器这些硬件，在此基础上多了工业网关、工控机等特殊设备。工厂领域网络设备和工业网络设备的区别主要在于两个方面，一是工业网络设备在适应现场环境、经久耐用等方面有额外严苛的要求；二是普通网络设备，如交换机，有时无法满足工业以太网对数据转发的实时性要求，需要专用的工业交换机。集线器、交换机和路由器分别工作在物理层、数据链路层和网络层。

集线器实际上就是多端口的中继器。集线器一般具有 4、8、16、24、32 等不同数量配置的以太网（RJ45）接口。通过这些接口，集线器能够为相应数量的设备实现信号"中继"。集线器的工作原理很简单，假设一个 4 端口的集线器连接了 4 台主机，集线器处于网络中心，通过集线器对信号进行转发，4 台主机之间可以互通。具体过程如下：假如主机 1 要发送一条消息给主机 4，当主机 1 的网卡将信息通过双绞线送到集线器上时，集线器并不能直接将信息发送给主机 4，它会广播消息，将消息发送给所有端口，所有端口上的主机接收到广播消息后，对消息进行检查，如果发现该消息是发送给自己的就接收，否则不予理睬。因此，集线器的效率很低，现在已经很少能见到了。

交换机工作在数据链路层，通过对报文重新生成并处理后再转发至指定端口。交换机具备自动寻址和交换能力。交换机根据所传递报文帧的目的地址，将每帧报文定向地从源端口送至目的端口，避免和其他端口发生碰撞冲突。还是上面的例子，假如交换机连接了 4 台主机，主机 1 要将一条消息发送给主机 4。当主机 1 的网卡将消息送到交换机时，交换机根据消息报文中包含的目标 MAC 地址，直接将消息转发给主机 4。交换机拥有一条高带宽的背板总线和内部交换矩阵，交换机的所有端口都挂接在背板总线上，当控制电路收到数据包以后，处理端口会查找内存中的地址对照表以确定目的 MAC 地址应该从哪个端口发出，最后通过内部交换矩阵迅速将数据包传送到目的端口。只有当地址对照表中目的 MAC 地址不存在时，交换机才会将数据包广播至所有端口，接收端口回应后，交换机会记录新的 MAC 地址并添加到地址对照表中。

路由器工作在网络层，简单地说，路由器把数据从一个子网发送到另一个子网，实现主机间的跨网段通信。理论上，依靠 MAC 地址和广播技术，北京的一台主机上的网卡发出的数据包就可以找到旧金山一台主机上的网卡。但是如果全世界的主机都这么做，每台主机发出的数据包都同步广播给全世界其他主机，再逐一比对判断，这样显然非常低效，也不现实。因此，广播被限定在发送者所在的局域网内，如果两台设备不在同一个子网内，那么广播无法到达。

由于只有 MAC 地址时无法区分不同主机是否属于同一个子网，因此需要 IP 地址。MAC 地址解决"我是谁"的问题，IP 地址解决"我在哪儿"的问题。每台主机被分配一个 IP 地址。IP 地址由两部分组成，前面的部分代表网络，后面的部分代表主机。例如，IP 地址 192.168.0.1 有 32 位地址，假定前 24 位是网络部分（192.168.0），那么主机部分就是后 8 位。处于同一个子网的主机，其 IP 地址的网络部分相同，如 10.18.254.3/24 和 10.18.254.25/24 属于同一个子网。交换机基于 MAC 地址转发，交换机则存储 MAC 地址对照表，而路由器基于 IP 地址转发，路由器则存储路由表。交换机用于组建局域网，连接同属于一个子网的所有设备，负责子网内部通信；路由器能够将交换机组建的局域网连接起来，或者将它们接入更大的互联网。弄清楚网络设备的所在层级，对理解整个工厂网络拓扑结构有较大帮助。

我们来举一个例子：路由器相当于邮局，把信投递到收件人地址，它的任务就完成了。但是信邮到了宿舍楼，而这个地址不是某个人专享的，所以楼管还要负责把信给到对应人手里，他不会关心收件人地址，只看收件人姓名，然后打个内线电话叫对应人来取信。如果没有邮局，没法向世界各地的好朋友发信，也没法从楼外的好朋友那里收信。但是因为楼管的存在，可以通过楼管与同宿舍楼的好朋友书信往来。所有邮局构成的系统就是"广域网"，而宿舍楼就是"局域网"，构建局域网是不需要路由器的。

工业网络设备在适应现场环境、经久耐用方面有额外的严苛要求，体现在多个方面，例如：①坚固、耐用的设计和宽温工作范围；②高 IP 防护级别的坚固外壳，能够抵御灰尘、水和油的侵入；③广泛的安规认证，如电磁兼容性认证、电磁干扰性认证、电磁敏感性认证、抗冲击认证、振动测试认证和跌落测试认证等。

在满足数据传输实时性方面，工业网络设备主要有以下优势：①支持各种工业以太网协议，如 EtherNet/IP、Modbus TCP、PROFINET，可在自动化 HMI/SCADA 系统中轻松集成和监控；

②识别工业以太网数据帧的优先级并保证优先转发。

通过以上介绍，我们了解了常见的工业网络设备和特点，下面再来了解一下网关。顾名思义，网关（Gateway）的主要作用是通过协议转换实现两个高层协议之间的网络互联。在 OSI 参考模型中，有时把网关定义为工作于传输层到应用层的设备。网关应用于不同类型且差别较大的网络系统之间的互联，一般进行一对一的转换，或是在有限的几种应用协议之间转换。

网关不特指某一类产品，它是一个逻辑上的概念，防火墙、三层交换机、服务器和工控机等都可以承担网关角色。网关的主要转换项目包括信息格式转换、地址转换和协议转换。

3.2.3 工业 PON 技术

说起 PON，估计很多人很陌生，但说起"光猫""光纤上网"等名词，大家应该很熟悉。PON 技术在网络接入服务中代替了电缆，在工业场景中的应用规模也越来越大。

什么是 PON？

无源光网络（Passive Optical Network，PON）由光线路终端（Optical Line Terminal，OLT）、光网络单元（ONU）和光分配网络（Optical Distribution Network，ODN）组成，如图 3-34 所示。

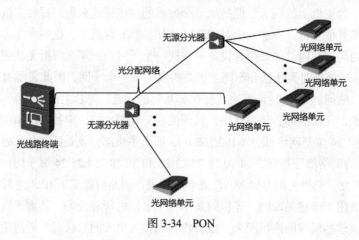

图 3-34 PON

1. PON 原理

大家也注意到，家中光纤接入只用到一根光纤。《礼记·曲礼上》："往而不来，非礼也；来而不往，亦非礼也。"常识告诉我们，通信双方有来有往。那么，一根光纤怎么通信呢？我们看看 PON 是怎么解决这个问题的。PON 在单根光纤上采用了上行 1310nm/下行 1490nm 波长组合的波分复用技术，如图 3-35 所示，以防止上下行光信号相互影响。

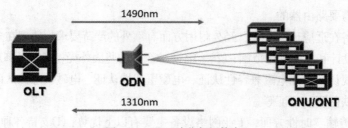

图 3-35 PON 波分复用技术

上下行方向分别采用点到点和广播两种不同的传输方式。PON 的数据传输基本流程如图 3-36 所示。上行方向通过时分多路访问（Time Division Multiple Access，TDMA）技术将每个 ONU 的上行数据分别组成一个时间片信息流，各自传送到 OLT。下行方向通过广播技术将 OLT 的数据包传送至每个 ONU，其中每个包的包头都包含目的 ONU 的标识符。当数据包到达 ONU 时，ONU 根据标识符进行地址解析，仅保留目的地址为自己的数据包。

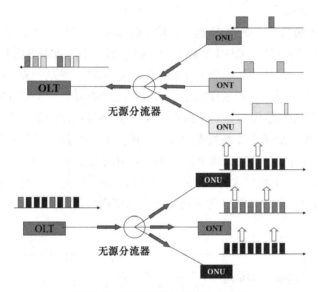

图 3-36　PON 的数据传输基本流程

　　目前 PON 技术在公共接入网中得到了广泛部署，实现了我国光纤到户（Fiber To The Home，FTTH）覆盖范围达到世界领先水平，助力公众的平均接入带宽从 100Mbit/s 向 1Gbit/s 及更高带宽迈进。

2. 工业 PON 背景

　　中国制造业经过几十年的飞速发展，规模已连续多年居世界第一。随着制造业规模的日趋壮大，传统的工厂内网络性能、稳定性、维护成本、业务改造升级等方面已经逐渐无法跟上制造业的发展步伐。同时，工业设备种类繁杂、工业通信协议格式各异，协议承载和分析的成本巨大，工业企业亟须灵活、智能的协议分析解决方案。随着智能制造云化、边缘计算等新兴技术方案的兴起，如何搭建一张实现从现场总线到云端平台的端到端网络，实现智能制造所涉及的各类生产元素之间的互联互通，是实现智能化的基础。

　　为实现生产过程中的设备联网以及全流程的数据采集、流动及智能化生产，工业互联网领域的 PON 技术已成为工厂内网络的一种主流技术。工业 PON 技术采用先进的无源光纤通信技术和工厂自动化融合而构建一个新兴的网络平台，是构建未来智能工厂的基础。工业 PON 技术可以有效解决智能工厂和数字车间的通信交流，构造安全、可靠的工厂内网络，完成智能制造基础设备、工艺、物流、人员等各方面的基础信息采集，解决困扰企业的工业协议繁多和异构网络互联等问题，实现工业现场协议的灵活转换和格式统一，同时为企业上云做好基础网络和数据服务工作。

　　工业 PON 技术相比传统以太网技术，是一套全新的安全、可靠、融合、先进的工业网络综合解决方案，是工厂内车间数据采集组网的全新方案。但目前工业 PON 技术大多数实现方式沿用民用通信的现有成熟技术，仅仅满足民用通信领域的相关技术指标要求，对于工业场景中高可靠性、倒换保护、工业协议转换、工业环境指标支持能力等方面特有需求的满足程度仍存在较大差距。同时，在工业协议转换方面，工业中各种生产线的协议多达上百种，这些协议不可能都提前预装到设备上，工业数据采集网关需以灵活的方式按需升级/安装支持各类协议转换，才能满足各种生产线的快速安装上线需求。

3. 工业 PON 架构

工业 PON 处于车间级，工业 PON 整体系统架构如图 3-37 所示。通过工业级 ONU 设备实现光网络到设备层的连接，通过 ODN 实现工业设备数据、生产数据等到 OLT 的汇聚，最终通过 OLT 与企业网络的对接，从而实现产线数据到工厂/企业 IT 系统的可靠、有效传输。工业 PON 是车间级网络，对生产线设备（如数控机床）实现有线网络覆盖，同时通过对无线网络承载实现车间有线、无线一体化网络覆盖。工业 PON 针对工业各类应用场景，满足工业场景下的各种工业控制总线场景要求，提供工业场景类型接口，可为工业控制、信号量监控、数据传输、语音通信、视频监控等各种业务应用提供支持。各业务流通过 PON 系统上行后，由 OLT 汇聚上联 GE（Gigabit Ethernet，千兆以太网）/FE（Fast Ethernet，快速以太网）接口连接到工厂级网络，实现智能制造 MES、ERP、PLM 等系统和下层物理设备的对接，从而实现工业控制、视频监控等功能。

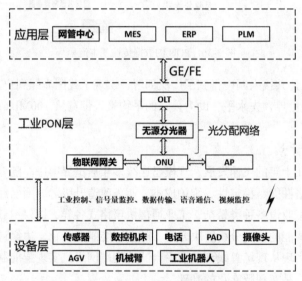

图 3-37　工业 PON 整体系统架构

4. 网络拓扑设计

工业 PON 在工业场景下常用的组网方式是基于 TypeD 式（双 OLT/单 OLT 双 PON 口、ONU 双 PON 口、主干光纤、光分路器和配线光纤均双路冗余）保护方式的手拉手保护链型组网和星形组网，具体实现方式包括 OLT 同一 PON 板内同一 PONMAC 芯片（一个 PONMAC 芯片支持多个 PON 口的情况下）、同一 PON 板内不同 PONMAC 芯片、PON 板间、不同 OLT 间的 PON 口保护 4 种，实现了全光路保护，提高了车间通信网络的可靠性。当 OLT 主用主控板在检测到软件异常、硬件异常、拔板、网管强制命令倒换等情况时会发生自动倒换，将全部业务配置倒换到备用主控板。

具体的组网方式可根据工厂实际情况进行选择。工业 PON 手拉手保护链型组网示意如图 3-38 所示。

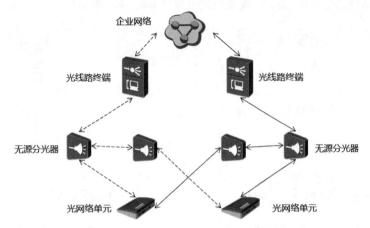

图 3-38 工业 PON 手拉手保护链型组网示意

工业 PON 星形组网示意如图 3-39 所示。

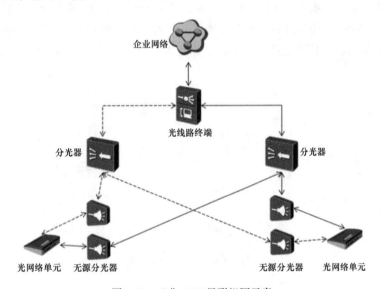

图 3-39 工业 PON 星形组网示意

5. 工业 PON 使用的 3 个场景

根据不同工厂的实际网络建设情况,工业 PON 在工业中的使用可分为以下 3 个场景。

场景 1:新增生产线,需对机床、机器人、流水线等部署信息自动化采集点。在这种场景下,生产车间需要新建或改造,需要同步部署信息化通信网络。这种场景的特点是车间内没有以太网,需要重新部署网络,如图 3-40 所示。在这种场景下,可以完全通过 PON 搭建车间内的数据采集网络,工业级 ONU 直接连接机器或数据采集设备。通过事先规划/现有的智能设备/流水线位置,规划布线及 ONU 放置位置及数量。

场景 2:原有车间生产线已完成信息化部署,尚未将相关数据及控制指令远程化及采集自动化,车间生产线需要加强信息自动化能力。这种场景的特点是已有现场设备到工位的信息化网络,但需要将数据采集到远端进行监控。在这种场景下，可以通过 PON 搭建车间内的数据采集网络，将分散在各个工位的数据进行汇聚。由于各个工位/生产线已有近端的以太网，因此可通过 ONU 与车间内近端布设的交换机连接，实现数据的汇聚，如图 3-41 所示。

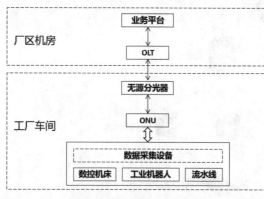

图 3-40　工业 PON 使用场景 1

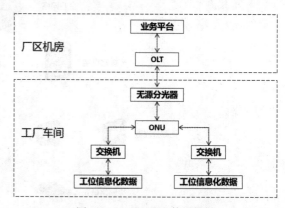

图 3-41　工业 PON 使用场景 2

场景 3：厂区车间内已部署了工业以太网，但是其他拓展业务，如能源监控、视频安防、Wi-Fi 覆盖等需要部署，需要对多种应用进行网络安全隔离（物理及逻辑双重）。这种场景的特点是车间生产线已有信息化网络、辅助设备及业务需要重新部署。在这种场景下，可以通过 PON 连接新的业务设备，并与原有的工厂工业以太网隔离，如图 3-42 所示。

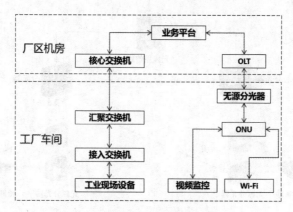

图 3-42　工业 PON 使用场景 3

3.2.4　现场总线接入

总线类的名称都带着 Bus，Bus 是公共汽车，是公共交通，总线也是共享的通道，所以也是 Bus。

现场总线（Field Bus）是近年来迅速发展的一种工业数据总线，它主要解决工业现场的智能化仪器仪表、控制器、执行机构等现场控制设备间的数字通信，以及这些现场控制设备和高级控制系统之间的信息传递问题。由于现场总线简单、可靠、经济、实用等一系列突出的优点，因此受到了许多标准机构和计算机厂商的高度重视。

现场总线是一种工业数据总线，是自动化领域中底层数据通信网络。简单地说，现场总线就是以数字通信替代了传统 4~20mA 模拟信号及普通开关信号的传输，是连接智能现场设备和自动化系统的全数字、双向、多站的通信系统。

目前国际上有 40 多种现场总线，按其传输数据的大小可分为 3 类：传感器总线，属于位传输；设备总线，属于字节传输；现场总线，属于数据流传输。虽然 1984 年 IEC 就成立了工作组，着手起草现场总线标准，但由于很多公司已经推出了自己的现场总线技术，不同现场总线标准之间的开放性和互操作性难以统一，因此造成了事实上的不同现场总线之间无法互通，这也造成了工业互联网面临多源异构系统时数据采集较困难。比较常用的现场总线有 PROFIBUS、DeviceNet、Modbus、FOUNDATION Fieldbus、LonWorks、CAN 等。关于各种总线技术的介绍，有很多参考文档和工具书可查阅，本书不展开讲解，仅以 Modbus 为例，讲解一些基本概念。这些概念和定义是普适的，如报文帧、校验、寻址、超时机制、主从模式、OSI 网络层次等。

1. Modbus 概述

Modbus 是一种串行通信协议，由于其协议简单、易用，且没有版权要求，目前已经成为工业领域通信协议的事实标准。Modbus 协议是施耐德电气公司的前身 Modicon 公司在 1979 年提出的。

Modbus 作为目前工业领域应用最广泛的协议之一，与其他通信协议相比，有以下特点。

（1）Modbus 协议开放、公开且无版权要求。

（2）Modbus 协议支持多种电气接口，包括 RS-232、RS-485 等，还可以有线和无线传输，有线传输介质包括双绞线、光纤等。

（3）Modbus 协议消息帧格式简单、紧凑、通俗易懂。

目前 Modbus 有两个主要版本：Modbus 串口和 Modbus TCP/IP。Modbus 串口又有两个变种：ModbusRTU 是一种紧凑的、采用二进制表示数据的方式，ModbusASCII 是一种人类可读的、冗长的表示数据的方式。

图 3-43 说明了 Modbus 协议规范和现有协议的关系，可以看出，Modbus 是基于现有 OSI 网络模型的应用协议。

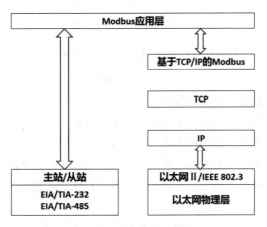

图 3-43　Modbus 通信栈

Modbus 协议可以解决工厂不同种类设备的数据采集问题，使得我们可以通过采集的数据随时监控工厂的运行情况。Modbus 协议允许在各种网络架构内进行简单的通信。

每种设备（驱动器 PLC、HMI、I/O）都能使用 Modbus 协议来启动远程操作。基于串行链路和 TCP/IP 网络上的 Modbus 可以进行相互通信，并且不同 Modbus 协议网络之间还可以通过网关进行数据交换。

2. Modbus 协议内容

在介绍 Modbus 网络之前，首先介绍 Modbus 网络上传输的是什么。和其他协议类似，Modbus 协议基本的通信单位是帧，整个 Modbus 帧又被称为应用数据单元（Application Data Unit，ADU），ADU 中又包含协议数据单元（Protocol Data Unit，PDU），用于传输真正需要传输的数据，如图 3-44 所示。

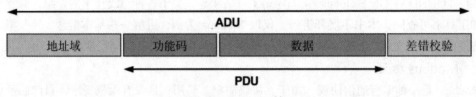

图 3-44　Modbus 帧

Modbus 协议是采用主/从架构的协议。在同一个 Modbus 网络中，同一时刻只有一个节点是主节点，其他使用 Modbus 协议参与通信的节点是从节点，从节点的最大编号为 247。每个从节点设备都有一个唯一的地址，如图 3-45 所示。

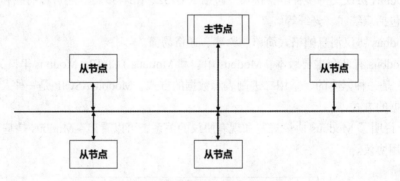

图 3-45　Modbus 协议架构

在串行和 MB+网络中，通信总是由主节点发起（在以太网上，任何一个设备都能发送一个 Modbus 指令，但是通常也只有一个主节点设备启动指令）的，从节点在没有收到主节点请求时不会发送数据。各个从节点之间不会直接相互通信。

在同一个时刻，主节点只会发起一个 Modbus 事务处理。什么是事务处理呢？其实就是一次网络上完整的应答通信。主要包含两种形式：单播模式和广播模式。

所谓单播模式，就是主节点给某个指定的节点发送消息（通过 ADU 中的地址域指定），从节点收到并处理完请求后，从节点向主节点返回一个应答报文。在这种模式下，一个 Modbus 事务包含两个报文，一个是来自主节点的请求报文，另一个是来自从节点的应答报文。

所谓广播模式，是主节点向所有的从节点发送请求，当主节点发送的请求报文的地址域值为 0 时，代表广播请求，所有的从节点都需要接收请求报文，但不需要向主节点返回应答报文。

其实在物理层的所有设备都会收到所有的请求，但地址域不为 0 时，从节点判断当前为单播模式，只有地址域和自身地址号相同的从节点才会响应请求；当地址域为 0 时，从节点判断当前为广播模式，所有的从节点都会接收请求报文，所有收到报文的设备都会运行，只不过不应答报文。

Modbus 协议使用串口传输时可以选择 RTU 或 ASCII 模式，规定了消息、数据结构、命令和应答方式并需要对数据进行校验。

ModbusRTU 与 ModbusASCII 在报文数据发送格式上几乎一样，但也存在一些区别，具体体现在以下几个方面。

（1）ModbusASCII 有开始字符（：）和结束字符（CR LF），可以作为一帧数据开始和结束的标志；而 ModbusRTU 没有这样的标志，需要用时间间隔来判断一帧报文的开始和结束。协议规定的时间为 3.5 个字符周期，就是说一帧报文开始前，必须有大于 3.5 个字符周期的空闲时间，一帧报文结束后，也必须有 3.5 个字符周期的空闲时间，否则就会出现粘包的情况。

注意：针对 3.5 个字符周期，其实是一个具体的时间，但是这个时间跟波特率相关。在串口通信中，1 个字符包括 1 位起始位、8 位数据位（一般情况）、1 位校验位（或者没有）、1 位停止位（一般情况下），因此 1 个字符包括 11 位，那么 3.5 个字符就是 38.5 位，波特率表示的含义是每秒传输的二进制位的个数。如果波特率是 9600 波特，3.5 个字符周期=1000/9600×38.5=4.01（ms）。

（2）两者校验方式不同，ModbusRTU 采用循环冗余校验，ModbusASCII 采用纵向冗余校验。

（3）在 Modbus 标准中，RTU 是必须要求的，而 ASCII 是可选项，即作为一个 Modbus 通信设备，可以只支持 RTU，也可以同时支持 RTU 和 ASCII，但不能只支持 ASCII。

Modbus 协议规定了 4 个存储区，这里以常用的 5 段长度进行说明，如表 3-2 所示。

表 3-2　Modbus 协议的 4 个存储区

区号	名称	读写	范围
0 区	输出线圈	可读、可写	00001～09999
1 区	输入线圈	只读	10001～19999
3 区	输入寄存器	只读	30001～39999
4 区	保持寄存器	可读、可写	40001～49999

Modbus 协议同时规定了 20 多种功能码，但是常用的只有 8 种，用于针对上述存储区进行读写，如表 3-3 所示。

表 3-3　Modbus 协议功能码

功能码	功能说明
01H	读取输出线圈
02H	读取输入线圈
03H	读取保持寄存器
04H	读取输入寄存器
05H	预置单线圈
06H	预置单寄存器
0FH	预置多线圈
10H	预置多寄存器

3．Modbus 协议读取保持寄存器

我们来看一个读取保持寄存器的例子。

保持寄存器发送报文格式如表 3-4 所示。

表 3-4　保持寄存器发送报文格式

从站地址	功能码	起始（高）	起始（低）	数量（高）	数量（低）	校验
0x01	0x03	0x00	0x6B	0x00	0x02	XXXX

发送报文含义：读取 1 号从站保持寄存器，起始地址为 0x6B=107，对应地址为 40108，寄存器数量为 0x02=2，即读取 1 号从站保持寄存器，地址为 40108～40109，共 2 个寄存器的数值。

保持寄存器返回报文格式如表 3-5 所示。

表 3-5　保持寄存器返回报文格式

从站地址	功能码	字节计数	1 高	1 低	2 高	2 低	校验
0x01	0x03	0x04	0x02	0x2B	0x01	0x06	XXXX

返回报文的含义：返回 1 号从站地址保持寄存器 40108～40109，共 2 个寄存器的数值，返回字节数为 4 个，分别为 0x022B、0x0106。

40108 对应数值为 0x022B，40109 对应数值为 0x0106。

基本流程如下。

发送：从站地址+我要干什么的功能码+我要查的寄存器的地址+我要查的寄存器地址的个数+校验码。

回复：从站地址+主机发给我的功能码+要发送给主机数据的字节数+数据+校验码。

3.2.5　工业以太网接入

回顾现场总线的发展史可知，现场总线大致出现在 20 世纪 80 年代末到 90 年代初期，这个时期随着生产规模的日益扩大，工厂的设备有了互联的需求（此阶段的互联需求主要定位于远程的数据传输，以及产线内部不同设备的数据交换），人们希望通过综合掌握多点的运行参数与信息，进而实现多点信息的操作控制。但是这个时候的计算机系统存在系统封闭的缺陷，各个厂商的产品都自成体系，不同厂商之间的设备不能实现互联互通，由于当时技术的局限性，想实现更大范围信息共享的网络系统存在很多困难。

无论是鉴于现场总线标准，还是基于多种现场总线标准的妥协，多标准从某种意义上讲就是无标准。人们开始寻求新的工业通信出路，这时候以太网技术映入眼帘。以太网技术因其技术简单、开放性好、价格低等特点，在商业领域的市场占有率非常高。一些厂商（如施耐德提出了基于以太网＋TCP／IP 的解决方案）提出了将以太网技术引入工厂设备底层，工业以太网随之产生。

正如以太网适合于信息管理、信息处理系统一样，工业以太网在工厂管理、车间监控等信息集成领域也应用得很多。工业以太网最大的优势在于：可以满足控制系统各个层次的要求，使得企业的信息网络和控制网络能够实现统一；以太网容易实现网络集成、速度快、开发技术广泛、硬件升级范围广、价格低，容易获得众多厂商的支持。但是以太网是一种随机

网络，具有通信不确定性的特点，这使得工业以太网一度被打上"难以胜任高速、实时性数据通信"的标签。

工业以太网，一般指技术上与标准以太网兼容，同时采取改进措施使其更加适合工业应用场景，常见的工业以太网协议有 Modbus/TCP、EtherNet/IP、PROFINET、EtherCAT 等。根据从站设备的通信实现方式与标准以太网的兼容程度，可将工业以太网分为 3 类。第一类完全兼容标准以太网，使用标准以太网控制器和 IP，Modbus/TCP、EtherNet/IP、PROFINET NRT（Near Real-Time，准实时）属于这一类，实时数据和非实时数据都通过 IP 传输，优点是成本低、实现方便，完全兼容标准以太网，缺点是实时性始终受底层限制。对于面向控制的实时 I/O 数据，它采用 UDP/IP，相对 TCP 实时性更好一些。第二类采用标准以太网控制器，实时数据不通过 TCP/IP 传输，而是定义专门的实时协议，TCP/IP 协议栈仍然存在，用于传输非实时数据，PROFINET RT（Real-Time，实时）属于这一类。第三类使用专用以太网控制器，同时定义专门的实时协议，优点是实时性强，缺点是成本高，且需要专用协议芯片、专用交换机，EtherCAT 从站（EtherCAT 主站可以使用标准以太网）、PROFINET IRT（Isochronous Real-Time，同步实时）属于这一类。

PROFINET 由 PROFIBUS 国际组织（PROFIBUS International，PI）推出，是新一代基于工业以太网技术的自动化总线标准。作为一项战略性的技术创新，PROFINET 为自动化通信领域提供了完整的网络解决方案，囊括诸如实时以太网、运动控制、分布式自动化、故障安全以及网络安全等当前自动化领域的热点技术，并且它作为跨供应商的技术，可以完全兼容工业以太网和现有的现场总线（如 PROFIBUS）技术，保护现有投资。

根据响应时间的不同，PROFINET 支持下列 3 种通信方式。

（1）TCP/IP 标准通信。

PROFINET 基于工业以太网技术，使用 TCP/IP 和 IT 标准。TCP/IP 是 IT 领域关于通信协议方面的事实标准，尽管其响应时间大概在 100ms 量级，不过，对于工厂控制级的应用来说，这个响应时间就足够了。

（2）实时通信。

对于传感器和执行器设备之间的数据交换，系统对响应时间的要求更为严格，需要 5～10ms 的响应时间。目前，可以使用现场总线技术达到这个响应时间，如 PROFIBUS DP。

对于基于 TCP/IP 的工业以太网技术来说，使用标准通信栈来处理过程数据包，需要大量的时间。因此，PROFINET 提供了一个优化的、基于以太网第二层的实时通信通道。通过该实时通道，极大地减少了数据在通信栈中的处理时间。因此，PROFINET 获得了等同甚至超过传统现场总线系统的实时性能。

（3）同步实时通信。

在现场级通信中，对通信实时性要求最高的是运动控制（Motion Control），PROFINET IRT 技术可以满足运动控制的高速通信需求，在 100 个节点下，其响应时间要小于 1ms，抖动误差要小于 1μs，以此来保证及时的、准确的响应。

可以看到，工业以太网在实时性方面的努力主要体现在软实时和硬实时两方面。一方面它利用以太网报文帧优先级，同时缩短协议栈层级；另一方面是使用专用硬件。这些措施都是对标准以太网带冲突检测的载波监听多路访问（Carrier Sense Multiple Access/Collision Detection，CSMA/CD）介质存取过程的干预，以此提高实时性。工业以太网有两个大的发展方向，一是不断提高实时性，二是更好地兼容标准以太网和 IP。事实上，除了工艺环节过程控制对于实时性有非常严苛的要求，其他多数情况下，随着以太网技术不断进步，标准以太网已经越来越多地直接应用于工业互联网的很多场景。例如千兆以及更高速率的以太网，在同等传输数据量的情况下，更高通信速率意味着网络负荷较轻，传输时延降低，因此网络碰撞的概率也大大降低了；通过三层交换机划分多个虚拟局域网，同一虚拟局域网节点之间的数据传输仅限于它所处的网络内，不占用其他虚拟局域网的带宽，可有效降低主干网络的负荷；全双工通信模式使端口能同时接收数据和发送数据，可有效避免部分冲突的产生；IEEE 1588 网络时钟同步协议，通过定义精确时间协议（Precision Time Protocol，PTP），使分布式网络内的最精确时钟与其他时钟保持同步，实现标准以太网系统中传感器、执行器以及其他终端设备之间亚微秒级别的时钟同步。上述特性都极大地增强了以太网的实时性和确定性，并应用在工业场景中。

此外，很多数据采集的场景，如智慧楼宇、城市管理、物流运输和公共交通，对于数据的时效性要求并不高，且允许网络短时间中断，对于设备的泛在连接，基于标准以太网和 TCP/IP 协议栈无疑是非常便捷的。

【任务实施】

3.2.6 通过 Modbus TCP 采集数据

通过 ModBus TCP
采集数据

1. 任务目标

（1）能根据规划配置网关的接口地址。

（2）通过 Modbus TCP 采集 CNC 控制面板数据。

2. 实训设备及工具

（1）汉云 CNC 网关一台、CNC 控制面板一台、工业交换机一台、网线若干。

（2）谷歌浏览器。

3. 通过 Modbus TCP 采集数据的操作步骤

CNC 控制面板 Modbus TCP 的 IP 地址和端口为 192.168.0.20:502，CNC 网关网络连接如图 3-46 所示。

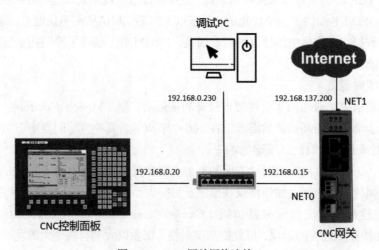

图 3-46　CNC 网关网络连接

步骤 1：登录 CNC 网关，打开浏览器，在地址栏输入 "http://192.168.0.15:9080" 后访问，输入账号为 "admin"，密码为 "password"，如图 3-47 所示。

图 3-47 CNC 网关网络连接

步骤 2：登录 CNC 网关设置界面后，在左侧菜单栏中单击 "网络配置" 选项，一般不修改 "NET0" 地址，修改 "NET1" 为 "192.168.137.200/24"，重启设备使更改生效，如图 3-48 所示。

图 3-48 CNC 网关网络配置

步骤 3：在 CNC 网关设置界面左侧菜单栏中，单击 "采集配置" → "设备配置" → "添加" 选项，选择 "Modbus TCP"，填写采集信息，变量地址根据 CNC 控制面板提供的地址填写，如图 3-49 所示。

*设备编号？	*设备型号	*采集周期？	变量间隔？
CNC01	Modbus TCP	− 1 +	1
*地址	*端口号	*下位机号	*内存布局
192.168.0.20	502	1	ABCD
起始地址			
0			
边缘计算？			
1			

自定义变量

*数据类型	*变量名	*变量地址	位地址	*功能码	数量
float	X	40100	0	03	
float	Y	40102	0	03	
float	Z	40104	0	03	

图 3-49 填写采集信息

步骤4：单击"保存"按钮后再单击"重启服务"选项使配置生效，单击"日志"选项查看结果，如图3-50所示。

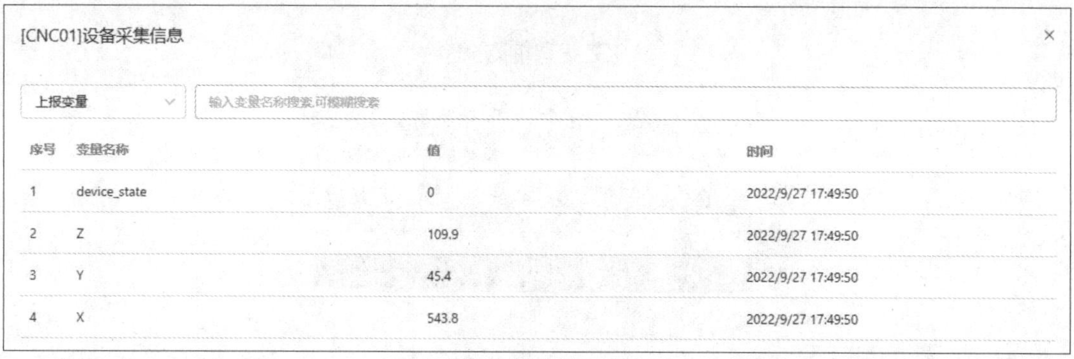

序号	变量名称	值	时间
	[CNC01]设备采集信息		×
	上报变量 ∨ 输入变量名称搜索,可模糊搜索		
1	device_state	0	2022/9/27 17:49:50
2	Z	109.9	2022/9/27 17:49:50
3	Y	45.4	2022/9/27 17:49:50
4	X	543.8	2022/9/27 17:49:50

图 3-50　查看结果

【任务总结】

本任务讲解了工业网络的架构、网络的拓扑结构和层次、工业网络常用的网络设备和功能、工业 PON 的原理和结构、现场总线接入，以及工业以太网接入；在任务实施部分讲解了如何用 CNC 网关通过 Modbus TCP 采集 CNC 控制面板数据。

【任务测验】

1. 填空题

（1）工业互联网的网络连接中，相比无线网络连接，有线网络连接更_____。

（2）工业互联网的网络连接中，常用的有线传输介质包括_____、光纤等。

（3）工业以太网接入指的是采用_____作为数据通信的工业互联网连接方式。

（4）工业 PON 技术是指通过_____连接设备进行数据传输。

2. 单选题

（1）目前网络设备的 MAC 地址由（　　）位二进制数字构成，IP 地址由（　　）位二进制数字构成。

A. 48，16　　　　　　　　　　　　　B. 48，32

C. 48，48　　　　　　　　　　　　　D. 64，32

（2）工业 PON 技术中的"OLT"是指（　　）。

A. 光配线终端　　　　　　　　　　　B. 光路由器

C. 光线传输　　　　　　　　　　　　D. 光线路终端

（3）在工业网络设备中，以下哪个设备主要用于对数据进行广播和转发，实现不同工业设备之间的通信？（　　）

A. 交换机　　　　　　　　　　　　　B. 服务器

C. 网关　　　　　　　　　　　　　　D. 路由器

（4）OSI 参考模型按顺序有（　　）。

A. 应用层、传输层、网络层、物理层

B. 应用层、表示层、会话层、网络层、传输层、数据链路层、物理层

C. 应用层、表示层、会话层、传输层、网络层、数据链路层、物理层

D. 应用层、会话层、传输层、物理层

3. 简答题

工业 PON 由哪几部分组成?

任务 3.3　通过无线网络采集数据

【任务描述】

工业现场数据采集以有线网络连接为主，以无线网络连接为辅。无线网络连接通信按照通信距离粗略分为短距离通信和长距离通信。短距离通信如 RFID 技术应用于工厂内身份识别和资产盘点，低功耗蓝牙（Bluetooth Low Energy，BLE）用于车间现场手持设备，Wi-Fi 应用于手持终端、移动机器人和调度系统之间的连接。长距离通信如蜂窝无线技术常用于工厂内外移动设备和手持终端的网络连接。本任务主要从工业数据采集的角度介绍这些典型无线通信技术，以及如何选择接入方式。

【知识学习】

3.3.1　IEEE 802.11/Wi-Fi

关于 Wi-Fi、WLAN、IEEE 802.11，估计很多人都很困惑，有必要先搞清楚一些概念（IEEE 802.11 是无线局域网的实现标准，Wi-Fi 是对 IEEE 802.11 标准的产品实现，IEEE 802.11 的标准并不等同于 Wi-Fi）。Wi-Fi 是一种可以将 PC、手持设备（如 PDA、手机）等终端以无线方式互相连接的技术。Wi-Fi 是一个无线网络通信技术的品牌，由 Wi-Fi 联盟（Wi-Fi Alliance）所持有，目的是改善基于 IEEE 802.11 标准的无线网络产品之间的互通性。现在一般人会把 Wi-Fi 及 IEEE 802.11 混为一谈，甚至把 Wi-Fi 等同于无线网络。无线局域网（Wireless Local Area Network，WLAN）是一种无线计算机网络，使用无线信道代替有线传输介质连接两个或多个设备形成一个局域网，典型部署场景包括家庭、学校、工厂或企业办公楼等。WLAN 是一个网络系统，而我们常见的 Wi-Fi 是这个网络系统中的一种技术。所以，WLAN 和 Wi-Fi 之间是包含关系，WLAN 包含 Wi-Fi。

Wi-Fi 就是一种无线联网的技术，以前通过网线连接上网的设备，现在则可以通过无线电波来联网；常见的就是一个无线路由器，那么在这个无线路由器的电波覆盖的有效范围都可以采用 Wi-Fi 连接方式进行联网，若无线路由器连接了一条有线线路，则又被称为"热点"。

当然并不是所有的"热点"都有路由功能。Wi-Fi 最主要的优势在于不需要布线，可以不

受布线条件的限制，因此非常适合移动办公用户、不适合布线的工厂环境、有移动需求的设备等。

Wi-Fi 通过无线接入点（Access Point，AP）接入网络，无线 AP 的功能简单点来说就是把有线网络转为无线网络。由于无线网络具备移动性，很方便，大家都想通过它接入互联网，因此受到大家欢迎，就被称为"热点"。AP 这个产品，带管理功能的称为胖 AP，不带管理功能的称为瘦 AP。换成更好理解（但不那么准确）的说法，就是胖 AP 可以不需要接入控制器就能执行自己的 AP 功能，而瘦 AP 一定要接入控制器才能实现 AP 功能。这里又出现了新名词——接入控制器（Access Controller，AC），它是指无线接入控制服务器，是无线局域网接入控制设备，负责完成 AP 设备的配置管理、无线用户的认证、管理及宽带访问、安全等控制功能。一般来说，AC 还带有以太网供电（Power over Ethernet，PoE）功能（通过网线给 AP 供电，不用单独接电源线）。也就是说，需要覆盖网络的地方，拉一根网线接入 AP 即可，数据传输和电源用一根网线解决。如果采用旁挂的方式，使用 PoE 交换机作为接入交换机连接 AP。这在做无线网络规划设计的时候要注意解决供电方式，选择交换机的时候也要注意交换机是否支持 PoE，如果选错交换机后果很严重。

Wi-Fi 有两个频段，分别是 2.4GHz 和 5GHz。2.4GHz 频段的中心频率范围为 2.412～2.484GHz，共划分为 14 个信道，中国可用 13 个信道（1～13）。信道有效带宽为 20MHz，实际带宽为 22MHz，其中 2MHz 为隔离频带，相邻信道中心频点间隔 5MHz，相邻的多个信道存在频率重叠，相互不干扰的信道有 3 组（1、6、11 或 2、7、12 或 3、8、13），如图 3-51 所示。

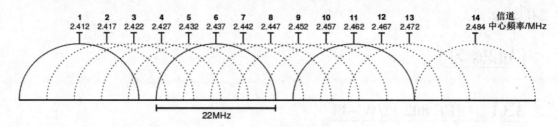

图 3-51　2.4GHz 信道

5GHz 频段的中心频率范围为 4.915～5.865GHz，共划分 200 个信道。同一时刻，AP 只能选择某一个信道。当 AP 数量很多，并且没有统一的信道分配和发射功率自动调整机制时，将存在相同信道干扰的问题。每个 AP 都同时连接了多个无线设备，虽然 IEEE 802.11 标准同样采用了载波侦听机制，即信道空闲的时候才传输数据，但是在传输的过程中仍可能出现信号碰撞。设备数量越多，碰撞概率越大。信号干扰对于生产现场影响较大，而改善方法，一方面是使用 AP 控制器对多个相邻 AP 做集中管理，为每个 AP 分配不同的工作信道，让彼此错开；另一方面是利用 5GHz 频段。5GHz 频段拥有更大的带宽，没有那么拥挤，缺点是频率高、波长短，因为物理特性，所以信号易衰减。在现场应用无线设备接入的数量规模可能非常大，此时需评估干扰性。

工业场景中有很多移动设备，设备和人员大范围移动时存在 AP 切换的问题。如果移动速度很快，在 AP 切换的过程中，设备可能存在暂时的连接中断。有时中断时间非常长，这跟每个 AP 的接入容量以及现场环境复杂性有密切关系，开发人员设计时应保证设备端有缓存机制，在 Wi-Fi 连接中断时，把数据缓存下来，待通信恢复后完成数据续传。不要忽视 AP 切换带来的影响，我们来看一个例子。在一个叉车改造项目中安装了 Wi-Fi 数据采集设备，现场划分了两个作业区域 A 和 B，两个区域之间隔着一堵墙。驾驶员驾驶叉车从 A 区开往 B 区时，通信中断，有时中断达 3min 以上，从 B 区返回 A 区时，信号又中断了，驾驶叉车一次作业往返时间也就 2～3min，表现出来的就是数据采集设备一直连接又断开，无法正常工作。虽然采取了很多软件层面的优化措施，但是效果并不好。虽然这种情况有时可通过一个 AP 分接多个吸盘天线，采用馈线连接方式解决，但布线相对麻烦。同样的问题发生在 AGV 上，有些工厂车间出于特殊原因没有蜂窝信号，AGV 通过 Wi-Fi 和现场服务器通信，现场服务器负责调度任务下发并接收 AGV 返回的实时状态，AP 切换将对 AGV 的正常工作产生一定影响，解决办法是采用更高性能的工业级 AP，它能够实现快速连接，最小化切换的效果。

介绍 Wi-Fi，就不能不提最新的 Wi-Fi 6。为突出每一代之间的差异，Wi-Fi 联盟最近采用更传统的命名惯例，放弃了 802.xx 名称，改用经过简化的数字后缀。这种命名惯例更加简单（Wi-Fi 6 与 IEEE 802.11ax 相比），让我们更容易了解正在使用的是哪一代技术，以及确定与支持该版本的设备的兼容性。

Wi-Fi 6 设计之初就是为了应对高密度无线接入和高容量的无线业务，比如室外大型公共场所、高密场馆、室内高密无线办公、电子教室等场景。

在这些场景中，接入 Wi-Fi 网络的客户端设备将呈现巨大的增长速率，另外，还在不断增加的语音及视频流量也对 Wi-Fi 网络造成影响。众所周知，4K 视频流（带宽要求每人 50Mbit/s）、语音流（时延小于 30ms）、VR（Virtual Reality，虚拟现实）流（带宽要求每人 75Mbit/s，时延小于 15ms）对带宽和时延是十分敏感的，如果网络拥塞或重传导致传输时延增大，将给用户体验造成较大影响。

现有的 Wi-Fi 5（IEEE 802.11ac）虽然也能提供大带宽能力，但是随着接入密度的不断上升，吞吐量性能遇到"瓶颈"。而 Wi-Fi 6 则通过引入 OFDMA（Orthogonal Frequency Division Multiple Access，正交频分多路访问）以及上下行 MU-MIMO（Multi-User-Multiple-Input Multiple-Output，多用户-多输入多输出）等新技术，使性能得到跨越式提升，带宽和并发用户数相比 Wi-Fi 5 提升 4 倍，并且时延更低。以电子教室为例，以前如果是 100 多位学生的大课授课形式，传输视频或是上下行的交互挑战都比较大，而 Wi-Fi 6 网络可轻松应对该场景。

Wi-Fi 6 的特点如图 3-52 所示。

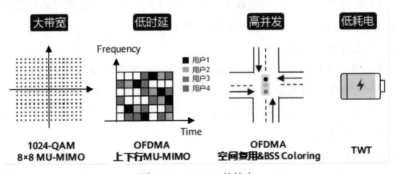

图 3-52　Wi-Fi 6 的特点

（1）大带宽。过去每一代 Wi-Fi 的标准，一直致力于提升速率。经过 20 多年的发展，Wi-Fi 6 在 160MHz 信道宽度下，理论最大速率已经达到 9.6Gbit/s，是 IEEE 802.11b 的近 900 倍。

Wi-Fi 6 速率的提升除采用更高阶的 1024-QAM（Quadrature Amplitude Modulation，正交振幅调制）编码方式外，也得益于 Wi-Fi 6 相较于 Wi-Fi 5 增加了子载波数量、空间流数，以及 Symbol（符号）传输时间（单次单终端）由 Wi-Fi 5 的 3.2μs 提升到 12.8μs。

（2）低时延。在低时延场景，例如 VR/AR（Augmented Reality，增强现实）互动操作模拟、全景直播、互动式游戏、沉浸式会议、高清无线投屏等，Wi-Fi 5 的 30ms 时延已经无法满足需求，而 Wi-Fi 6 则是通过 OFDMA 有效减少冲突，提升频谱利用率，并且空间复用技术 BSS Coloring 减少了同频干扰，令时延降低至 20ms。

（3）高并发。Wi-Fi 6 引入了 OFDMA 和上下行 MU-MIMO 等多用户技术，进一步提升了频谱利用率，使得 Wi-Fi 6 相比于 Wi-Fi 5，并发用户数提升了 4 倍。

（4）低耗电。随着 IoT 设备的广泛应用，除提升终端速率外，Wi-Fi 6 更是关注了终端的耗电情况。Wi-Fi 6 采用 TWT（Target Wakeup Time，目标唤醒时间）技术，按需唤醒终端 Wi-Fi，加上 20MHz-Only 技术，能进一步降低终端的功耗。

3.3.2　蓝牙

很多人每天都以某种形式使用蓝牙，以连接诸如手机、智能手表、耳机、鼠标和键盘之类的东西。蓝牙的应用非常广泛，可以说，只要存在无线传输，大多能见到蓝牙的身影。

低功耗蓝牙是自蓝牙 4.0 起开始支持的新的、低功耗版本的蓝牙技术规范。蓝牙技术联盟（Bluetooth SIG）在 2010 年发布了跨时代的蓝牙 4.0，它并不是蓝牙 3.0 的简单升级版本，而是采用了全新的技术架构。蓝牙 4.0 分两种模式：单模蓝牙和双模蓝牙。常见的蓝牙音箱使用的是双模蓝牙，它需要传输大量的音频数据。而手环、蓝牙温度计则使用的是单模蓝牙。行业里一般不讲单模蓝牙，而是统一称为低功耗蓝牙。

如今，蓝牙 5.0 已经发布和应用，相比于蓝牙 4.0 版本，蓝牙 5.0 的通信速度提高了 4 倍，通信距离延长了 2 倍，并且引入了 Mesh（网状网络）组网技术，这使蓝牙 5.0 在物联网领域具备更强大的能力和更广泛的应用前景。

蓝牙技术在工业中的相关应用如下。

（1）人员监控及定位，保障工人安全。

在实现人员监控围栏及人员定位追踪上，蓝牙技术都可以帮助确保设施使用者的安全、监看员工位置并让员工远离危险区域，以此来提高人员的安全性。

（2）状态监测及传感器网络。

蓝牙推出核心规格 5.0 版本，增加了创新的长距离或高速率功能，有助于提高在恶劣环境下的连接可靠性，将可跨越各种复杂的工业和商业环境。加上蓝牙 Mesh 技术的推出，能实现在工厂车间内大规模部署大型网络，如传感器网络，进行实时系统监控，实现工厂内设备及大型机具的预测性维护及生产线的优化。

（3）厂房内的资产追踪。

在工业应用中，蓝牙技术还可以用于厂房内的资产追踪。通过在资产上搭载蓝牙设备（如蓝牙标签或蓝牙芯片），可以实现对厂房内的设备、工具和其他资产进行即时定位和追踪。这项技术可以提高资产管理的效率，并减少资产丢失或被误用的风险。

3.3.3　RFID 技术

RFID 技术是 20 世纪 80 年代发展起来的一种新兴自动识别技术，是一项利用射频信号、空间耦合（交变磁场或电磁场）实现无接触信息传递并通过所传递的信息达到识别目的的技术。RFID 技术的应用非常广泛，在我们的生活中，RFID 技术应用于身份证、工牌、门禁卡、公交卡等中。在工业中，RFID 技术应用于仓储管理、生产线自动化、资产盘点等场景。

1. RFID 概述

RFID 基本模型是一种简单的无线系统，只有两个基本器件，该系统用于控制、检测和跟踪物体。系统由一个询问器（或阅读器）和很多应答器（或标签）组成，如图 3-53 所示。

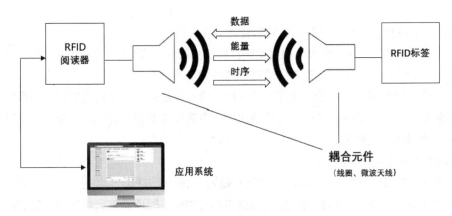

图 3-53　RFID 基本模型

最初在技术领域，应答器是指能够传输信息、回复信息的电子模块。近些年，由于 RFID 技术发展迅猛，应答器有了新的说法和含义，又被称为智能标签或标签。RFID 的阅读器通过天线与 RFID 标签进行无线通信，可以实现对标签识别码和内存数据的读出或写入操作。典型的阅读器包含射频模块（发送器和接收器）、控制处理模块以及天线。

RFID 技术是一种非接触式的自动识别技术，它通过射频信号自动识别目标对象并获取相关数据，识别工作无须人工干预，可工作于各种恶劣环境。RFID 技术可用于识别高速运动物体并可同时识别多个标签，操作快捷、方便。

一个阅读器可以同时识别多个标签，即它们之间存在一对多的关系。阅读器能够识别标签的距离从几厘米到上百米，这与使用的频率有关。

（1）低频（125～134kHz）：该频率主要是通过电感耦合的方式进行工作的，也就是在阅读器线圈和 RFID 标签线圈间存在变压器耦合作用，适用范围小于 10cm。

（2）高频（13.56MHz）：阅读器一般通过负载调制的方式进行工作。也就是通过阅读器上的负载电阻的接通和断开，促使阅读器天线上的电压发生变化，实现用远距离阅读器对天线电压进行振幅调制，适用范围小于 30cm。

（3）超高频（860～960MHz）：主要是通过电容耦合的方式实现，使用范围小于 100m。

2. RFID 标签

RFID 标签又称电子标签、应答器、数据载体，是一种存储数据识别资料的装置，可以通过无线电波与阅读器互相传递信息，用来回应识别资料给阅读器。

RFID 标签的分类如下。

（1）依据是否需要额外的电源分为有源、无源、半有源、半无源标签等。有源标签需要额外供电，如 ETC（Electronic Toll Collection，电子收费）卡片；无源标签的能量直接是由耦合电路传递的，不需要额外的电源。

（2）依据频率的不同可分为低频、高频、超高频 RFID 标签等。

（3）依据封装形式的不同可分为线形、圆形及特殊用途的异形标签等。

RFID 标签进入磁场后，接收阅读器发出的射频信号，凭借感应电流所获得的能量发送出存储在芯片中的产品信息（Passive Tag，无源或被动标签），或者主动发送某一频率的信号（Active Tag，有源或主动标签）；阅读器读取信息并解码后，送至中央信息系统进行有关数据处理。

阅读器和 RFID 标签之间的射频信号的耦合类型有两种。

（1）电感耦合。基于变压器模型，通过空间高频交变磁场实现耦合，依据的是电磁感应定律。电感耦合方式一般适合于中频、低频工作的近距离射频识别系统。

（2）电磁反向散射耦合。基于雷达原理的模型，读写器发送的电磁波碰到目标后反射，同时携带回目标信息，依据的是电磁波的空间传播规律。电磁反向散射耦合方式一般适合于高频、微波工作的远距离射频识别系统。

RFID 标签的防碰撞机制。

正常情况下，RFID 阅读器一个时间点只能对磁场中的一个 RFID 标签进行读或写操作，但是实际应用中经常有多个 RFID 标签同时进入阅读器的射频场，阅读器怎么处理呢？阅读器需要选出特定的一个 RFID 标签进行读或写操作，这就是标签防碰撞机制。防碰撞机制是 RFID 技术中特有的。在接触式集成电路（Integrated Circuit，IC）卡的操作中是不存在冲突的，因为接触式 IC 卡的阅读器有一个专门的卡座，而且一个卡座只能插一张 IC 卡，不存在阅读器同时面对两张以上 IC 卡的问题。

常见的非接触式 RFID 标签中的防碰撞机制主要有以下几种。

（1）面向位的防碰撞机制。

RFID 标签有一个全球唯一的序列号。比如 MIFARE 1 卡，每张卡片有一个全球唯一的 32 位二进制序列号。显而易见，卡号的每一位上不是"1"就是"0"，而且由于全球唯一，因此任何两张卡片的序列号总有一位的值是不一样的，也就是说总存在某一位，一张卡片上是"0"，而另一张卡片上是"1"。

（2）面向时隙的防碰撞机制。

这里的时隙（Timeslot）其实就是一个序号。这个序号的取值范围由阅读器指定，可能的范围有 1~1、1~2、1~4、1~8、1~16。当两个以上 RFID 标签同时进入射频场，阅读器向射频场发出呼叫命令，命令中指定了时隙的范围，让 RFID 标签在这个指定的范围内随机选择一个数作为自己的临时识别号。然后阅读器从 1 开始叫号，如果叫到某个号恰好只有一个 RFID 标签选择了这个号，那么这个 RFID 标签被选中。如果叫到的号没有 RFID 标签应答或者有多于一个 RFID 标签应答，那么继续向下叫号。

（3）位和时隙相结合的防碰撞机制。

这是前面两种机制的结合。

3. RFID 阅读器

RFID 阅读器是读取和写入 RFID 标签内存信息的设备。RFID 阅读器通过天线和 RFID 标签进行无线通信，同时阅读器还可以和计算机网络进行连接，完成数据的存储和管理。

阅读器的组成：射频模块、控制处理模块、天线。

4. RFID 中间件

为解决分布异构问题，人们提出了中间件（Middleware）的概念。中间件是位于平台（硬件和操作系统）和应用之间的通用服务，这些服务具有标准的程序接口和协议。针对不同的操作系统和硬件平台，它们可以有符合接口和协议规范的多种实现，如图 3-54 所示。

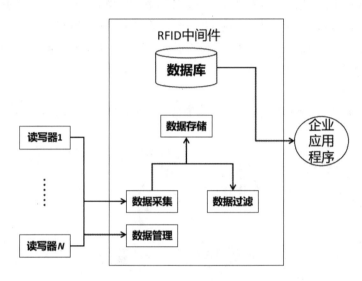

图 3-54　RFID 中间件

RFID 中间件是一种面向消息的中间件。信息是以消息的形式，从一个程序传送到另一个或多个程序的。信息可以以异步的方式传送，所以传送者不必等待回应。面向消息的中间件的功能不仅是传递信息，还必须包括解译数据、保障安全性、数据广播、错误恢复、定位网络资源、找出符合成本的路径、消息与要求的优先次序以及延伸的除错。

3.3.4　ZigBee

1. ZigBee 概述

除了 Wi-Fi、蓝牙，ZigBee 也是目前重要的无线通信协议之一。ZigBee 技术是一种近距离、低复杂度、低功耗、低传输速率、低成本的双向无线通信技术，主要用于自动控制和远程控制领域，可以嵌入各种设备，同时支持地理定位功能。由于蜜蜂（Bee）是靠飞翔和"嗡嗡"（Zig）地抖动翅膀的"舞蹈"来向同伴传递花粉所在方位和远近信息的，也就是说，蜜蜂依靠着这样的方式构成了群体中的通信"网络"，因此 ZigBee 的发明者们利用蜜蜂的这种行为来形象地描述这种无线信息传输技术。

ZigBee 是一种基于 IEEE 802.15.4 标准的短距离无线通信技术，广泛应用于工业控制、物联网和家庭自动化等领域。它具有低功耗、低成本和简单的网络结构的特点，被认为是工业控制领域最具潜力的无线通信方式之一。

ZigBee 网络由多个无线传感器节点组成，节点之间可以相互通信。每个节点类似于移动通信网络中的基站，它们可以在整个网络范围内进行数据传输和通信。ZigBee 网络的拓扑结构可以是星形、网状或混合型，具有很好的灵活性和扩展性。节点之间的通信距离可以根据需要从标准的 75m 扩展到几百米甚至几千米。

每个 ZigBee 网络节点不仅本身可以作为监控对象，例如其所连接的传感器直接进行数据采集和监控，还可以自动中转别的网络节点传过来的数据资料。除此之外，每个 ZigBee 网络节点还可在自己信号覆盖的范围内，与多个不承担网络信息中转任务的孤立的子节点无线连接。在实际工业现场，由于各种原因，往往并不能保证每个无线通道都能够始终畅通，就像城市的街道一样，可能因为车祸、道路维修等，使得某条道路的交通出现暂时中断。路径的选择使用的是"梯度法"，即先选择路径最近的一条通道进行传输，如传不通，再使用另外一条稍远一点儿的通道进行传输，以此类推，直到数据送达目的地为止。

2. ZigBee 网络

ZigBee 网络中的节点主要包含 3 个，即终端节点、路由器节点、协调器节点，如图 3-55 所示。

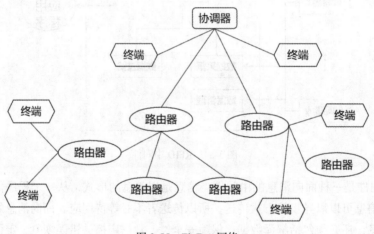

图 3-55　ZigBee 网络

节点的功能如下。

（1）协调器节点。ZigBee 协调器是网络各节点信息的汇聚点，是网络的核心节点，负责组建、维护和管理网络，并通过串口实现各节点与上位机的数据传递。协调器节点有较强的通信能力、处理能力和发射能力，能够把数据发送至远程控制端。

（2）路由器节点。路由器节点负责转发数据资料包，进行数据的路由路径寻找和路由维护，允许节点加入网络并辅助其子节点通信。路由器节点是终端节点和协调器节点的中继节点，它为终端节点和协调器节点之间的通信进行接力。

（3）终端节点。终端节点可以直接与协调器节点相连，也可以通过路由器节点与协调器节点相连。

3. ZigBee 协议栈结构

ZigBee 技术的协议栈结构很简单，不像蓝牙和其他网络结构通常分为 7 层，ZigBee 协议栈结构仅分为 4 层，如图 3-56 所示。

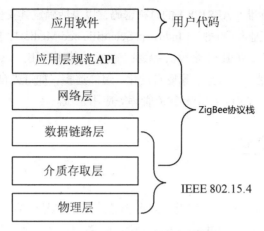

图 3-56　ZigBee 协议栈结构

在 ZigBee 技术中，物理层和介质存取层采用 IEEE 802.15.4 协议标准。其中，物理层提供了两种类型的服务，即物理层数据服务和物理层管理服务。物理层数据服务可以通过无线物理信道发送和接收物理层协议数据单元来实现。

物理层的作用是启动和关闭无线收发器、能量监测、链路质量、信道选择评估，以及通过物理介质对数据包进行发送和接收。同样，介质存取层也提供了两种类型的服务，即介质存取层数据服务和介质存取层管理服务。介质存取层数据服务可以通过物理层数据服务发送和接收介质存取层协议数据单元来实现。

介质存取层的具体作用是信标管理、信道接入、时隙管理、发送确认帧、发送连接及断开连接请求。除此以外，介质存取层为应用合适的安全机制提供一些方法。

ZigBee 技术的网络/安全层主要用于 ZigBee 的 WPAN（Wireless Personal Area Network，无线个人局域网）的组网连接、数据管理以及网络安全等；应用层主要为 ZigBee 技术的实际应用提供一些应用框架模型等，以便对 ZigBee 技术进行开发应用。

4. ZigBee 的特点

（1）低功耗：在低耗电的待机模式下，2 节 5 号干电池可支持 1 个节点工作 6～24 个月，甚至更长。这是 ZigBee 的突出优势。相同条件之下，蓝牙可以工作数周、Wi-Fi 可以工作数小时。

（2）低成本：通过大幅简化协议，使得 ZigBee 成本很低（不足蓝牙的 1/10）。另外，ZigBee 降低了对通信控制器的要求。按预测分析，以 8051 的 8 位微控制器测算，全功能的主节点需要 32KB 代码，子功能节点少至 4KB 代码，而且 ZigBee 协议专利免费。

（3）低速率：ZigBee 有 250kbit/s 的通信速率，满足低速率传输数据的应用需求。

（4）近距离：传输范围一般为 10～100m，在增加射频发射功率后，也可增加到 1～3km。这指的是相邻节点间的距离。通过路由和节点间通信的接力，传输距离将可以更远。

（5）短时延：ZigBee 的响应速度较快，一般从睡眠状态转入工作状态只需 15ms，节点连接进入网络只需 30ms，进一步节省了电能。相比较而言，蓝牙需要 3～10s、Wi-Fi 需要 3s。

（6）高容量：ZigBee 可采用星形、片状和网状网络结构，由一个主节点管理若干子节点，一个主节点最多可管理 254 个子节点；同时主节点还可由上一层网络节点管理，最多可组成 65000 个节点的大网。

（7）高安全：ZigBee 提供了 3 级安全模式，包括无安全设定、使用访问控制列表防止非法获取数据以及采用高级加密标准（AES128）的对称密码，以灵活确定其安全属性。

（8）免费频段：使用工业科学医疗（Industria Scientific and Medical，ISM）频段，如915MHz（美国）、868MHz（欧洲）、2.4GHz（全球），无须支付频段使用费用。

ZigBee技术的目标就是针对工业、家庭自动化、遥测遥控，如灯光自动化控制，传感器的无线数据采集和监控，油田、电力、矿山和物流管理等应用领域。

3.3.5　NB–IoT技术

1. NB-IoT概述

在工业互联网中，及时了解工厂外设备或者产品的运行情况至关重要。利用低功率广域网（Low Power Wide Area Network，LPWAN）的低功耗和广覆盖特性，工厂可以收集工厂外设备或者产品整个生命周期的操作情况、运行状态、工况状态、环境参数，通过进一步分析，实现对制造设备进行实时监控、故障检测和诊断、预测性维护、整体设备效率评估、质量检测、能耗管理、人员安全监管等，从而对整个生产过程进行优化，还可以满足工厂对服务化转型升级的需求。

工业网络包括多个异构系统，如有线网络、无线传感器网络、蜂窝网络等。在工业场景下，应用服务通常有严格的服务质量（Quality of Service，QoS）要求，如稳健性、高可靠性、低延迟性、确定性、高能效性和高安全性。为满足这些不同的差异化性能需求，难以用一种特定的技术满足不同的需求，需要根据应用选择合适的技术。

5G技术将促进物联网的发展，但海量物联网的爆发并不需要等到5G才开始。当前物联网的中长距离无线连接主要由2G和4G承载，以及LPWAN，如NB-IoT、远距离无线电（Long Range Radio，LoRa）和零排放传输协议（Zero Emission Transmission Agreement，ZETA）。2G的速率能够适应绝大多数中低速率的物联网应用场景。2018年上半年，第三代合作伙伴计划（3GPP）向国际电信联盟提交NB-IoT和针对设备的长期演进（Long Term Evolution for Machines，LTE-M）技术作为物联网在5G时代的候选方案，以满足IMT-2020中描述的5G LPWAN要求。3GPP承诺5G LPWAN将继续通过演进LTE-M和NB-IoT作为5G规范过程的一部分，并且3GPP同意不会为5G研究新的LPWAN解决方案。而且大多数NB-IoT和LTE-M设备的固件可以通过升级支持5G。NB-IoT和LTE-M是3GPP为物联网应用开发的两种LPWAN技术，基于低带宽蜂窝通信协议，专为少量数据传输的物联网设备而设计，具有较低成本和较长电池续航的特点。NB-IoT和LTE-M均为4G技术，最初设计时确保了它们可以在长期演进技术（Lone Term Evolution，LTE）网络中进行带内操作，并且可以共享LTE频谱资源。NB-IoT与LTE-M的出现并非偶然。由于物联网的普及，如果使用LTE，传统蜂窝网络不仅功耗大，而且对于不经常传输数据且数据量很少的场景，完全是大材小用。物联网需要一个能够提供低功耗和广覆盖的解决方案。

2. NB-IoT的特点

NB-IoT具有四大特点，如图3-57所示。

（1）超强覆盖，相对于原来的通用分组无线服务（General Packet Radio Service，GPRS）系统，增加20dB的信号增益。

（2）超低功耗，终端节点要能达到10年的电池寿命。

（3）超低成本，终端芯片的目标定价为10元，模块定价为20元。

（4）超大连接，200kHz小区容量可达100000用户设备。

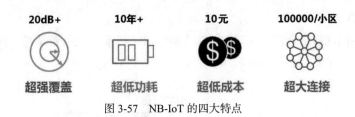

图 3-57　NB-IoT 的四大特点

比起 GPRS，NB-IoT 最大的特点是低功耗。除了 NB-IoT 本身的传输速率比较低，NB-IoT 引入了扩展的不连续接收（Extended Discontinuous Reception，eDRX）省电技术和省电模式（Power Saving Mode，PSM），这也是省电的主要原因。

一些物联网终端本来就很"懒"，长期"睡觉"，而在 PSM 下，相当于关机状态，所以更加省电。其原理是，当终端进入空闲状态，释放无线电资源控制（Radio Resource Control，RRC）连接后，开始启动定时器 T3324；当 T3324 终止后，进入 PSM，并启动 T3412〔周期性跟踪区更新（Tracking Area Update，TAU）定时器〕。在此期间，终端停止检测寻呼和执行任何小区/公共陆地移动网络（Public Land Mobile Network，PLMN）选择或移动管理（Mobile Management，MM）流程。此时，网络无法发送数据给终端或寻呼终端，网络与终端几乎失联（终端仍注册在网络中）。只有当周期性 TAU 定时器超时后，才退出 PSM。这个定时器可最大设置为 12.1 天，如图 3-58 所示。

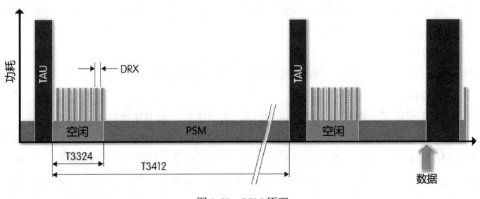

图 3-58　PSM 原理

另外，eDRX 省电技术还可以延长终端在空闲状态下的睡眠周期，减少信号接收单元不必要的启动。总的来说，这些措施就是让终端的睡眠时间更多，睡眠质量更好，从而功耗也就更低，如图 3-59 所示。

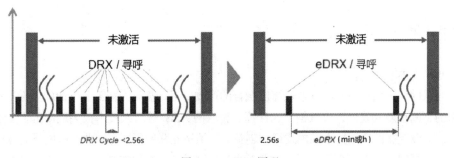

图 3-59　eDRX 原理

3. NB-IoT 部署

NB-IoT 占用 180kHz 带宽，这与在 LTE 帧结构中一个资源块的带宽是一样的。NB-IoT 有以下 3 种可能的部署方式，如图 3-60 所示。

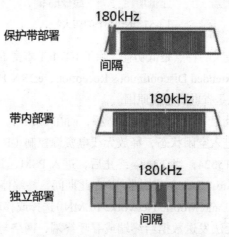

图 3-60　NB-IoT 部署方式

（1）独立部署。

适用于重耕 GSM 频段。GSM 的信道带宽为 200kHz，这对 NB-IoT 的 180kHz 带宽足够了，两边还各留出 10kHz 的保护间隔。

（2）保护带部署。

适用于 LTE 频段，利用 LTE 频段边缘的保护频带来部署 NB-IoT。

（3）带内部署。

适用于 LTE 频段，直接利用 LTE 载波中间的资源块来部署 NB-IoT。

NB-IoT 只支持基站重选，不支持切换，一般用于不怎么移动的领域。因其低速率的特性，NB-IoT 适用于部分 2G 市场，却难以满足 2G/3G "语音通话、中速率、移动连接" 部分的市场需求。随着 2G/3G 业务迁移转网变成现实，启用 4G Cat-1 来满足中等速率物联网需求和语音需求。

基于蜂窝连接的物联网应用催生了物联网卡。物联网卡是面向集团企业和相关专业领域的，是一种属于 "集团客户" 范畴的套餐卡。个人用户在营业厅是无法办理集团客户套餐的。此外，运营商也有通过各渠道的物联网卡供应商出售物联卡。物联网卡与手机卡是类似的，都是三大运营商（中国移动、中国联通和中国电信）的卡。物联网卡的使用方法和手机上的插拔卡类似，把物联网卡插到终端设备（如一些工业数据采集装置）上就可以使用了。

3.3.6　5G 技术

1. 5G 技术特点

工业互联网作为信息技术与制造业深度融合的产物，正日益成为新工业革命的关键支撑。随着信息技术的不断创新和发展，大数据、云计算、物联网、5G 等新兴技术极大地丰富了工业互联网的内涵，使工业互联网应用技术和模式得到创新。与消费互联网不同，工业互联网具有深度互联的特点：下至机器层面，上至企业层面，要求工业互联网具备个性化定制、多级质量保证等能力。企业车间级网络既要提供组网的灵活性、低成本，又要满足采集数据、控制指令、状态信息、实时影像等多类数据的不同传输需求。工业网络该如何满足这样的需求？在传统模式下，制造商使用有线技术连接生产设备，而固定线路在工业互联网中占主导地位。但是与有线连接相比，无线连接不仅适用于各种生产环境，而且降低了线路升级成本。近年来，诸如 Wi-Fi 和蓝牙之类的无线解决方案已在制造业中得到广泛使用，因此无线连接逐渐成为车间级别的主流通信方法。

5G 网络具有更低的时延、更高的速率、更好的业务体验，具有感知泛在、连接泛在、智能泛在的特点，可以有效满足工业互联网个性化定制、多级质量保证的需求。因此，5G 的发展能够推进实现信息化与工业化的深度融合。5G 将被整合到研发、生产、管理、服务和其他环节中，以实现人、物和其他元素之间的完全连接，实现无所不在的深度互联和个性化定制，并形成一个新的工业生态系统。从将 5G 应用到工业互联网的角度来看，一方面，无线连接不仅可以减少机器之间的线路成本，而且可以在各种情况下平稳切换，从而实现工厂模块化生产和灵活制造；另一方面，5G 网络的广泛覆盖使协作维护和跨域远程定位成为可能，从而使工厂和生产线的建设和改造更加便捷，最终提高效率并降低成本。另外，由于每种生产场景对网络的要求不同，某些链路的时延容忍性差，某些链路的可靠性要求高，某些链路要求大带宽、高速率，而基于 5G 网络切片技术的网络平台可根据需要灵活调整带宽资源，以满足各种需求。

回顾移动通信的发展历程，每一代移动通信系统都可以通过标志性能力指标和关键核心技术来定义。其中，1G 采用频分多路访问（Frequency Division Multiple Access，FDMA），只能提供模拟语音业务；2G 主要采用时分多路访问（Time Division Multiple Access，TDMA），可提供数字语音和低速数据业务；3G 以码分多路访问（Code Division Multiple Access，CDMA）为技术特征，用户峰值速率达到 2Mbit/s 甚至几十 Mbit/s，可以支持多媒体数据业务；4G 以正交频分多路访问（Orthogonal Frequency Division Multiple Access，OFDMA）技术为核心，用户峰值速率可达 100Mbit/s～1Gbit/s，能够支持各种移动宽带数据业务。

5G 具备比 4G 更高的性能，支持 0.1～1Gbit/s 的用户体验速率，每平方千米一百万的连接数密度，毫秒级的端到端时延，每平方千米几十 Tbit/s 的流量密度，每小时 500km 以上的移动性和数十 Gbit/s 的峰值速率。其中，用户体验速率、连接数密度和时延为 5G 基本的 3 个性能指标。同时，5G 大幅提高了网络部署和运营的效率，相比 4G，其频谱效率提升了 5～15 倍，能效和成本效率提升百倍以上，如图 3-61 所示。

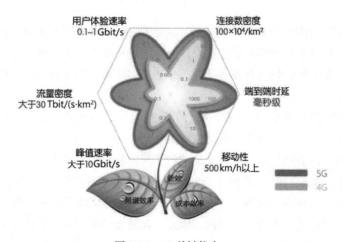

图 3-61　5G 关键能力

5G 应用于以下三大主要场景：①增强型移动宽带；②超高可靠与低延迟的通信；③大规模机器类通信。

2. 5G 网络架构中的 SDN 和 NFV 技术

当前核心网的一大缺陷就是耦合问题：控制平面和用户平面的耦合、硬件和软件的耦合。为此，5G 网络架构中引入了软件定义网络（Software Defined Network，SDN）和网络功能虚拟化（Network Function Virtualization，NFV）这两种技术来解决演进型分组核心（Evolved Packet Core，EPC）存在的耦合问题。

SDN 是一种新型的网络架构，如图 3-62 所示，它是网络虚拟化的一种实现方式，负责分离控制平面和数据平面，并将网络控制平面整合为一体。这样，网络控制平面对网络数据平面就有一个宏观的、全面的视野。路由协议交换、路由表生成等路由功能均在统一的控制平面完成。实现控制平面与数据平面分离的协议称为 OpenFlow，OpenFlow 是一个 SDN 协议。SDN 技术是针对 EPC 控制平面与用户平面耦合问题提出的解决方案，将用户平面和控制平面解耦可以使部署用户平面功能变得更灵活，可以将用户平面功能部署在离用户无线接入网更近的地方，从而提高用户服务质量，比如降低时延。

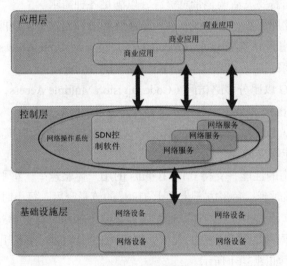

图 3-62　SDN 架构

NFV 通过使用通用性硬件以及虚拟化技术来承载很多功能的软件处理，从而降低网络昂贵的设备成本。可以通过软硬件解耦及功能抽象，使网络设备功能不再依赖于专用硬件，资源可以充分灵活共享，实现新业务的快速开发和部署，并基于实际业务需求进行自动部署、弹性伸缩、故障隔离和自愈等。

NFV 技术颠覆了传统电信封闭专用平台的思想，同时引入灵活的弹性资源管理理念。NFV 技术是针对 EPC 软件与硬件严重耦合问题提出的解决方案，这使得运营商可以在通用的服务器、交换机和存储设备上部署网络功能，极大地节省了时间和降低了成本。

NFV/SDN 技术的结合使得 5G 网络能够根据不同的应用场景需求进行网络切片，比如，超高清视频、虚拟现实、大规模物联网、车联网等。不同的场景对网络的移动性、安全性、时延、可靠性，甚至是计费方式的要求是不一样的。因此，需要将物理网络切割成多个虚拟网络，每个虚拟网络面向不同的应用场景需求。虚拟网络间是逻辑独立的，互不影响，如图 3-63 所示。

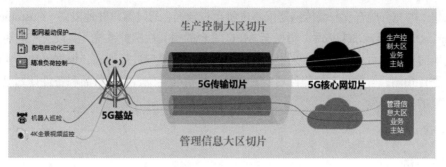

图 3-63　5G 网络切片

5G 的一个关键指标是传输速率，无线传输增加传输速率大体上有两种方法，其一是增加频谱利用率，其二是增加频谱带宽。相对于提高频谱利用率，增加频谱带宽的方法显得更简单、直接。在频谱利用率不变的情况下，可用带宽翻倍则可以实现数据传输速率也翻倍。但问题是，现在常用的 5GHz 以下的频段已经非常拥挤，到哪里去找新的频谱资源呢？各大厂商不约而同想到的方法就是使用毫米波技术。毫米波是指波长在毫米级的电磁波，其频率为 30～300GHz。根据通信原理，无线通信的最大信号带宽大约是载波频率的 5%，因此载波频率越高，可实现的信号带宽也越大。相比而言，4G-LTE 频段最高频率的载波在 2GHz 左右，而可用频谱带宽只有 100MHz。因此，如果使用毫米波频段，频谱带宽轻轻松松就翻了 10 倍，传输速率也可得到巨大提升。换句话说，使用毫米波频段，我们可以轻轻松松用手机 5G 在线看蓝光品质的电影，只要你不怕流量用完！

3. 移动边缘计算

移动边缘计算（Mobile Edge Computing，MEC）的出现，成了 5G 网络数字化转型和差异化创新应用服务的强力助推。MEC 平台是网络与业务融合的桥梁，是应对 5G 大带宽、低时延、本地化垂直行业应用的关键。制造型企业更容易成为移动边缘计算技术发展的受益者。在工厂内部，很多生产任务都需要利用 IT 系统对生产过程进行全程监测，以便及时发现问题，降低次品率，在规定时间内完成产品交付。引入边缘计算后，工厂可以通过在流水线中部署的边缘设备收集和分析数据，实现对生产过程的全程监测，大幅度缩短时延，促进工厂提质增效。

例如某工厂为汽车生产厂商，总装生产车间电机数量众多，电机作为生产线的动力"心脏"，如果出现故障将直接影响到生产线的正常运行，为企业带来不可估量的损失。目前对电机采用人工点检或维修点检的方式，无法实时了解设备的运行情况以及掌握设备运行的历史数据。因此，需要通过在电机上安装传感器来实时采集电机的运行数据，并通过 5G 网络进行回传。

基于 5G+MEC 为该工厂构建一张 5G 虚拟专用网，并在 MEC 平台上部署一套预测性维护系统，可以实现如下功能。

（1）通过 MEC 平台对传感器数据进行预处理，处理后的数据上传至企业中心云，以防止无效数据过大。

（2）工厂的生产数据涉及企业的商业机密，数据流量通过 MEC 进行本地卸载，保障企业数据的安全性和私密性。

（3）部分数据需要进行实时采集、判断，通过 MEC 的近端处理可以降低数据采集和判断的时延。

"5G+MEC+预测性维护系统"的部署模式实现了 IT（预测性维护系统）、通信技术（Communication Technology，CT）（5G 和 MEC）和操作技术（Operational Technology，OT）（电

机数据采集）的充分融合。前端传感器采集电机运行数据，通过客户驻地设备（Customer Premise Equipment，CPE）接入 5G 基站，再送至 MEC 平台的预测性维护系统，实现对车间生产设备运行状态的实时监控和可视化，基于采集的历史数据对 AI 模型进行训练，根据采集的实时数据对设备故障进行预测、智能排定检修计划、对故障进行精准定位、制订备品和备件计划等，避免重大故障带来的安全风险。

 **读一读**

从通信空白到走向世界前列

1G："大哥大"时代。

1G 主要利用模拟蜂窝技术，简单地讲，就是一对一无线通信，通过集群分配的模式，将通信信道进行频率分配，使得响应的用户在本信道内实现通信。但那个时候，我国是纯引进技术，自己既没有什么生产能力，也没有什么研发能力，所有的终端、基站设备依靠进口，这也是为什么家喻户晓的"大哥大"都是摩托罗拉的。更让大家理解了当年人均年收入不足千元的我国，为什么一部手机要上万元。

2G：语音时代。

2G 网络的大规模建设，让我国企业第一次真正地参与到了建设热潮中，其中基站厂家如中兴、华为，都在 2G 网络的建设大潮中获得了订单。

3G：图片时代。

我国的 3G 是在一片空白的基础上发展而来的。早在 1997 年国际电信联盟（International Telecommunication Union，ITU）征集 3G 提案时，我国在收到征集函后就展开了"中国要不要做、怎么做"的讨论。最终的结果是我国顶住压力，谋求将 TD-SCDMA 列为国际标准。2000 年 5 月，ITU 公布第三代移动通信标准，我国提交的 TD-SCDMA 最终成为国际标准。于是，中标 TD-SCDMA、美标 CDMA2000 和欧标 WCDMA 在 3G 国际电信标准中形成三足鼎立之势。

4G：视频时代。

尽管我国自主研发的 TD-SCDMA 技术于 2000 年正式成为 3G 标准之一，但事实上，TD-SCDMA 仅为我国移动独家使用，严格意义上来说并没有真正意义上成为国际标准，且无论是在产业链发展，还是在国际发展等方面，TD-SCDMA 都相对滞后。这一状况随着 4G 的到来而改变。2012 年 1 月 18 日，在 ITU 无线电通信全会上，我国主导制定的 TD-LTE-Advanced 成为 4G 国际标准。

5G：万物互联时代。

经历了 1G、2G 时代的引进、跟随、模仿阶段，从 3G 开始，我国逐步融入国际主流并独立研发出标准。在 5G 时代，无论是政府、企业还是科研机构都铆足了劲儿，力争在全球 5G 标准制定上掌握话语权。2015 年 10 月，在 ITU 无线电通信全会上，我国提出的"5G 之花"（见图 3-62）的 9 个技术指标中有 8 个被 ITU 采纳。我国在全球移动通信舞台上的话语权日益提升，首次扮演起领导者的角色。2016 年 11 月 18 日，在美国内华达州里诺结束的 3GPP RAN1#87 次会议上，我国主导推动的 Polar（极化）码被 3GPP 采纳为 5G 增强型移动宽带（Enhanced Mobile Broadband，eMBB）控制信道标准方案。这是我国在 5G 移动通信技术研究和标准化上的重要进展。

我们自豪，但不曾自满。目前我国已经在国家层面上启动 6G 研发，2019 年，我国成立国家

6G 技术研发推进工作组和总体专家组，标志着中国 6G 研发正式启动。

【任务实施】

3.3.7　PLC 网关无线接入配置

微课

PLC 网关无线接入
配置

1.　任务目标

（1）会连接网关天线。

（2）会安装网关物联网卡。

（3）会配置 PLC 网关无线网络。

2.　实训设备及工具

（1）汉云 PLC 网关一台、物联网卡一枚、吸盘天线一套、打印机线一根。

（2）汉云 PLC 网关管理软件 XEdge。

3.　PLC 网关无线接入配置操作步骤

步骤 1：安装吸盘天线，连接天线和 PLC 网关天线接口，如图 3-64 所示。

图 3-64　安装吸盘天线

步骤 2：如图 3-65 所示，使用直径为 2.0mm 左右的螺丝刀或其他尖锐物品用力压①点，可将②处的卡托推出，本卡托为标准尺寸用户识别模块（Subscriber Identity Module，SIM）卡托。如果想使用 Micro SIM 或 Mini SIM 卡，那么需要使用相应的卡托。放入 SIM 卡后，按图 3-65 所示将卡托插入 PLC 网关。

图 3-65　将卡托插入 PLC 网关

步骤 3：配置上网方式，连接打印机线和网关 USB 接口，单击"配置工具"，读取设备状态，选择"参数配置"选项卡，"联网方式"选择"蜂窝网络"，如图 3-66 所示。

图 3-66　配置联网方式

步骤 4：单击"设置"按钮等待网关重启，重启后查看"设备状态"，如图 3-67 所示。

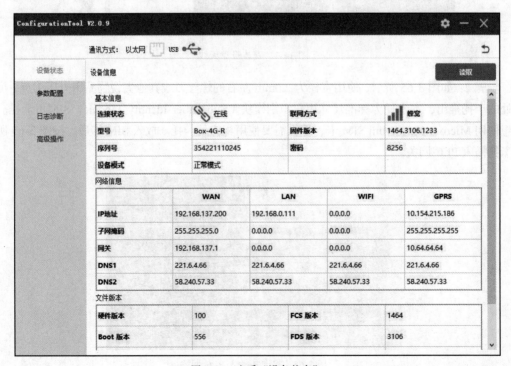

图 3-67　查看"设备状态"

【任务总结】

本任务介绍了常用的无线接入方式，包括 Wi-Fi、蓝牙、RFID、ZigBee、NB-IoT 和 5G 技术，主要讲解了这些技术的原理和特点以及在数据采集中发挥的作用；在任务实施部分讲解了 PLC 网关如何安装吸盘天线和物联网卡，如何配置网关的无线上网参数。

【任务测验】

1. 填空题

（1）Wi-Fi 有两个频段，分别是_____和_____。

（2）工业现场数据采集以_____为主，以无线网络连接为辅。

（3）无线网络连接按照通信距离粗略分为_____和长距离通信。

（4）工业现场数据采集需要根据实际情况选择接入_____。

（5）选择接入方式需要综合考虑数据安全、实时性、可靠性和_____等因素。

2. 单选题

（1）物联网中物与物、物与人之间的通信是（　　）方式。

A. 只利用有线通信　　　　　　　　B. 只利用无线通信

C. 综合利用有线和无线两者通信　　D. 既非有线也非无线的特殊

（2）（　　）无布线和购置设备的成本，而且可以快速地进行部署，也比较容易组网，能有效地降低大规模布线、拆接线的成本，有利于迈向通用的通信平台。

A. 有线通信　　　　　　　　　　　B. 无线通信

C. 专线通信　　　　　　　　　　　D. 对讲机

（3）（　　）技术是一种近距离、复杂度低、低功耗、低传输速率、低成本的双向无线通信技术，是目前组建无线传感器网络的首选技术之一。

A. ZigBee　　　　　　　　　　　　B. 蓝牙

C. WLAN　　　　　　　　　　　　D. WMEN

（4）RFID 由 RFID 标签和阅读器组成。电子标签附着在需要标识的物品上，阅读器通过获取（　　）信息来识别目标物品。

A. 物品　　　　　　　　　　　　　B. 条形码

C. IC 卡　　　　　　　　　　　　　D. 标签

（5）RFID 是一种信息感知技术，它按约定的协议把世界的实体转化为一种信息，通过这个转化过程，使得物体通过信息而与互联网相连，物联网才得以构建。所以，RFID 是一种使物体（　　）的技术。

A. 联网　　　　　　　　　　　　　B. 说话

C. 改进　　　　　　　　　　　　　D. 创新

3. 简答题

Wi-Fi 6 的特点有哪些？

任务 3.4 网关数据上云配置

【任务描述】

设备与云端通过约定协议通信，其中常用的是 MQTT 和 HTTP，尤其是 MQTT。本任务帮助学生理解长连接和短连接、MQTT 协议、HTTP，完成网关 MQTT 配置。

【知识学习】

3.4.1 长连接和短连接

前文介绍了 OSI 模型、MQTT 和 HTTP 都是应用层协议，底层是基于 TCP/IP 的。TCP 是一种面向连接的传输层协议，提供可靠的传输服务。当然还有面向无连接的 UDP。

对于 UDP 来讲，不需要建立连接就能够进行数据传输，而对于 TCP 来讲，其在进行数据传输之前，需要进行"3 次报文握手"以建立连接，然后才进行数据传输，数据传输完成之后，还需要进行"4 次报文挥手"以释放连接，如图 3-68 所示。

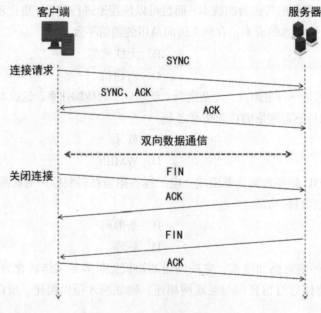

图 3-68 TCP 协议连接和断开

TCP 的连接和断开需要花费时间，维持连接需要消耗资源，对于不同的场景需要考虑长连接和短连接策略。

1. 长连接

长连接指在一个连接上可以连续发送多个数据包，在连接保持期间，如果没有数据包发送，需要双方发送链路检测包。

模拟长连接的情况，客户端向服务器发起连接，服务器接受客户端连接，双方建立连接。客户端与服务器完成一次读写之后，它们之间的连接并不会主动关闭，后续的读写操作会继续使用这个连接。在长连接的应用场景下，客户端一般不会主动关闭它们之间的连接，客户端与服务器之间的连接如果一直不关闭，会存在一个问题，随着客户端连接越来越多，服务器早晚有"扛不住"的时候。这时候服务器需要采取一些策略，如关闭一些长时间没有读写事件发生的连接，这样可以避免一些恶意连接导致服务器服务受损。如果条件允许，就可以以客户端为颗粒度，限制每个客户端的最大长连接数，这样可以完全避免某个客户端连累后端服务。

2. 短连接

短连接是相对于长连接而言的概念，指的是在数据传送过程中，只在需要发送数据时才去建立一个连接，数据发送完成后，则断开此连接，即每次连接只完成一项业务的发送。

长连接多用于操作频繁、点对点的通信，而且连接次数不能太多的情况。每个 TCP 连接都需要 3 次握手，这需要时间。如果每个操作都是先连接，再操作，那么处理速度会降低很多，所以每个操作完成后都不断开，下次处理时直接发送数据包就可以了，不用新建 TCP 连接。

而 Web 网站的 HTTP 服务一般都用短连接，因为长连接对于服务端来说会耗费一定的资源，而像 Web 网站这么频繁的、成千上万甚至上亿客户端的连接数，用短连接会更省资源。如果用长连接，而且同时有成千上万的用户，每个用户都占用一个连接的话，结果可想而知！所以在并发量大，但每个用户不需要频繁操作的情况下用短连接更好。

在采集场景中，如果只是单纯地周期性采集数据并上报数据，上报间隔长，通常采用短连接，数据上报完成后设备会主动断开连接。

3.4.2 MQTT 协议

1. MQTT 背景

MQTT 是一种基于发布/订阅（Publish/Subscribe）模式的"轻量级"通信协议，该协议构建于 TCP/IP 上，由 IBM 公司在 1999 年发布。MQTT 最大的优点在于，可以以极少的代码和有限的带宽，为连接远程设备提供实时、可靠的消息服务。作为一种低开销、低带宽占用的即时通信协议，MQTT 在物联网、小型设备、移动应用等方面有较广泛的应用。

TCP 和 MQTT 协议的设计都与卫星通信有着直接的联系。20 世纪 90 年代中期，IBM 公司在帮助石油和天然气公司客户设计有效的数据传输协议时，就出现了对 MQTT 这种物联网环境下的数据传输协议的需求。

当时，为了实现数千英里（1 英里=1.609344 千米）的石油和天然气管道的无人值守监控，采取的设计方案是将管道上的传感器数据通过卫星通信传输到监控中心。

这种应用场景有如下几个特点。

（1）管道线路非常长，要接许多沿线的数据采集网关。

（2）管道传感器的数据采集频率不高，不需要突然传输大量数据。

（3）现场采集网关由于量大，考虑到采购成本，CPU 和存储等计算资源都很有限。

（4）管道会穿越很多无人区，附近没有网络设施，因此使用卫星通信最为经济。

（5）高轨道的卫星"站得高，看得远"，覆盖范围广，但轨道高相应的延迟就大。中、低轨道的卫星延迟小，但是覆盖区域有限，每天都会出现卫星切换时的网络中断。因此需要客户端和服务器都能够保留消息收发状态，在网络恢复正常后继续发送。

（6）卫星链路带宽低（当然也有高带宽），通信流量费用高昂，因此需要尽量节省传输消息的流量开销。

（7）有些数据发送失败，不需要重发。但是有些消息，比如阀门泄漏、告警或控制石油管道阀门的命令，就必须在网络有问题的情况下也要能确保发送成功。

因此，针对管道传感器和控制装置的数据采集和控制设计的传输协议需要满足如下要求。

（1）服务器要能连接成千上万个客户端。

（2）每次消息传输的数据量不大。

（3）协议客户端软件要能在 CPU 和存储等计算资源都很有限的单片机、单板机、RTU 等上运行，并能方便地移植到不同的硬件上。

（4）带宽低，通信流量费用高昂；需要最大限度地减少传输消息的大小。

（5）卫星不会 24 小时都覆盖到，会有段时间发生卫星通信中断；预期会遇到频繁的网络中断（低带宽、高延迟、不可靠、高成本运行的网络），因此需要传输协议能够异步管理消息。

（6）在环境允许的情况下提供传统的消息服务质量，提供不同等级的服务质量。

基于这样的需求，IBM 公司开发了 MQTT 协议。MQTT 协议是一个基于 C/S 的消息发布/订阅传输协议。MQTT 协议是为工作在低带宽、不可靠的网络的远程传感器和控制设备通信而设计的协议，使用发布/订阅模式，提供一对多的消息发布，解除应用程序耦合，信息冗余小。MQTT 协议需要客户端和服务器，而协议中主要有 3 种身份：发布者（Publisher）、代理（Broker，服务器）、订阅者（Subscriber）。其中，消息的发布者和订阅者都是客户端，消息代理是服务器，而消息发布者可以同时是订阅者，实现了生产者与消费者的脱耦，如图 3-69 所示。

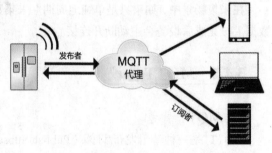

图 3-69　MQTT 原理

2. MQTT 原理

实现 MQTT 协议需要客户端和服务器通信。

MQTT 传输的消息分为主题（Topic）和负载（Payload）两部分。

（1）主题，可以理解为消息的类型，订阅者订阅后，就会收到该主题的消息内容。

（2）负载，可以理解为消息的内容，是指订阅者具体接收的内容。

MQTT 会构建底层网络传输：它将建立客户端到服务器的连接，提供两者之间的一个有序的、无损的、基于字节流的双向传输。当应用数据通过 MQTT 网络发送时，MQTT 会把与之相关的 QoS 和主题名相关联。

3. MQTT 客户端

一个使用 MQTT 协议的应用程序或者设备，它能建立到服务器的网络连接。客户端可以：

（1）发布其他客户端可能会订阅的信息；

（2）订阅其他客户端发布的消息；

（3）退订或删除应用程序的消息；

（4）断开与服务器的连接。

4. MQTT 服务器

MQTT 服务器也称为消息代理，可以是一个应用程序或一台设备。它位于消息发布者和订阅者之间，它可以：

（1）接受来自客户的网络连接；

（2）接收客户发布的应用信息；

（3）处理来自客户端的订阅和退订请求；

（4）向订阅的客户端转发应用程序消息。

5. MQTT 协议中的概念

（1）订阅。

订阅包含主题筛选器（Topic Filter）和最大 QoS。订阅会与一个会话（Session）关联。一个会话可以包含多个订阅，每个会话中的每个订阅都有一个不同的主题筛选器。

（2）会话（Session）。

每个客户端与服务器建立连接后就是一个会话，客户端和服务器之间有状态交互。会话存在于一个网络之间，也可能在客户端和服务器之间跨越多个连续的网络连接。

（3）主题名（Topic Name）。

主题名是一个字符串标签，用于标识特定类型或特定主题的消息。服务器会根据订阅者的主题名来匹配相应的消息，然后将消息发送给订阅了匹配主题名的客户端。

（4）主题筛选器（Topic Filter）。

主题筛选器是一种用于对 MQTT 主题进行特定模式匹配的机制。它允许订阅者根据特定的规则来选择感兴趣的主题。

（5）负载。

负载是消息订阅者具体接收的内容。

6. MQTT 消息发布的 QoS

（1）至多一次，消息发布完全依赖底层 TCP/IP 网络，会发生消息丢失或重复的情况。这一级别可用于如下情况，如环境传感器数据（丢失一次读记录无所谓），因为不久后还会有第二次发送。

（2）至少一次，确保消息到达，但可能会发生消息重复的情况。

（3）只有一次，确保消息只到达一次。这一级别可用于如下情况，在计费系统中，消息重复或丢失会导致不正确的结果。

目前支持和使用最广泛的版本是 MQTT 3.1.1，2018 年，MQTT 5.0 已正式发布，但是目前支持 MQTT 5.0 的代理和客户端库比较有限。MQTT 5.0 在 MQTT 3.1.1 的基础上做了很多改变，但并不是向下兼容的。

3.4.3　HTTP/HTTPS

1. HTTP/HTTPS 概述

HTTP 可以说是网络中使用得最多的协议，无论是浏览网页还是下载文件，都离不开 HTTP。

物联网设备使用 HTTP 传输数据也是一种常用的方式，而且 HTTP 是很成熟的，在服务器上很容易部署。HTTP 处在互联网的应用层，因此这个协议只是规定了数据包的格式，具体的数据传递则是由 TCP/IP 来实现的。所以 HTTP 其实没那么高深，它只是通过一种格式组成一串字符串，然后通过 TCP 的方式发送出去，并通过 TCP 的方式将回复的数据接收。

超文本传输安全协议（Hypertext Transfer Protocol Secure，HTTPS）是以安全为目标的 HTTP 通道，简单讲是 HTTP 的安全版。即 HTTP 下加入安全套接字层（Secure Socket Layer，SSL），HTTPS 的安全基础是 SSL，因此加密的详细内容就需要 SSL。HTTP 信息是明文传输的，HTTPS 则是具有安全性的 SSL 加密传输协议。HTTP 和 HTTPS 使用的是完全不同的连接方式，用的端口也不一样，前者是 80，后者是 443。

HTTP 是以 ASCII 传输、建立在 TCP/IP 之上的应用层规范。规范把 HTTP 请求分为 3 个部分：状态行、请求头、消息主体。

HTTP 定义了与服务器交互的不同方法，最基本的方法有 4 种，分别是 GET、POST、PUT、DELETE。我们可以这样认为：一个 URL，它用于描述一个网络上的资源，而 HTTP 中的 GET、POST、PUT、DELETE 就对应着对这个资源的查、增、改、删（CRUD）4 个操作。主题规范和 MQTT 的主题规范一致，可以复用 MQTT 连接通信的主题。

第 1 步：设备身份认证，通过三元组获取 token。

认证请求示例如下。

```
POST /auth HTTP/1.1
Host:接入域名
Content-Type: application/JSON
body: {
body 内容
}
```

返回示例如下。

```
{
"code":0,//业务状态码
"message":"success",//业务信息
  "info":{
    "token":"token 值"
  }
}
```

第 2 步：设备数据上报。

请求示例如下。

```
POST/topic/当前设备对应 topic
Host:接入域名
password:${token}//返回的 token 值
Content-Type:application/octet-stream
body:${your_data}
```

返回示例如下。

```
{
  "code":0,//业务状态码
  "message":"success",//业务信息
  "info":{
    "messageId":123
  }
}
```

2. HTTP 状态码

当浏览者访问网页时，浏览者的浏览器会向网页所在服务器发出请求。在浏览器接收并显示

网页前，此网页所在的服务器会返回包含 HTTP 状态码的服务器信息头（Server Header）用以响应浏览器的请求。

下面是常见的 HTTP 状态码。

（1）200 表示请求成功。

（2）301 表示资源（网页等）被永久转移到其他 URL。

（3）404 表示请求的资源（网页等）不存在。

（4）500 表示内部服务器错误。

我们来把 MQTT 和 HTTP 做一个比较。MQTT 以数据为中心，而 HTTP 以文档为中心。HTTP 是用于 C/S 计算的请求/响应协议，并不总是针对移动设备进行优化。MQTT 主要的优点是轻量（MQTT 将数据作为字节数组传输）和采用了发布/订阅模式，这使其非常适合资源受限的设备并有助于节省能源。此外，发布/订阅模式使得客户端能够彼此独立存在，增强了整个系统的可靠性，当一个客户端出现故障时，整个系统可以继续正常工作。HTTP 适合非复杂交互、以数据上报为主的场景，如某个应用系统上报给平台，即平台对平台的形式。MQTT 与 HTTP 的区别如表 3-6 所示。

表 3-6　MQTT 与 HTTP 的区别

比较内容	MQTT	HTTP
架构	基于发布/订阅模式	基于请求/响应模式
复杂度	相对简单	相对复杂
运行方式	基于 TCP	基于 TCP，也可以使用 UDP
协议设计	以数据为中心	以文档为中心
消息大小	使用二进制，较小	使用 ASCII，较大
消息头	2 字节	8 字节
端口号	1883	80 或 8080
数据安全	提供 SSL/TLS 方法	HTTP 不提供安全方法，但是 HTTPS 提供

【任务实施】

3.4.4　网关 MQTT 配置

微课

网关 MQTT 配置

1．任务目标

能配置 PLC 网关、CNC 网关和 OPC 网关的 MQTT 参数。

2．实训设备及工具

（1）汉云 PLC 网关一台、CNC 网关一台、OPC 网关一台、1m 的网线一根。

（2）汉云 PLC 网关管理软件 XEdge、浏览器。

3．网关 MQTT 配置操作步骤

步骤 1：配置 PLC 网关 MQTT 参数。首先用网线连接 PLC 网关和 PC，然后打开汉云 PLC 网关管理软件 XEdge，选择配置的网关，单击"远程下载"→"设备管理"→"云服务"→"MQTT"

选项，服务器地址为综合实训云平台地址，用户名为"hanyun_box"，用户密码为"xgit123456"，如图 3-70 所示。

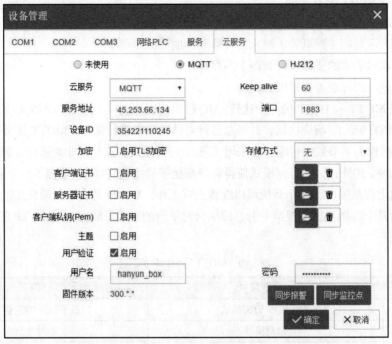

图 3-70　PLC 网关 MQTT 参数

步骤 2：配置 CNC 网关 MQTT 参数。单击"网关配置"→"网关推送"选项，填写配置参数，如图 3-71 所示。

图 3-71　CNC 网关 MQTT 参数

132

步骤 3：配置 OPC 网关 MQTT 参数。单击"数据服务"→"新建通道"选项，"规约"选择"汉云 MQTT"，如图 3-72 所示。

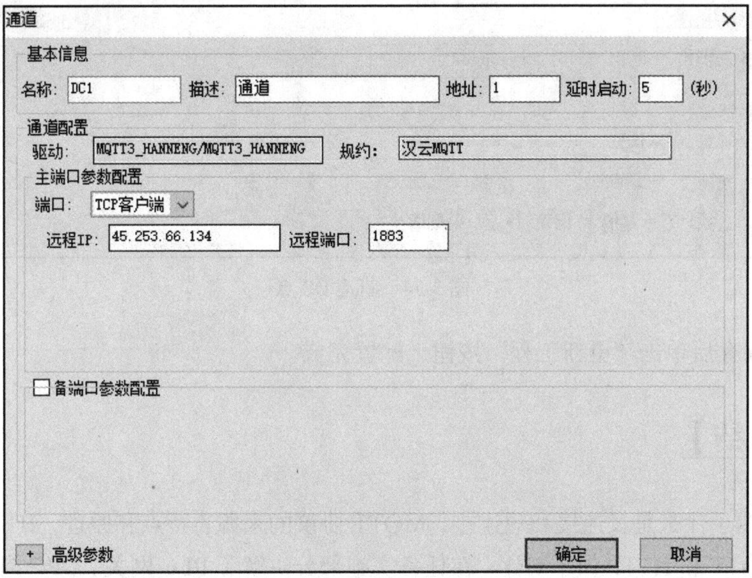

图 3-72　新建 MQTT 通道

步骤 4：单击"基本信息"→"高级配置"选项，配置 MQTT 参数，如图 3-73 所示。

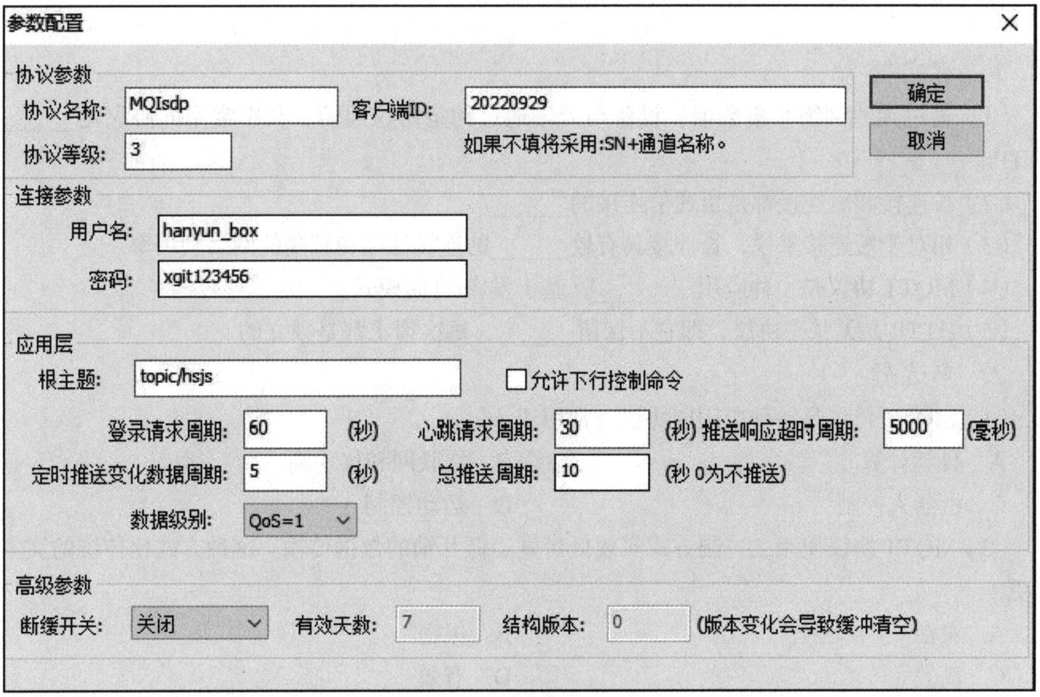

图 3-73　配置 MQTT 参数

步骤 5：新建 DS 点。名称为"LineSpeed"，"采集链接"选择"db.C1.B1.G1.LineSpeed"，这里两个变量没有关系，可以不一致，但云平台变量名称必须和 DS 点名称一致，如图 3-74 所示。

133

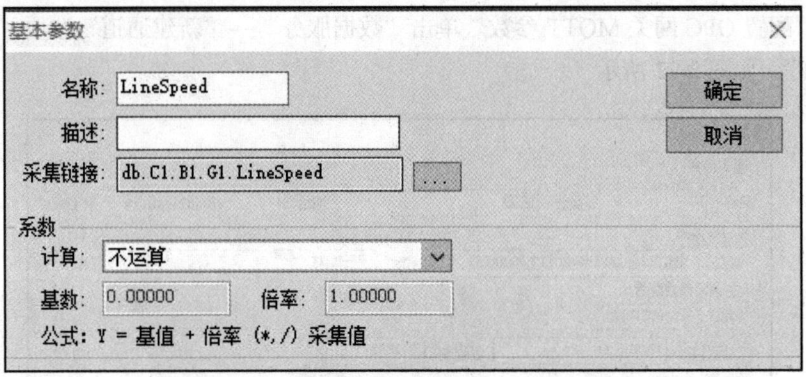

图 3-74　新建 DS 点

步骤 6：保存后单击"更新工程"按钮，配置完成。

【任务总结】

本任务介绍了什么是长连接和短连接，MQTT 协议的来源、特点和原理，HTTP/HTTPS 的原理，最后把 MQTT 和 HTTP 做了对比；在任务实施部分讲解了 PLC 网关、OPC 网关和 CNC 网关的 MQTT 参数如何配置。

【任务测验】

1. 填空题

（1）通过无线网络采集数据，设备与云端通过约定协议通信，其中常用的协议是＿＿＿和 HTTP。

（2）长连接和短连接都是指通信连接的＿＿＿。

（3）相对于短连接来说，长连接具有较＿＿＿的连接性能和较高的网络利用率。

（4）MQTT 协议是一种应用层＿＿＿，基于发布/订阅模式。

（5）HTTP 是无状态协议，即它不保留＿＿＿，每次请求都是独立的。

2. 单选题

（1）MQTT 协议是一种应用层协议，常用于（　　　）。

A. 科学计算　　　　　　　　　　　　B. 物联网和移动端

C. 机器人控制　　　　　　　　　　　D. 运动控制

（2）MQTT 协议使用二进制方式实现低带宽、低开销的数据传输。这种方式比传统的文本协议更（　　　）。

A. 灵活　　　　　　　　　　　　　　B. 保密

C. 高效　　　　　　　　　　　　　　D. 有效

（3）发布/订阅模式下，根据主题名进行消息过滤和转发的是（　　　）。

A. 服务器　　　　　　　　　　　　　B. 发布者

C. 订阅者　　　　　　　　　　　　　D. 客户端

（4）HTTP 是无状态协议，其优点是（　　）。

A. 连接快速

B. 可靠性高

C. 简化服务器端处理

D. 保密性好

（5）MQTT 协议的典型场景是（　　）。

A. 实时游戏

B. 物联网设备连接和控制

C. 视频流媒体

D. 语音流

3. 简答题

简述 MQTT 的优点。

【实战练习】

使用 CNC 网关采集工作环境的温度和湿度数据。

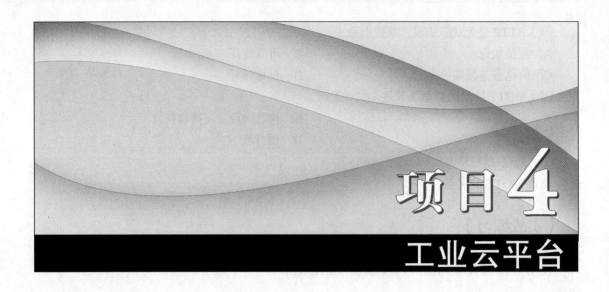

项目4

工业云平台

【项目导读】

工业设备上云是指通过加快设备数字化、网络化的改造升级，将其接入各类工业互联网平台，基于平台开展设备数据的全面采集、汇聚、分析，实现设备状态监测、预测预警、性能优化和能力交易。本项目分 3 个任务，任务 4.1 重点讲解云平台涉及的技术，如云计算的服务模式、部署模式、容器技术、C/S 与 B/S 架构等；任务 4.2 着重讲解数据的存储、分析和可视化；任务 4.3 重点讲解工业数据建模和常见算法及分类。

【内容导学】

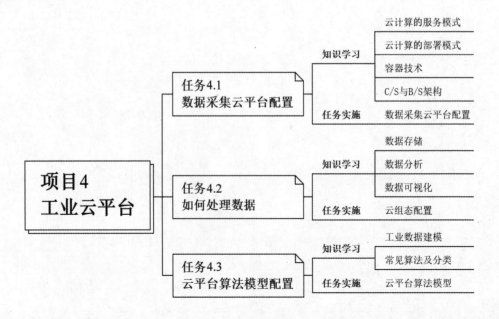

【项目目标】

知识目标

（1）云计算的特点。
（2）云计算的服务模式和部署模式。
（3）容器技术的特点和技术架构。
（4）容器关键技术。
（5）C/S 与 B/S 架构。

技能目标

（1）能配置云平台子项目。
（2）能配置不同类型的网关。
（3）能配置不同类型的设备。
（4）会添加设备型号。
（5）会添加编辑设备变量信息。
（6）会查看设备的状态和指标。

素质目标

（1）培养工业互联网数据采集的全面素质，包括数据分析能力、系统运维能力和问题解决能力。
（2）培养团队协作能力，能够与他人合作完成复杂的工业互联网数据采集项目。
（3）培养创新意识和实践能力，能够根据具体需求设计和实施数据采集方案。
（4）培养持续学习的能力，能够跟踪工业互联网数据采集技术的最新发展和应用案例。

任务 4.1　数据采集云平台配置

【任务描述】

介绍云平台之前，先介绍云计算。云计算通过资源虚拟化方式为云平台提供云基础设施，是云平台的基础。主流工业云平台逐渐围绕云计算构建并支持多云部署，如公有云、私有云。本任务重点讲解云计算的服务模式、部署模式、容器技术、C/S 与 B/S 架构。

【知识学习】

4.1.1　云计算的服务模式

相信很多人都对"云计算"这个名词有所耳闻，但并不清楚云计算的具体概念、特点及实现形式。云计算是分布式计算的一种，指的是通过网络"云"将巨大的数据计算处理程序分解成无数个小程序，然后，通过多部服务器组成的系统处理和分析这些小程序，得到结果并返回给用户。早期，云计算就是简单的分布式计算，解决任务分发，并进行计算结果的合并。因而，云计算又称为网格计算。通过云计算，可以在很短的时间内（几秒）完成对数以万计的数据的处理，从而实现强大的网络服务。

1. 云计算的特点

云计算的特点如下。

（1）虚拟化。

必须强调的是，虚拟化突破了时间、空间的界限，是云计算最为显著的特点之一。虚拟化包括应用虚拟化和资源虚拟化两种。众所周知，物理平台与应用部署的环境在空间上是没有任何联系的，通过虚拟平台对相应终端进行操作以完成数据备份、迁移和扩展等。

（2）动态可扩展。

云计算具有很强的运算能力，在原有服务器的基础上增加云计算功能，能够使计算速度迅速提高，最终实现动态扩展虚拟化的层次，达到对应用进行扩展的目的。

（3）按需部署。

计算机包含许多应用、程序软件等，不同的应用对应的数据资源库不同，所以用户运行不同的应用需要较强的计算能力对资源进行部署，而云计算平台能够根据用户的需求快速配备计算能力及资源。

（4）灵活性高。

目前市场上大多数 IT 资源、软硬件支持虚拟化，比如存储网络、操作系统和开发软硬件等。虚拟化要素统一放在云系统资源虚拟池中进行管理，可见云计算的兼容性非常强，不仅可以兼容低配置机器、不同厂商的硬件产品，还能通过外设获得更高性能计算。

2. 云计算的模式

云计算是一种新的计算资源使用模式，云端本身还是 IT 系统，所以逻辑上同样可以划分为基础设施层、平台软件层、应用软件层和数据信息层。底三层可以再划分出很多"小块"并出租出去，这有点儿像立体停车场，按车位大小和停车时间长短收取停车费。因此，云服务提供商出租计算资源有 3 种服务模式，以满足用户的不同需求，分别是 IaaS、PaaS、SaaS，如图 4-1 所示。

IaaS 把 IT 系统的基础设施层作为服务出租出去。由云服务提供商把 IT 系统的基础设施建设好，并对计算资源进行池化，然后直接对外出租硬件服务器、虚拟主机、存储或网络设施（负载均衡器、防火墙、公网 IP 地址及诸如 DNS 等基础服务）等。云服务提供商负责管理机房基础设施、计算机网络、磁盘柜、服务器和虚拟机，租户安装和（或）管理操作系统、中间件、运行时环境、应用程序和数据。

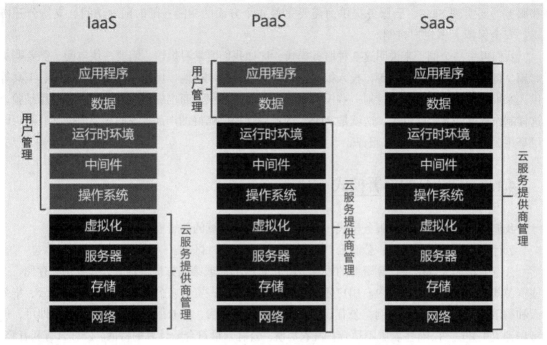

图 4-1　云计算服务模式

举例说明一下，几年前如果想在办公室或者公司的网站上运行一些企业应用，需要去购买服务器，或者用别的价格高昂的硬件来控制本地应用，才能让业务正常运行。但现在可以租用 IaaS 公司提供的场外服务器、存储和网络硬件。这样一来，便大大地节省了维护成本和办公场地。

在 IaaS 层之上的是 PaaS 层。PaaS 是指把服务器平台或者开发环境作为一种服务提供的商业模式。PaaS 实际上是指将软件研发的平台作为一种服务，以 SaaS 模式提交给用户。因此，PaaS 也是 SaaS 模式的一种应用。PaaS 主要的用户是开发人员。通过 PaaS 模式，用户可以在一个包括 SDK、文档和测试环境等的开发平台上非常方便地编写应用，而且在部署或者在运行的时候，用户都无须为服务器、操作系统、网络和存储等资源的管理操心。这些烦琐的工作都由 PaaS 云服务提供商负责处理，而且 PaaS 的整合率非常惊人。比如一台服务器能够支撑成千上万的应用，也就是说，PaaS 是非常经济的。要实现 PaaS 服务，云服务提供商需要完善 4 个方面的功能：友好的开发环境、丰富的服务、自动的资源调度、精细的管理和监控。

最上层是软件即服务（Software as a Service，SaaS）层。通过 SaaS 模式，用户只要连接网络，并通过浏览器，就能直接使用在云端上运行的应用，而不需要顾虑安装等琐事，并且免去了初期高昂的软硬件投入成本。SaaS 主要面对的是普通的用户。对于许多小型企业来说，SaaS 是采用先进技术的最好途径，它消除了企业购买、构建和维护基础设施和应用程序的需要。

在 SaaS 模式中，云服务提供商将应用程序统一部署在自己的服务器上，用户可以根据自己的实际需求，通过互联网向云服务提供商订购所需的应用程序服务，按订购的服务多少和时间长短向云服务提供商支付费用，并通过互联网获得云服务提供商提供的服务。用户不用再购买软件，而改用向云服务提供商租用基于 Web 的软件来管理企业经营活动，且无须对软件进行维护，云服务提供商会全权管理和维护软件。云服务提供商在向客户提供互联网软件的同时，也提供软件的离线操作和本地数据存储，让用户随时随地都可以使用其订购的软件和服务。要实现 SaaS，云服务提供商需要完善 4 个方面的功能：随时随地访问、支持公开协议、安全保障、多住户机制。

我们再举一个例子来说明这 3 种服务模式，比如我们要学习烘焙，需要一块空间，需要购买烤箱、打蛋器、模具、工具等，投入很大。这时候有人提供场地、烤箱、打蛋器、模具、工具等供大家租用，这就是 IaaS。针对一些没有烘焙经验的人，服务商也提供配方、材料和使用经验，这样制作难度就大大降低了，这就是 PaaS。服务商还提供烤好的产品，我们只要根据喜好购买即可享用，这种服务就是 SaaS 服务。

4.1.2　云计算的部署模式

我们已经了解了云计算服务模式，下面我们聊聊云计算的部署模式。

云计算有 4 种部署类型：公有云、私有云、混合云、社区云。

公有云是为大众提供计算资源的服务，由 IDC 服务商或第三方提供资源，如实例和存储，这些资源部署在服务商的机房内。用户通过互联网来获取这些资源。公有云服务商有阿里云、华为云和腾讯云等。以洗衣服为例，公有云好比去外面的洗衣房，按衣服的材质和数量付费即可，但考虑到卫生和隐私，有些衣服不适合在洗衣房洗。公有云最符合云计算的特征。公有云有利有弊，这种模式也有一些风险，比如数据隐私问题，某些行业有审计和数据监管要求。数据安全也全靠服务商保证，如果发生宕机事故，只能等待服务商恢复，将对业务造成影响。

私有云部署在自建机房或托管在第三方机房并独享使用，不提供给外部。私有云可以对数据的安全性和资源的可控性有比较好的掌控。企业自建自营，按需购买硬件和软件。托管私有云的基础设施由云计算厂商提供，这些资源是用户独占的。无论是本地私有云还是托管私有云，虽然数据所有权和隐私方面的风险降低了，但是它失去了云计算最大的特点——弹性。虽然用户仍可以在一个共享的资源池里根据应用的负载情况进行弹性伸缩或扩容，但资源池的容量是有限的，取决于企业最开始建设私有云时物理基础设施的投入，因此私有云无法像公有云那样，实现真正的弹性。而且资源无法给其他租户使用，不符合云计算按需服务的理念。对于本地私有云，和传统数据中心一样，企业需要购买硬件和软件，并负责管理和运维，这增加了成本，降低了敏捷性。还以洗衣服举例，私有云好比自己买洗衣机，别人无法使用，隐私性和安全性得到了保证，但初期投入大，如果使用的人员较少，洗衣机会闲置，造成资源浪费，如果后期使用人员增加，但受限于洗衣机容量无法扩展。

私有云的部署成本比公有云高，是否有折中的方案，既能享受公有云的快速弹性，又能满足数据安全性方面的诉求呢？答案是有，即混合云，然而这是有代价的。混合云是指"公有云＋私有云"，它是由两个甚至多个不同云部署模式组成的云计算环境。例如，企业自建私有云，核心业务以及所有处理敏感数据的业务部署于私有云，同时引入公有云，将非核心业务部署于公有云。为了充分利用公有云的弹性与资源池，如果核心业务存在周期性的业务高峰，那么进一步将核心业务的功能拆分成更细颗粒度，将其中的非核心功能剥离出来上公有云，可以减轻私有云的压力。对于大型企业，为了避免被云计算厂商绑定，在商务层面往往会选择同时和多个公有云厂商合作，以降低风险；由于混合云的特点，会使架构创建和部署变得复杂。

我们洗衣服一般都是采取混合云的模式，自己购买洗衣机，而一些大件衣服会拿到洗衣房。

最后我们聊聊社区云，社区云是指将云端资源专门给固定的几个单位内的用户使用，而这些单位对云端具有相同诉求（如安全要求、云端使命、规章制度、合规性要求等）。云端的所有权、日常管理和操作的主体可能是本社区内的一个或多个单位，也可能是社区外的第三方机构，还可能是二者的联合。云端可能部署在本地，也可能部署于他处。

在云计算成为"水电燃气"般存在的今天，工业软件的"云化"越来越被认可与接纳。什么是"云化"？软件服务商将软件和信息资源部署在云端，使用者按需使用、按次收费，这一方面大大降低了采购、维护成本，减少了企业支出；另一方面可以很好地解决异地协同问题，灵活又便捷。

"云化"是工业软件摆脱种种桎梏、走向轻量化发展的重要方式。国内市场工业软件的"云化"趋势在运营管理类软件中已有明显进展，比如以用友、金蝶为代表的老牌厂商均推出了SaaS 服务。然而，理想很丰满，现实却总是"骨感"的。有一点需要明确，即并非所有的工业软件都适合"云化"。工业软件是否适合云化的标准要结合用户使用工业软件的业务场景需求来确定。从工业软件类型来看，大型企业的生产控制流程软件一般封闭在内网中，上云会带来风险，这是企业不愿意承受的。涉及研发环节的 CAD、CAE（计算机辅助工程）等软件，由于处理的数据都是涉及企业核心知识产权的研发参数，很多企业也不愿意将数据放在云上。在另一些场景中，如 CEM（客户体验管理）、OA（办公自动化）、HRM（人力资源管理），甚至 ERP，SaaS 模式已经成为明显的发展趋势，其特点是应用的复杂程度较低、数据敏感性较低、产品迭代速度快，适合云原生架构快速开发部署的特性。

 读一读

曾经被看作"笑话"的阿里云，今天估值破千亿元

在 10 多年前，云计算还被大部分人认为是一个笑话。彼时优秀的互联网公司仍然集中在国外，我国的互联网公司仍然是"学徒级玩家"。而 10 多年后，阿里云已经成为全球第三、亚太第一的云服务提供商，并且在金融、零售、公共服务和互联网领域的市场份额都位列第一。

2008 年，阿里巴巴自研的分布式云计算操作系统"飞天"开始研发；2009 年，阿里云正式创立，它的掌舵者是王坚，一位 30 岁就取得教授头衔的天才人物。他的主业是心理学，直到今天都没有人知道他会不会写代码。

在相当长的一段时间里，阿里云被视为一个笑话。外界的嘲笑还不算什么，内部的阻力才是最大的——对于彼时的阿里巴巴来说，舍弃已经完全成熟的系统，提出"去 IOE"（IOE 代表 IBM 的小型机、Oracle 的数据库、EMC 的存储设备）意味着不得不考虑两个方面。第一，你原来拥有一支极强的、基于 IOE 而存在的团队，他们要如何自处？第二，你要做的事情没人做过，连可供参照的路标都没有。而事实上，阿里云真正意义上的成功在于走通了自研的道路。自研云计算系统的道路被明确，对于我国的云计算来说，是一个里程碑式的事件。自研也让阿里云拥有了今天高估值的基础。

4.1.3　容器技术

一提到容器，我们脑子里就会想到各种瓶瓶罐罐，它们都有一个共同的功能，就是装东西。

容器技术是英文单词 Linux Container 的直译。Container 这个单词有集装箱、容器的含义（主要是集装箱），翻译成容器交流起来更顺畅。按照惯例，介绍一种技术要先讲来历，知道了来历才更容易理解这个技术。

很久很久以前，在物理机时代，如果我们要部署一个应用，首先会在物理机上搭建环境，然后手动打包应用，再手动启动应用。这一系列的操作都是手动的，相当麻烦。来到了虚拟机时代，我们可以使用虚拟机快速复制虚拟机里的镜像，在另外一套虚拟机软件中就能直接使用了，确实提高了效率，但是这很耗费资源，因为这款虚拟机里安装的是一整套操作系统软件。每个虚拟机都需要在一个完整的操作系统中运行，并且有安装好的大量应用程序。但在实际生产开发环境中，我们更关注的是自己部署的应用程序，如果每次部署都得搞一个完整的操作系统和附带的依赖环境，那么这会让任务变得很重且性能变得很低下。虚拟机隔离级别是操作系统级别的，如图 4-2 所示为虚拟机和容器对比。

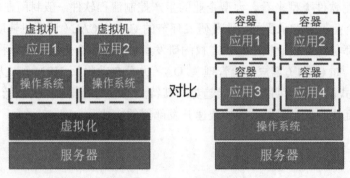

图 4-2　虚拟机和容器对比

1. 容器技术对云计算领域的影响

具体影响如下。

（1）简化部署。

容器技术可以将应用打包成单一地址访问的、寄存器（Registry）存储的、仅通过一行命令就可以部署完成的组件。不论将服务部署在哪里，容器都可以从根本上简化服务部署工作。

（2）快速启动。

容器技术对操作系统的资源进行再次抽象，而并非对整个物理机资源进行虚拟化。通过这种方式，打包好的服务可以快速启动。

（3）服务组合。

采用容器的方式进行部署，整个系统会变得易于组合，通过容器技术将不同服务封装在对应的容器中，之后结合一些脚本使这些容器按照要求相互协作，这样操作不仅可以简化部署难度，还可以降低操作风险。

（4）易于迁移。

容器技术最重要的价值就是为不同主机上运行的服务提供一个轻便的、一致的格式。容器格式的标准化能加快交付，允许用户方便地对工作负载进行迁移，避免局限于单一的平台提供商。

2. 容器技术框架

容器技术框架如图 4-3 所示。

图 4-3　容器技术框架

（1）服务器层。

当运行容器镜像时，容器本身需要运行在传统操作系统之上，而这个操作系统既可以基于物理机，也可以基于虚拟机。服务器层包含这两种场景，泛指容器运行的环境，同时容器并不关心服务器层如何提供和管理，它的期望只是获得这些服务器资源。

（2）资源管理层。

资源管理包含服务器、操作系统等资源的管理。其中如果是物理服务器，需要涉及物理机管理系统（如 Rocks 等）；如果是虚拟机，需要使用虚拟化平台。此外，无论是物理机还是虚拟机，都需要对其中的操作系统加以管理。而传统的存储和网络管理也包含在资源管理层。总而言之，资源管理层的核心目标是对服务器和操作系统等资源进行管理，以支持上层的容器运行引擎。

（3）运行引擎层。

容器运行引擎层主要指常见的容器系统，包括 Docker、Rkt、Hyper、CRI-O。这些容器系统的共同作用包括启动容器镜像、运行容器应用和管理容器实例。运行引擎又可以分为管理程序和运行时环境两个模块。需要注意的是，运行引擎是单机程序，类似虚拟化软件的 KVM 和 Xen，不是集群分布式系统。引擎运行于服务器操作系统之上，接受上层集群系统的管理。

（4）集群管理层。

可以把容器的集群管理系统和针对虚拟机的集群管理系统画等号，它们都是通过对一组服务器运行分布式应用。而这两者的细微区别在于，虚拟机的集群管理系统需要运行在物理服务器上，而容器集群管理系统既可以运行在物理服务器上，也可以运行在虚拟机上。常见的容器集群管理系统包括 Kubernetes、Docker Swarm、Mesos。这三者各有特色，但随着时间的推移，三者的融合将越发明显。

（5）应用层。

应用层泛指所有运行于容器之上的应用程序，以及所需的辅助系统，包括监控、日志、安全、编排、镜像仓库等。

3. 容器的关键技术

关键技术如下。

（1）镜像。

容器的镜像通常包括操作系统文件、应用本身的文件、应用所依赖的软件包和库文件。为了

143

提高容器镜像的管理效率，容器镜像采用分层的形式存放。容器镜像底层通常是 Linux 的 rootfs 和系统文件，再往上则是各种软件包层。这些文件层在叠加后成为完整的只读文件系统，最终挂载到容器里。在运行过程中，容器应用往往需要写入文件数据，容器引擎为此需再创建一个可写层，加在镜像的只读文件系统中。使用分层的容器镜像之后，镜像的下载和传输更加便利，因为只需要在宿主机上把缺少的镜像文件层次下载即可，无须传送整个镜像。

（2）运行时引擎。

容器运行时引擎和容器镜像两者的关系类似于虚拟化软件和虚拟机镜像的关系。容器运行时引擎的技术标准主要由 OCI 基金会领导社区进行制定。目前 OCI 已经发布了容器运行时引擎的技术规范，并认可了 runC（Docker 公司提供）和 runV（Hyper 公司提供）两种合规的运行引擎。

（3）容器编排。

容器编排工具通过对容器服务进行编排，决定容器服务之间如何进行交互。容器编排一般通过描述性语言 YAML 或者 JSON 来定义编排的内容。目前主要的编排工具有 Docker Compose 和基于谷歌公司的 Kubernetes Helm 等。

（4）容器集群。

容器集群是将多台物理机抽象为逻辑上单一调度实体的技术，为容器化的应用提供资源调度、服务发现、弹性伸缩、负载均衡等功能，同时监控和管理整个服务器集群，提供高质量、不间断的应用服务。

（5）服务注册和发现。

容器技术在构建自动化运维场景中，服务注册和发现是两个重要的环节，一般通过一个全局性的配置服务来实现。其基本原理类似公告牌信息发布系统，A 服务（容器应用或普通应用）启动后在配置服务器（公告牌）上注册一些对外信息（如 IP 和端口），B 服务通过查询配置服务器（公告牌）来获取 A 注册的信息（IP 和端口）。

（6）热迁移。

热迁移（Live Migration）又称为动态迁移或实时迁移，是指将整个容器的运行时状态完整保存下来，同时可以快速地在其他主机或平台上恢复运行。容器热迁移主要应用在两个方面：一是有多个操作单元执行任务，热迁移能迅速地复制与迁移容器，做到无感知运行作业；二是可以处理数据中心中集群的负载均衡，大量数据涌来无法运行计算时，可利用热迁移创建多个容器处理运算任务，调节信息数据处理峰谷，配置管理负载均衡比例，降低应用延迟。

虚拟化是云计算的重要基础，容器定义了一套从构建到执行的标准化体系，改变了传统的虚拟化技术，深度影响了云计算领域，容器是云计算的未来。以 Docker 为代表的容器技术越来越深刻地影响着云计算，也改变了日常开发、运维和测试。

4.1.4　C/S 与 B/S 架构

C/S 与 B/S 架构是两种非常常见的 IT 架构，只是很多人不知道而已。比如我们日常用到的聊天工具，先要下载一个客户端，然后才能使用，这种就是 C/S 架构；我们想要上网搜索学习资料，使用浏览器进行交互，这种就是 B/S 架构。C/S 与 B/S 架构没有本质区别，只是客户端形式变了，下面我们就详细地介绍这两种架构。

C/S 架构如图 4-4 所示，是一个典型的两层架构。服务器通常采用高性能的 PC、工作站或小型机，并采用大型数据库系统。客户端需要安装专用的客户端软件。C/S 一般面向相对固定的用户群，对信息安全的控制能力很强。一般高度机密的信息系统适宜采用 C/S 架构。

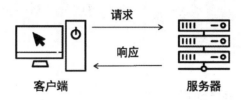

图 4-4　C/S 架构

B/S 架构是 Web 兴起后的一种网络结构模式，Web 浏览器是客户端最主要的应用软件之一。B/S 架构统一了客户端，将系统功能实现的核心部分集中到服务器上，简化了系统的开发、维护和使用。客户端上只要安装一个浏览器即可，服务器安装 SQL Server、Oracle、MySQL 等数据库。浏览器通过 Web Server 与数据库进行数据交互，如图 4-5 所示。

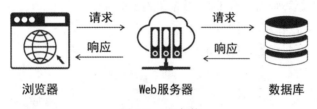

图 4-5　B/S 架构

C/S 架构的开发、维护成本高于 B/S 架构。因为采用 C/S 架构时，不同的客户端要开发不同的程序，而且软件安装、调试和升级都需要在所有客户端上进行。B/S 架构只需要将服务器上的软件版本升级，然后重新登录就可以了。在系统的性能方面，B/S 架构的优势是其异地浏览和信息采集的灵活性。任何时间、任何地点、任何系统，只要可以使用浏览器上网，就可以使用 B/S 系统的终端。不过采用 B/S 架构，客户端只能完成浏览、查询、数据输入等简单功能，绝大部分工作由服务器承担，这使得服务器的负担很重。采用 C/S 架构时，客户端和服务器都能够处理任务，这虽然对客户端的要求较高，但可以减轻服务器的压力。而且，由于客户端使用浏览器，使得网上发布的信息必须以超文本标记语言（Hyper Text Markup Language，HTML）格式为主，其他格式文件多半是以附件的形式存放的。而 HTML 格式文件（也就是 Web 页面）不便于编辑修改，给文件管理带来了许多不便。

C/S 架构是建立在中间件产品基础之上的，要求应用开发者去处理事务管理、消息队列、数据的复制和同步、通信安全等系统级的问题。这对应用开发者提出了较高的要求，而且迫使应用开发者投入很多精力来解决应用程序以外的问题。这使得应用程序的维护、移植和互操作变得复杂。如果客户端是在不同的操作系统上，C/S 架构的软件需要开发不同版本的客户端软件。但是，与 B/S 架构相比，C/S 技术的发展历史更为"悠久"。

其实，无论是 B/S 还是 C/S，它们都不"新鲜"。C/S 技术从 20 世纪 90 年代初出现，至今已经相当成熟，并得到了非常广泛的应用，其架构经历了二层 C/S、三层 C/S 的更迭。应该说，B/S 和 C/S 各有千秋，它们都是当前非常重要的计算架构。在适用 Internet、维护工作量等方面，B/S 要比 C/S 强得多；但在运行速度、数据安全、人机交互等方面，B/S 远不如 C/S。

随着云计算的发展，网页语言以及浏览器的进步，B/S 在表现能力上的处理以及运行的速度上会越来越快，它的缺点将会越来越少。尤其是 HTML5 的普及，在图形的渲染方面以及音频、文件的处理上已经非常强大了，B/S 架构将得到更多的应用，SaaS 就是典型的 B/S 架构应用。

【任务实施】

微课

数据采集云平台配置

4.1.5　数据采集云平台配置

1.　任务目标
能在云平台添加网关、设备和采集变量。

2.　实训设备及工具
（1）汉云 PLC 网关一台、西门子 S7-1200 一台、数据采集实训台一套、1m 的网线一根。

（2）汉云 PLC 网关管理软件 XEdge、数据采集云平台。

3.　数据采集云平台配置操作步骤
步骤 1：准备采集变量点表，如表 4-1 所示。

表 4-1　PLC 设备点表

名称	类型	单位	寄存器地址	备注
OnlineDuration	Real	小时	DB17.DBD2	在线时长
ProductLineSpeed	Int	个	DB17.DBW18	产线运行速度
TotalOutput	Int	个	DB17.DBW40	总产量
QualifiedOutput	Int	个	DB17.DBW42	良品数

步骤 2：新增监控点，如图 4-6 所示。

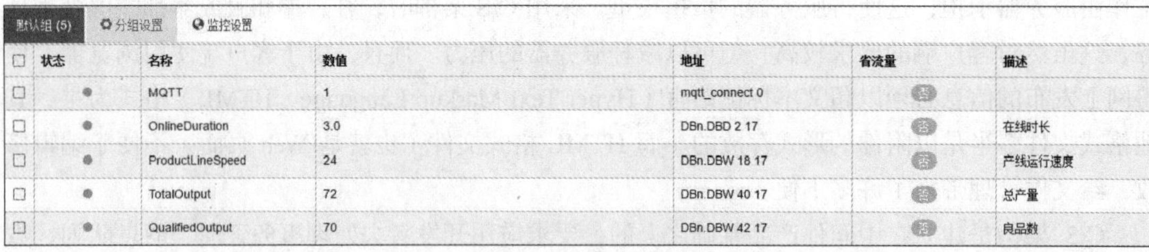

	状态	名称	数值	地址	省流量	描述
	●	MQTT	1	mqtt_connect 0	省	
	●	OnlineDuration	3.0	DBn.DBD 2 17	省	在线时长
	●	ProductLineSpeed	24	DBn.DBW 18 17	省	产线运行速度
	●	TotalOutput	72	DBn.DBW 40 17	省	总产量
	●	QualifiedOutput	70	DBn.DBW 42 17	省	良品数

默认组 (5)　分组设置　监控设置

图 4-6　添加监控数据

步骤 3：登录数据采集云平台，选择"云平台实施模块"→"基础数据模块"→"工程项目"，单击"添加项目"按钮，填写内容如图 4-7 所示。

项目编码	项目名称	项目分类
test123	测试	设备

图 4-7　添加项目

步骤 4：新增设备型号，选择"基础数据模块"→"设备型号"，单击"新增"按钮，新增设备型号，如图 4-8 所示。

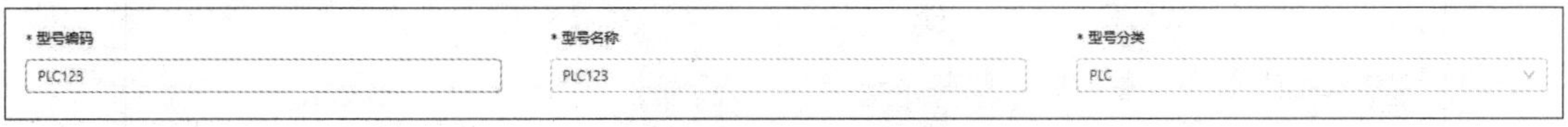

图 4-8　新增设备型号

步骤 5：新增网关，选择"网关管理模块"→"网关管理"，单击"新增"按钮，添加网关，如图 4-9 所示。

图 4-9　添加网关

步骤 6：新增设备，选择"设备管理模块"→"设备管理"，单击"新增"按钮，添加设备，如图 4-10 所示。

图 4-10　添加设备

步骤 7：单击"采集配置"，添加产线运行速度变量，如图 4-11 所示。

图 4-11　添加产线运行速度变量

步骤 8：添加良品数变量，如图 4-12 所示。

147

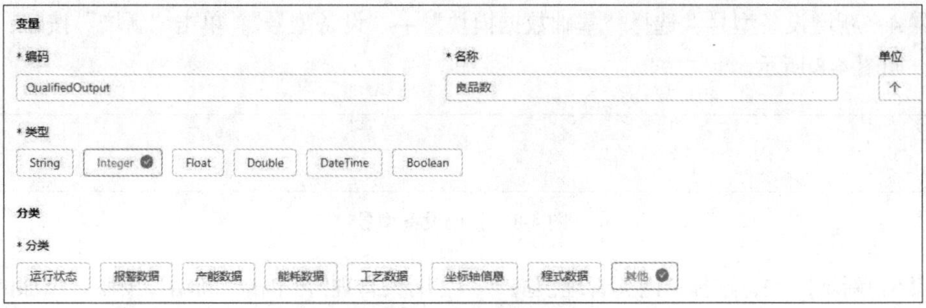

图 4-12　添加良品数变量

步骤 9：添加在线时长变量，如图 4-13 所示。

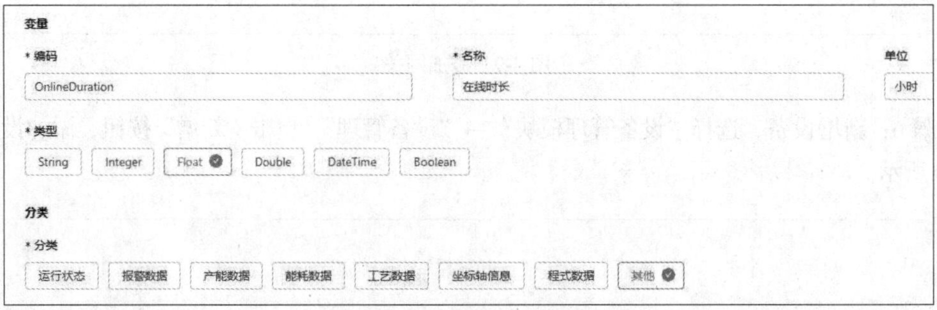

图 4-13　添加在线时长变量

步骤 10：添加总产量变量，如图 4-14 所示。

图 4-14　添加总产量变量

步骤 11：查看所有变量信息，如图 4-15 所示。

图 4-15　查看所有变量信息

【任务总结】

本任务在知识学习部分介绍了云计算的定义、特点和服务模式，云计算的 4 种部署模式，容器技术的概念、特点和关键技术，C/S 与 B/S 架构的对比；在任务实施部分介绍了数据采集变量云平台的配置，帮助学生对数据采集和上云形成清晰的认识。

【任务测验】

1. 填空题

（1）云服务提供商出租计算资源有 3 种模式，以满足用户的不同需求，分别是_____、_____、_____。

（2）IaaS 是 Infrastructure as a Service 的缩写，意思是基础设施即服务，即把 IT 系统的_____作为服务出租出去。

（3）云计算有 4 种部署类型：_____、_____、_____、社区云。

（4）与虚拟机不同的是，容器是对操作系统进行抽象的，每个容器只包括应用与必要的依赖资源，共享操作系统内核。隔离是_____的，每个容器就是操作系统中一个独立的进程。

（5）我们日常用到的聊天工具，先要下载一个客户端，然后才能使用，这种就是_____架构；我们想要上网搜索学习资料，使用浏览器进行交互，这种就是_____架构。

2. 单选题

（1）云计算是对（　　）技术的发展与运用。

A. 并行计算 B. 网格计算

C. 分布式计算 D. 以上 3 个选项都对

（2）在云计算平台中，（　　）表示软件即服务。

A. IaaS B. PaaS

C. SaaS D. QaaS

（3）在云计算平台中，（　　）表示基础设施即服务。

A. IaaS B. PaaS

C. SaaS D. QaaS

（4）（　　）是负责对物联网收集到的信息进行处理、管理、决策的后台计算处理平台。

A. 感知层 B. 网络层

C. 云计算平台 D. 物理层

（5）以下说法正确的是（　　）。

A. Docker 中的镜像是可写的

B. Docker 比虚拟机占用的空间更大

C. 虚拟机比 Docker 的启动速度快

D. 一台物理机可以创建多个 Docker

3. 简答题

C/S 与 B/S 架构的特点是什么？

任务 4.2 如何处理数据

【任务描述】

设备数据接入后，通过规则引擎可转发到不同目的地，目的地可能是另一个主题、消息中间件、关系数据库或时序数据库等。数据存储通常指数据的持久化，数据落表。一种情况是采集的数据直接落表，另一种情况是数据先经过预处理再落表。无论哪种情况，都是为了落表后，供后端系统使用。

【知识学习】

4.2.1 数据存储

采集的数据可以存储在文件或数据库中。有的人可能会问，表格也可以存放数据，为什么需要数据库。从一开始，电子表格就是专门针对单一用户而设计的，电子表格非常适合不需要执行太多高度复杂的数据操作的单一用户或少数用户。另外，数据库的设计是为了保存大量有组织的信息，有时是海量的。数据库允许多个用户同时使用高度复杂的逻辑和语言，快速、安全地访问和查询数据。

数据库是结构化信息或数据（一般以电子形式存储在计算机系统中）的有组织的集合，通常由数据库管理系统（DBMS）来控制。在现实中，数据、数据库管理系统及关联应用一起被称为数据库系统，通常简称为数据库。

为了提高数据处理和查询效率，当今最常见的数据库通常以行和列的形式将数据存储在一系列的表中，支持用户便捷地访问、管理、修改、更新、控制和组织数据。另外，大多数数据库使用结构化查询语言（SQL）来编写和查询数据。目前大部分关系数据库都使用 SQL 来查询、操作和定义数据，并进行数据访问控制。

1. 数据库类型

数据库有很多种，至于各种数据库孰优孰劣，主要取决于企业希望如何使用数据。

（1）关系数据库。关系数据库在 20 世纪 80 年代成为主流。关系数据库中的项被组织为一系列具有列和行的表。关系数据库为访问结构化信息提供了最有效和灵活的方法。

（2）面向对象数据库。面向对象数据库中的信息以对象的形式表示，这与面向对象的编程相类似。

（3）分布式数据库。分布式数据库由位于不同站点的两个或多个文件组成。数据库可以存储在多台计算机上，可位于同一个物理位置，抑或分散在不同的物理位置。

（4）数据仓库。数据仓库是数据的中央存储库，是专为快速查询和分析而设计的数据库。

（5）NoSQL 数据库。NoSQL 数据库或非关系数据库支持存储和操作非结构化及半结构化数据（与关系数据库相反，关系数据库定义了应如何组合插入数据库的数据）。随着 Web 应用的日益普及和复杂化，NoSQL 数据库得到了越来越广泛的应用。

（6）图形数据库。图形数据库根据实体和实体之间的关系来存储数据。

（7）OLTP 数据库。OLTP 数据库是一种高速分析数据库，专为多个用户执行大量事务而设计。

这些只是目前投入使用的几十种数据库中的一小部分。另外还有许多针对具体的科学、财务或其他功能而定制的不太常见的数据库。除了不同的数据库类型，技术开发方法的变化以及云和自动化等重大进步也在推动数据库朝新的方向发展。一些新的数据库举例如下。

（1）开源数据库。开源数据库是指源代码为开放源代码的数据库，它可以是 SQL 或 NoSQL 数据库。

（2）云数据库。云数据库指位于私有云、公有云或混合云计算平台上的结构化或非结构化数据库。

（3）多模型数据库。多模型数据库将不同类型的数据库模型结合到一个集成的后端中，这意味着它们可以支持各种不同的数据类型。

（4）文档/JSON 数据库。文档数据库专为存储、检索和管理面向文档的信息而设计，是一种以 JSON 格式存储数据的现代方法，而不是采用行和列的形式。

（5）自治驾驶数据库。基于云的自治驾驶数据库（也称作自治数据库）是一种全新的极具革新性的数据库，它利用机器学习技术自动执行数据库调优、保护、备份、更新，以及传统上由数据库管理员（DBA）执行的其他常规管理任务。

2. 关系数据库

我们从使用广泛的关系数据库讲起。关系数据库是由多个表组成的，如图 4-16 所示。如果你用过 Excel，就会知道 Excel 包含一个一个的二维表。每个表都是由行和列组成的。同样，关系数据库里存放的也是一个一个的表，只不过各个表之间是有联系的。所以，简单来说，关系数据库=多个表+各表之间的关系。

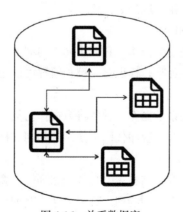

图 4-16　关系数据库

了解表的结构是指要了解关系数据库中每个表的样式。每个表由一个名称标识，表包含带有列名的列和记录数据的行。

前面讲的都是关系数据库原理方面的基本理论。理论有了，当然就得有对应的软件实现才能用起来，不然再强大的理论都是一堆无用的东西。这就好比，建筑师如果只有设计草图是无法盖起楼房的，得有具体的建筑人员才能盖起楼房。所以，上面讲的关系数据库原理就是"设计草图"，那么对应的"建筑人员"是谁呢？实现数据库原理的"建筑人员"就是数据库管理系统，即用来管理数据库的计算机软件。关系数据库管理系统有很多种，比如 MySQL、Oracle、SQL Server 等都是实现上面理论的关系数据库。建筑人员使用铲子、拉土机等工具来盖房子。那么，我们通过什么工具来操作数据库里的数据呢？这个工具就是 SQL。SQL 是为操作数据库而开发的一种语言，它可以对数据库里的表进行操作，比如修改数据、查找数据，如图 4-17 所示。

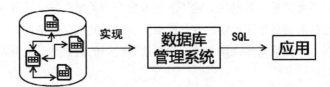

图 4-17　数据库的基本概念

关系数据库在高并发下的能力是有"瓶颈"的，尤其是写入/更新频繁的情况下，出现"瓶颈"的结果就是数据库 CPU 使用率高、SQL 执行慢、客户端数据库连接池不够等。例如万人同时购物这种场景，我们绝对不可能通过数据库直接去扣减库存。

今天我们通过第三方平台可以很容易地访问和抓取数据。用户的个人信息、社交数据、地理位置信息、用户操作日志，以及用户生成的其他数据已经成倍地增加。如果要对这些用户数据进行挖掘，那么 SQL 数据库已经不适合了，NoSQL 数据库则能很好地处理这些数据。

3．NoSQL 数据库

NoSQL 数据库是对不同于传统的关系数据库的数据库管理系统的统称，即从广义上来说可以把所有不是关系数据库的数据库统称为 NoSQL 数据库。NoSQL 数据库并没有统一的架构，两种不同的 NoSQL 数据库之间的差异程度远远超过两种关系数据库之间的。

NoSQL 数据库专门构建特定的数据模型，并且具有灵活的架构来构建现代应用程序。NoSQL 数据库使用各种数据模型来访问和管理数据。NoSQL 数据库专门针对需要大数据量、低延迟和灵活数据模型的应用程序进行了优化，这是通过放宽其他数据库的某些数据一致性限制来实现的。

NoSQL 数据库的常见类型如下。

（1）键值数据库：一种非关系数据库，它使用简单的键值方法来存储数据。键值数据库将数据存储为键值对集合，其中键作为唯一标识符。键和值都可以是从简单对象到复杂复合对象的任何内容。

（2）文档数据库：一种非关系数据库，旨在将数据作为类 JSON 文档存储和查询。文档数据库让开发人员可以使用他们在其应用程序代码中使用的相同文档模型格式，更轻松地在数据库中存储和查询数据。

（3）宽列存储数据库：将数据存储在表、行和动态列中。宽列存储提供了比关系数据库更大的灵活性，因为不需要每行都具有相同的列。许多人认为宽列存储是二维键值数据库。宽列存储非常适合需要存储大量数据并且可以预测查询模式的情况。

（4）图形数据库：其中的图形可依据具体的边缘类型进行遍历，或者可对整个图形进行遍历。在图形数据库中，遍历节点之间的连接或关系非常快，因为节点之间的关系不是在查询时计算的，而是留存在数据库中的。在社交网络、推荐引擎和欺诈检测等使用案例中，需要在数据之间创建关系并快速查询这些关系，此时，图形数据库更具优势。

在数据存储中会应用到一种特殊类型的 NoSQL 数据库——时序数据库（Time Series Database，

TSDB）。时序数据是随时间不断产生的一系列数据，简单来说，就是带时间戳的数据。时序数据库是优化用于摄取、处理和存储时间戳数据的数据库。此类数据可能包括来自服务器和应用程序的指标、来自物联网传感器的读数等。虽然其他数据库也可以在数据规模较小时在一定程度上处理时间序列数据，但时序数据库可以更有效地处理随时间推移的数据提取、压缩和聚合。以车联网场景为例，有 20000 辆车，每辆车有 60 个指标，假设每秒采集一次，那么每秒将上报 20000×60=1200000 个指标值，每个指标值为 16 字节（假设仅包括 8 字节的时间戳和 8 字节的浮点数），则每小时将产生 64GB 左右的数据。而实际上每个指标值还会附带标签等额外数据，故实际需要的存储空间会更大。简言之，时序数据库是专门用于存储和处理时间序列数据的数据库，支持时序数据高效读写、高压缩存储、插值和聚合等功能。排名靠前的时序数据库是 2013 年开源的 InfluxDB，国内也有一些开源的时序数据库，如 TDengine。

 读一读

国产数据库的历史

大概在 20 世纪 80 年代，萨师煊教授和王珊教授推开了我国数据库领域的大门，培养了我国数据库的第一代人才；到了 20 世纪 90 年代后，Oracle 占据了我国很大的市场，但是我国也有了第一代原型数据库，比如东软公司的 Openbase、中软公司的 Cobase 和华中科技大学的达梦；进入 21 世纪后，国家的 863 计划设立了"数据库管理系统及其应用"重大专项。有了国家政策的扶持，达梦数据库、人大金仓、南大通用和航天神舟这些公司开始发展。不过在原有的传统关系数据库领域里，Oracle 和 IBM 的先发优势太大了，当时的环境要求的是经济发展，而不是自主可控。于是国产数据库进入了死循环，没有市场就无法验证数据库是否可靠，无法验证数据库是否可靠就没有公司敢用，也就没有市场。直到 2010 年后的云计算和开源社区的兴起，国产数据库开始了弯道超车，阿里巴巴喊出了"去 IOE"的口号，国产数据库领域真正进入了蓬勃发展的时代，一系列优秀的数据库和数据库公司诞生了，如 TiDB、OceanBase 等，不胜枚举。

4.2.2 数据分析

采集的数据要想发挥作用必须用起来，用起来的第一步就是做数据分析。利用这些数据，可以实现设备或生产过程的可见性，对设备或生产处于什么状态，可一目了然。通过与设备维修维护等行业知识的结合，知道发生了什么事情，这是数据的认知性应用。大数据分析还能预测将来可能出现的故障等问题，实现设备的可预测性维护，避免因为设备的宕机而影响整条产线的正常运转，实现流畅的生产。

数据分析是指通过选用合适的统计学、机器学习、规则挖掘等方法来对数据进行建模和分析，从数据中提取出有用的信息并得出结论。数据分析方法在各个领域均有应用，可以说，有数据的地方就会用到数据分析。随着大数据技术的发展，数据分析渗透进各行各业，典型的，如保险业的客户分析、理赔分析及风险分析等，银行业的效益分析、交易分析以及信贷分析等。可以说，在通用领域，数据分析方法的应用非常广泛。同样，对于工业领域，也可以利用数据分析的方法，帮助企业实现降低成本、提高效率、优化管理等目标。

通过采用数据分析的方法，诸如描述统计分析、机器学习、关联规则挖掘、运筹与优化、专

家知识库与专家系统、概率推理等，我们可以实现设备运行监控与性能对比分析、企业生产流程的优化、产品的质量管理与分析、设备故障诊断与健康管理等。

要强调的是，工业数据分析并非在工业领域直接套用一般的数据分析理论。工业数据分析既要遵循普通的数据分析规则，也要以工业机理为基础。如果直接套用现成的"数学模型"和分析套路，而不顾实际领域知识，结果只会是脱离数据的上下文背景做分析，得出的结论甚至会违背业务常识。正因如此，工业数据分析面临着一些独特的挑战。

首先是海量数据与有效数据的矛盾。在海量的工业数据中，有价值的数据非常稀少。原因是在工业领域，有分析、利用价值的机器数据往往包含故障情形下的"坏"样本，以及在各个典型工况下的样本。

另外，由于基础建设水平参差不齐，也带来了缺少有效数据源的尴尬局面。这就造成了很多遗憾，比方说，有的数据分析方法已经得到验证是可行的，但是因现实中缺少足够的数据点而不能落地。

还有一点，有些工业场景只有在极短的时间内采集测量数据，才能捕获机器设备的细微状况，这种高频数据采集对采集、存储和分析全体系软件都带来了很大的挑战，对数据进行处理、分析在以往是不可想象的。

4.2.3 数据可视化

有句话说得好，"一图胜千言"。对于复杂难懂且体量庞大的数据而言，图表的信息量要大得多、直观得多。数据可视化就是将数据转换成图或表等，以一种更直观的方式展现和呈现信息。通过"可视化"的方式，将看不懂的数据通过图形化的手段进行有效的表达，准确高效、简洁全面地传递某种信息，甚至帮助数据分析者发现某种规律和特征，挖掘数据背后的价值。

数据可视化的方法很多，如果只需要对少量的数据进行分析，Excel 就可以做到。但要进行大量的分析，Excel 就"力不从心"了。现在有很多平台提供拖曳式交互手段，降低了数据可视化门槛，提供的图表样式也很多，如柱状图、趋势图、流程图、树状图等。

数据可视化过程可以分为下面几个步骤。

（1）定义要解决的问题。

（2）确定要展示的数据和数据结构。

（3）确定要展示的数据的维度（字段）。

（4）确定使用的图表类型。

（5）确定图表的交互。

首先明确数据可视化是要让用户看懂数据、理解数据，所以数据可视化前一定要定义需要解决的问题。例如，想看过去两周设备的开机率是增长了还是下跌了，是什么原因导致的？你可以从趋势、对比、分布、流程、时序、空间、关联性等角度来定义自己要解决的问题。进行数据可视化首先要有数据，由于画布的限制，过量的数据不能直接显示出来，因此要确定展示的数据。进行数据可视化时要对字段进行选择，不同的字段在后面环节中要选择的适合的图表类型也不同。有非常多的图表类型可以使用，但是根据要解决的问题、数据的结构、选择的数据维度来确定要显示的图表类型。

数据可视化的本质是将数据通过各种视觉通道映射成图形，这样可以使用户更快、更准确地理解数据。因此，数据可视化要解决的问题是如何将数据通过视觉可观测的方式表达出来，同时需要考虑美观、可理解性，需要解决在展示的空间有限的情况下覆盖、杂乱、冲突等问题，再以交互的形式查看数据的细节。

【任务实施】

4.2.4　云组态配置

1．任务目标

会在云平台通过云组态制作展示画面。

2．实训设备及工具

（1）汉云 PLC 网关一台、西门子 S7-1200 一台、模拟产线一套、1m 的网线一根。

（2）数据采集云平台。

3．云组态配置操作步骤

需要展示的变量如表 4-2 所示。

表 4-2　展示变量

名称	类型	单位	备注
OnlineDuration	Real	小时	在线时长
ProductLineSpeed	Int	个	产线运行速度
TotalOutput	Int	个	总产量
QualifiedOutput	Int	个	良品数

步骤 1：登录数据采集云平台，单击"云平台实施模块"→"云组态模块"→"组态画面"选项，单击"新增"按钮，进入制作画面后单击"新建文件夹"→"新建画面"选项，选择"素材"选项卡并拖入一个背景图，如图 4-18 所示。

步骤 2：单击"文本工具"选项，新建 4 个文本框，如图 4-19 所示。

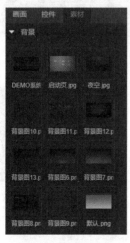

图 4-18　新增背景图

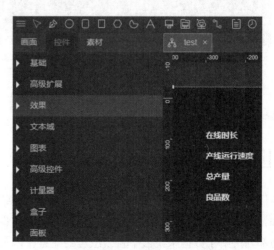

图 4-19　新建文本框

步骤 3：添加"数字面板"控件并对齐，如图 4-20 所示。

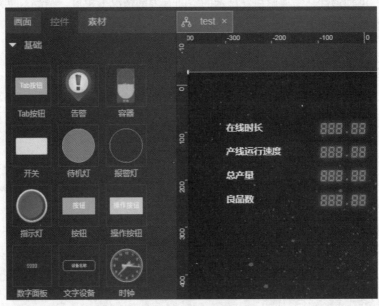

图 4-20　添加数字面板控件

步骤 4：双击第一个数字面板控件，关联"设备名称"和"采点名称"，如图 4-21 所示。

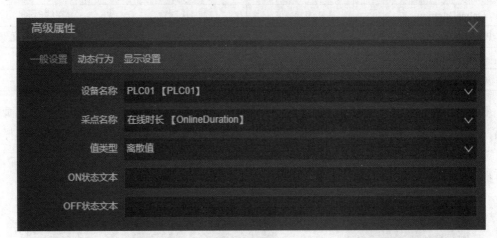

图 4-21　关联设备和变量

步骤 5：以相同的方法，关联其他 3 个控件并保存，单击"预览"选项查看效果，如图 4-22 所示。

【任务总结】

本任务介绍了数据的存储、分析和可视化，如数据库的功能、分类和特征，数据的分析方法，数据可视化的功能和步骤；在任务实施部分讲解了数据采集云平台云组态的配置，以及如何展示采集的数据。

图 4-22　展示效果

【任务测验】

1. 填空题

（1）_____是指将采集到的数据存储在某些数据仓库中，以便随时使用。

（2）在大数据环境中，由于数据规模过大、结构复杂，常常需要采用 _____ 存储结构。

（3）数据库中通常会使用_____来进行数据管理和查询。

（4）数据分析的目的在于通过分析数据中的_____，来发现数据中关联、趋势等信息。

（5）可视化的目的在于使数据更加直观、_____和有说服力。

2. 单选题

（1）在数据分析中，以下哪种可视化图表适合展示多个类别之间的比较？（　　）

A. 折线图

B. 散点图

C. 饼图

D. 条形图

（2）以下哪种数据存储方式适用于需要高速读写和实时查询的场景？（　　）

A. 关系数据库

B. JSON 数据库

C. 分布式数据库

D. 数据仓库

（3）关于关系数据库，以下描述错误的是（　　）。

A. 易于维护，格式一致

B. 速度快，可以使用硬盘或随机存储器作为载体

C. 使用方便，SQL 通用

D. 复杂操作，可用于一个表以及多个表之间

（4）时序数据库的全称为（　　）。

A. 时间顺序数据库

B. 时间时序数据库

C. 时间次序数据库

D. 时间序列数据库

（5）为什么要对数据库进行"非规范化"处理？（　　）

A. 确保数据完整性

B. 提高处理效率

C. 防止数据重复

D. 节省存储空间

3. 简答题

简要阐述数据可视化的优势。

任务4.3　云平台算法模型配置

【任务描述】

数据分析基于规则和算法，工业数据建模提供机理模型和数据模型。机理模型数字化之后，灌入采集的大量数据，经过分析输出结果。本任务在知识学习部分介绍工业数据建模和常见算法，要求会在云平台配置算法模型并实例化。

【知识学习】

4.3.1　工业数据建模

工业界使用的模型本质上有两种类型。一种是研发设计阶段的建模，目的是生产出与模型一致的物理产品。这时，一般是先有数字世界中的模型，后有物理世界中的实体。另一种是针对特定客观对象的建模，目的是让模型与客观对象吻合。这时，往往是先有物理世界中的对象，后有数字世界中的模型。

针对特定物理对象的数据建模有两个层次的用途：一种是模型的正向应用，用于预测或计算某个变量；另一种是模型的反向应用，用于优化和控制。前一种用途的模型不一定符合因果关系，而后一种用途的模型则要求符合因果关系。

模型都是有误差的，这在很大程度上限制了模型的应用。在维纳的理论中，通过反馈来应对模型的误差问题。传统控制论的模型往往针对的是线性系统。线性系统往往适合参数变动比较小的场景。但智能时代的模型往往针对的是变化范围较大的场景，这样的场景往往是非线性的。

工业领域建立模型的原因有两个。一是科学模型是抽象的、工业模型是具体的。从抽象到具体，需要给出若干参数。而这些参数并不一定容易获得。二是科学原理针对的都是简单对象，工业对象却往往是复杂的系统，需要大量的参数。参数多存在的问题是：如果参数准确度不高，理论模型的精确度就会低到难以忍受的程度，无法满足工业生产的需求。

下面给出一个形象的说法：某个工业对象可以用函数 $Y=F(X)$ 描述，应用模型时必须使用现实中能够获得的数据。现实中，X 往往是无法准确、及时获得的。这时，人们要设法在可以得到的数据中寻找一些与 X 相关的变量，如 Z。于是，现实的数据模型往往就变成了 $Y=H(Z)$。

例如，某厂发现一种材料的合格率与生产这种材料的班组有关。事实上，合格率与某个工艺参数有关，不同班组采用的工艺参数不一样。因为每个班组采用的参数不同，也没有记录，所以人们看到的是合格率与班组有关。在这个例子里，工艺参数就是 X，而班组就是 Z。

又如，人们预报钢水温度时，采用了一种经验做法：如果盛放钢水的钢包是第一次使用，那么钢水温度降低 5℃。这种经验做法真正的原因是：钢包第一次盛放钢水时，钢包壁是比较冷的，钢水温度降低得更快，因为人们容易得到使用次数的参数，却不容易得到钢包壁温度相关的参数。

变量的选取是非常重要的。变量不同，最终的模型就可能不一样。其中一个重要的差别是：模型的精度和适用范围不一样。对科学理论模型来说，模型的精度高往往意味着适用范围大，而对于现实中的模型则不一定适用。从这种意义上说，模型精度未必是越高越好。

工业企业追求稳定，而模型往往用来应对不稳定的工况。工况稳定的时候，参数波动的范围往往较小，简单的线性模型往往就可以奏效。复杂模型往往用于不稳定的场合。在不稳定的场合中，对模型适用范围的要求就会比较高。

有些人开发的模型精度比较高，却不能得到生产厂商的认可。究其背后的原因是：模型在生产稳定的时候精度很高，在生产不稳定的时候精度较低。由于多数时间生产是稳定的，模型的平均精度往往较高。但是，在生产稳定的时候，工人对模型没有需求；工人对模型有需求的时候，往往是在生产不稳定的时候。模型精度和适用范围的矛盾是建模时最常见的问题之一。

4.3.2　常见算法及分类

算法和模型是大数据分析系统中的两个问题，很多时候人们无法将这两个概念准确地区分开来，或者在某些场景下经常把算法和模型看作同一个概念。实际上，算法和模型是紧密联系的。数据分析的算法是一般规则，所采用的方法具有通用性和一般性，如果需要用算法来解决实际的问题，实现商业的价值，就需要将算法和实际的应用场景结合起来，将算法得到的结果赋予相应的含义，提供决策支持或分析结果，将算法和业务场景结合起来，并对输入和输出的结果进行业务上的处理，就是大数据分析的建模过程，得到的解决方案就是大数据分析模型。

1.　算法的基本特征

算法的基本特征如下。

（1）确定性：算法中每个步骤都是明确的，对结果的预期也是确定的。例如，在预测的指数平滑算法中，同样的输入数据和平滑系数，得到的结果是确定的，并且无论算法运行多少次，得到的结果都是相同的。

（2）有穷性：算法必须是由有限个步骤组成的，步骤可能是几个，也可能是几百个，但是必须有确定的结束条件。在遗传算法中，迭代次数或者结果迭代的条件也都是确定的，这种特征保证了算法的效率，同时也是运行成本和运算结果满意度之间的平衡方式，特别对于一些管理系统中的优化算法，是不可能得到最优解的，只能在可接受的运行效率下得到相对满意的解。

（3）可行性：算法中的每个步骤都是可行的，只要有一个不可行，算法就是失败的，或者不能被称为算法。

（4）输入和输出：算法解决特定的问题，问题来源是算法的输入，期望结果是算法的输出。

2.　常见算法及分类

常见的算法如下。

（1）预测算法。

预测算法，顾名思义就是对某个问题做出预测，通常来说预测的目标是数字形式的连续值，如房价等。根据预测方法的不同，又可以分为外生预测和内生预测。

当预测产品的需求量时，外生预测是根据影响物流需求量的外部因素，如地理位置、经济发展水平等对某个区域的物流需求量进行估计。典型的例子是线性回归，将希望预测的物流需求量作为因变量，将位置和经济发展水平作为自变量，用一个表达式将二者之间的关系表示出来，物流需求量=$a \times$位置+$b \times$发展水平，求 a 和 b 的过程就是解线性回归算法的过程。很多监督类算法都具有数值预测能力，如神经网络、决策树、贝叶斯网络、支持向量机等算法。

而内生预测主要是指时间序列分析，是通过物流需求量的历史变化估计其未来趋势，通过分解历史变化中的总体趋势、周期性、季节性、波动性等要素，预测未来值。

（2）分类算法。

分类算法也被称作有监督算法，主要是针对离散属性值的判断和预测，如故障检测和诊断、客户细分，在某些方面与预测算法类似，都是对一个预先存在的目标变量进行估计。但是，预测算法的目标通常是数字形态的值，而分类算法的目标则是一个类别。一个典型的例子是设备的故障诊断。这时候，目标是设备"是/否"正常运行，也就是说是一个类别。

我们可以利用设备已有的运行状态参数建立一个分类模型，这部分已有的参数中包含哪些正常运行和不同故障等级的参数，然后就可以用这个分类模型判断一个新的设备是否正常运行。用来建立模型的那部分数据称为训练数据。

分类算法是工业大数据分析中常用的一类算法，它包含经典的决策树、贝叶斯网络、逻辑回归、判别式，也包含支持向量机、神经网络这些较新的方法。分类算法的模型在实际应用中经常表现为一个"黑箱"，只要能得到满意的分类结果，模型内部的细节可能是不可见的。

（3）细分算法。

与分类算法相对应的是被称为无监督算法的细分算法，它和分类算法相类似的地方是，它们的目标都是把数据分成几个不同的类别。但是，分类算法的类别是已经存在的，就像前面提到的设备故障诊断，我们能够对设备已有的运行状态参数进行故障等级的划分。但细分算法不同，它没有这样一个预先分好的类别，而是根据数据本身的分布特点，"自然而然"地划分出类。细分算法常见的应用是客户细分，购物中心根据会员的消费金额、消费频次和最近一次消费时间将会员划分为不同价值的群体。在实施细分算法之前，我们并不知道这些会员可能被分为几类、每个类别是什么，只有建立细分模型之后，才能根据划分出的类别在这3个方面表现出的特点归纳出每一类具体是什么。

在工业生产中，细分算法往往应用于工艺优化。比如应用于车间生产历史数据的细分算法，得到工艺参数与产品质量、能耗水平的影响关系，从而提升制造水平；应用于生产过程和设备使用过程中异常点的细分算法，为设备潜在性能提升提供依据。

（4）关联规则算法。

关联规则的主要目标在于发现数据中所存在的关系，这种关系会以规则的形式表现出来。例如购物篮分析就是典型的关联规则算法的应用场景。它的目标是发现消费者在超市购买商品时哪些商品同时购买的机会比较大，或者购买某一项商品时，同时购买哪个商品的概率比较高。通过这样的分析，我们就可以发现购买商品之间的关联关系，从而实现优化货架摆放、提升销售额的目的。关联规则算法可以作为最终的算法目标，也可以作为其他算法的手段，比如通过关联规则算法找出某些因素之间的相关性，作为数据降维的手段，或者作为回归分析的依据。

（5）数据融合算法。

数据融合算法主要是把数据融合的思想引入工业大数据的预处理过程中，加入数据的智能化合成，产生比单一信息源更准确、更完全、更可靠的数据进行估计和判断，解决工业大数据的数据源中存在的重复、冗余、错误和噪声等问题。比较常见的一个场景是对传感器测量数据误差的处理，假设在工业设备中有额定的理论运行参数，同时传感器实时监测到一套运行参数，两种途径得到的数据均有误差，则可以用数据融合算法得到更为满意、更为可靠的数据源。

常用的数据融合算法有贝叶斯估值、递归加权最小平方、卡尔曼滤波、小波变换的分布式滤波、马尔可夫随机场、最大似然、聚集分析、表决逻辑、信息熵等算法。

【任务实施】

4.3.3 云平台算法模型

1. 任务目标

（1）能编写 OEE 算法模型脚本。

微课

云平台算法模型

（2）会模型验证和模型实例化。

2.　实训设备及工具

（1）汉云 PLC 网关一台、实训台一套、1m 的网线一根。

（2）汉云 PLC 网关管理软件 XEdge、浏览器、数据采集云平台。

3.　云平台算法模型操作步骤

OEE 计算涉及的变量及计算公式如表 4-3 所示。

表 4-3　OEE 计算涉及的变量及计算公式

变量	计算公式	备注
性能率	性能率=（产线运行速度/产线理论速度）×100%	产线理论速度=25 件/小时
合格率	合格率=（良品数/总产量）×100%	注意：程序中要对总产量（分母）进行是否为零的判断。当总产量为零时，赋值 0 给合格率并进行显示；当总产量大于或等于 1 时，进行正常的公式计算
开机率	开机率=（在线时长/计划生产时长）×100%	计划生产时长=3 小时
设备运行效率	设备运行效率=合格率×开机率×性能率	—

步骤 1：在汉云 PLC 网关新建 OEE 变量，在云平台存放 OEE 计算结果，如图 4-23 所示。

图 4-23　新建 OEE 变量

步骤 2：在实训云平台添加 OEE 变量，如图 4-24 所示。

变量
* 编码
OEE
* 名称
综合效率
* 类型
String
Integer
Float
Double
DateTime
Boolean
分类
* 分类
运行状态
报警数据
产能数据
能耗数据
工艺数据
坐标轴信息
程式数据
其他

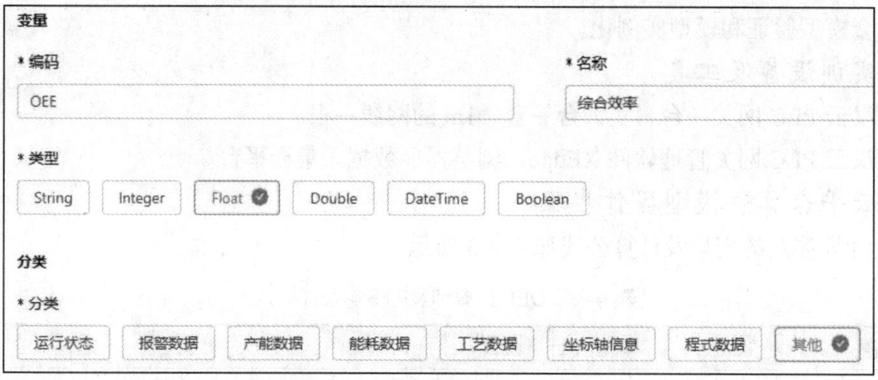

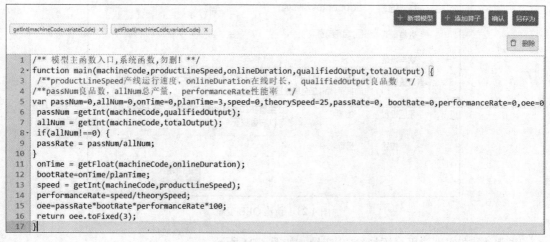

图 4-24　添加 OEE 变量

步骤 3：单击“云平台实施模块”→“算法建模模块”→“模型及实例化”选项，添加 getInt 和 getFloat 算子，如图 4-25 所示。

添加算子
请输入需要搜索的内容
getString(machineCode,variateCode)
getInt(machineCode,variateCode)
getDouble(machineCode,variateCode)
getFloat(machineCode,variateCode)
getMax(machineCode,variateCode,beginDate,endDate)
getMaxType(machineCode,variateCode,type)
getMin(machineCode,variateCode,beginDate,endDate)
getMinType(machineCode,variateCode,type)
确认

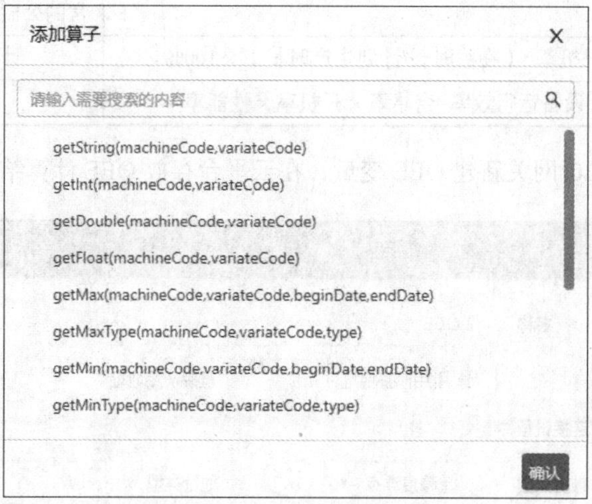

图 4-25　添加算子

步骤 4：单击“新增模型”选项，编写脚本，如图 4-26 所示。

+ 新增模型
+ 添加算子
确认
另存为
getInt(machineCode,variateCode)
getFloat(machineCode,variateCode)
删除
/** 模型主函数入口,系统函数,勿删! **/
function main(machineCode,productLineSpeed,onlineDuration,qualifiedOutput,totalOutput) {
/**productLineSpeed产线运行速度, onlineDuration在线时长, qualifiedOutput良品数 */
/**passNum良品数, allNum总产量, performanceRate性能率 */
var passNum=0,allNum=0,onTime=0,planTime=3,speed=0,theorySpeed=25,passRate=0, bootRate=0,performanceRate=0,oee=0
passNum =getInt(machineCode,qualifiedOutput);
allNum = getInt(machineCode,totalOutput);
if(allNum!==0) {
passRate = passNum/allNum;
}
onTime = getFloat(machineCode,onlineDuration);
bootRate=onTime/planTime;
speed = getInt(machineCode,productLineSpeed);
performanceRate=speed/theorySpeed;
oee=passRate*bootRate*performanceRate*100;
return oee.toFixed(3);
}

图 4-26　新增模型

步骤 5：单击"模型实例化"选项，输入设备编码和变量，如图 4-27 所示，再单击"模型验证"和"保存实例"选项。

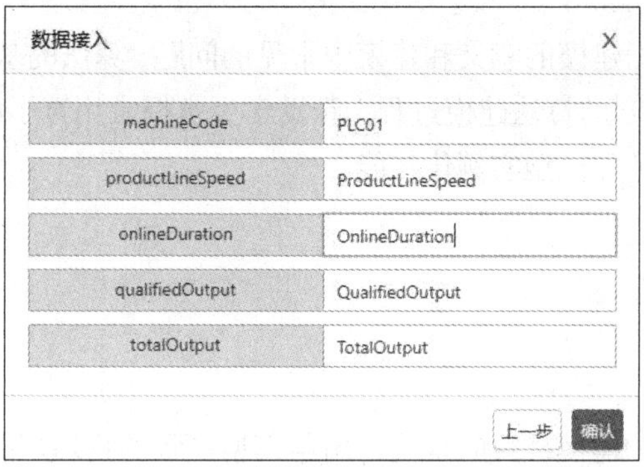

数据接入		✕
machineCode	PLC01	
productLineSpeed	ProductLineSpeed	
onlineDuration	OnlineDuration	
qualifiedOutput	QualifiedOutput	
totalOutput	TotalOutput	

上一步　确认

图 4-27　模型实例化

步骤 6：回到 OEE 采点配置，开启"云端计算"，选择"实例模型"选项，单击"测试"按钮，如图 4-28 所示。

云端计算

开启计算

`ON`

* 计算公式 ⑦ 添加模板/实例

```
1  /** 模型主函数入口,系统函数,勿删！**/
2  function main() {
3    /**productLineSpeed产线运行速度, onlineDuration在线时长, qualifiedOutput良品数  */
4    /**passNum良品数, allNum总产量, performanceRate性能率  */
5    var passNum=0,allNum=0,onTime=0,planTime=3,speed=0,theorySpeed=25,passRate=0, bootRate=0,performanceRate=0,oee=0;
6    passNum =getInt('PLC01','TotalOutput');
7    allNum = getInt('PLC01','QualifiedOutput');
8    if(allNum!==0) {
9      passRate = passNum/allNum;
10   }
11   onTime = getFloat('PLC01','OnlineDuration');
12   bootRate=onTime/planTime;
13   speed = getInt('PLC01','ProductLineSpeed');
14   performanceRate=speed/theorySpeed;
```

测试

图 4-28　开启云端计算

步骤 7：查看计算结果，如图 4-29 所示。

	状态	名称	数值	单位
☐	●	OnlineDuration(在线时长)	3.000000	小时
☐	●	ProductLineSpeed(产线运行速度)	24	个
☐	●	TotalOutput(总产量)	72	个
☐	●	QualifiedOutput(良品数)	70	个
☐	●	OEE(运行效率)	98.743 ✎	

图 4-29　计算结果

【任务总结】

本任务介绍了工业数据建模的意义和建模中常见的问题，算法的基本特征、常见算法及分类；在任务实施部分，通过 OEE 的算法建模过程，帮助学生掌握常用算子的使用、OEE 的计算方法、算法脚本的编写、模型验证和模型实例化技能。

【任务测验】

1. 填空题

（1）_____阶段的建模，目的是生产出与模型一致的物理产品。

（2）_____和_____是大数据分析系统中的两个问题，很多时候人们无法将这两个概念准确地区分开来，或者在某些场景下经常把算法和模型看作同一个概念。

（3）设备运行效率=合格率×开机率×_____。

（4）_____是工业大数据分析中常用的一类算法，它包含经典的决策树、贝叶斯网络、逻辑回归、判别式，也包含支持向量机、神经网络这些较新的方法。

（5）线性回归、_____、_____是监督学习中常见的算法。

2. 单选题

（1）（   ）是事物在幅度、强度和程度上变化的特征。

A. 目标   B. 关系   C. 性质   D. 变量

（2）下面哪个变量不是计算设备运行效率所需要的？（   ）

A. 合格率   B. 开机率

C. 性能率   D. 效率

（3）（   ）是指解题方案的准确而完整的描述，是一系列解决问题的清晰指令。

A. 算法   B. 算子   C. 数据   D. 模型

（4）（   ）代表着用系统的方法描述解决问题的策略机制。

A. 算法   B. 算子   C. 数据   D. 模型

（5）下面对算法具有的特征描述正确的是（   ）。

A. 无穷性，非确定性，输入项，输出项，可行性

B. 有穷性，确定性，输入项，输出项，可行性

C. 无穷性，确定性，输入项，输出项，可行性

D. 有穷性，不确定性，输入项，输出项，不可行性

【实战练习】

使用云组态展示机器人、CNC 设备、环境数据和产品制造数据。

工业互联网数据采集项目交付

【项目导读】

一个完整的数据采集项目的交付不但包括技术层面的内容，还包括项目启动、项目控制、项目调研、项目验收等内容。本项目通过完整的项目交付流程，帮助学生了解交付团队组成和职责，项目控制所涉及的各项工作，现场如何调研以及实施方案的编制，项目完工后如何验收等交付工程师典型工作任务。

【内容导学】

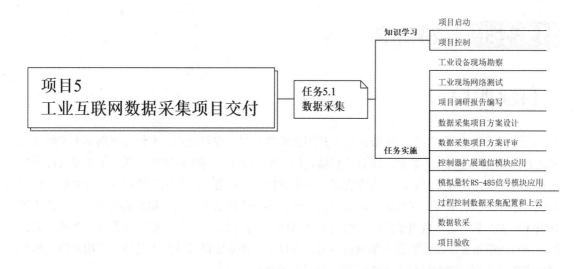

【项目目标】

知识目标

（1）了解项目团队各成员的角色及对应职责、项目的启动条件。

（2）了解项目控制的内容。

技能目标

（1）会工业设备现场勘察。

（2）能理解工业现场网络测试的重要性。

（3）会使用网络测试工具。

（4）能说出项目控制所涉及的各项工作。

（5）会编写工业设备数据采集方案。

（6）会编写项目方案评审记录表。

（7）会编写项目验收单。

素质目标

（1）培养学生的团队协助、团队互助等意识。

（2）培养学生认真、细致的职业精神。

（3）培养学生的科学精神和态度。

任务5.1 数据采集

【任务描述】

在数据采集项目启动时，需要组建项目团队并准备项目控制措施。本任务帮助学生了解项目团队各成员的角色及对应职责、项目的启动条件，指引学生编写项目管理计划，了解项目控制所涉及的各项工作，如计划管理、进度管理、成本管理、会议管理以及风险管理等，并能够掌握相关项目过程文档的编写。在数据采集项目实施前，还需要确认工业控制器通信接口情况、确认数据采集网关安装空间、数据采集网关供电和现场网络通信测试，然后根据所获得的一系列信息，编写项目调研报告，设计数据采集项目方案，项目方案评审无误后就进入具体的实施阶段，整个项目完成后还要经过项目验收才意味着整个项目的结束。

【知识学习】

5.1.1　项目启动

首先是确定项目成员的角色及职责。

在一个项目当中，需要很多不同的角色，大家只有各司其职，才能够协力将项目保质保量并按时完成、交付。

（1）销售及售前经理。

其主要职责有如下 6 点。

①跟进项目商机，协同解决方案、交付业务部门推进项目售前工作。

②负责将签订的项目合同提交公司审批。

③配合项目经理解决各类客户关系问题并协助项目推进。

④负责发起项目开票与收款情况推进。

⑤在项目发生变更时介入，协同项目经理与客户沟通，必要时推进变更协议或新合同签订。

⑥对项目重大事项的跟踪、协调和解决。

（2）项目经理。

项目经理是最重要的角色之一，所以项目经理的职责也是最多的，其职责如下。

①按照项目合同要求与项目管理规范，推进项目按时、保质保量完成，在项目全生命周期对项目负责。

②承接交付项目，组建项目团队，编制项目计划、成本预算，发起项目立项审批流程。根据公司采购管理规范，提出采购申请，跟进采购进度，并验收采购内容。

③组织并参与关键客户访谈和重要议题的研讨，整体把握项目的需求与范围，主持项目核心设计与计划编制，对项目团队内部重大观点分歧进行裁定。

④负责项目实施团队成员角色定位与工作任务分配，对项目团队成员变动有建议与审批权。

⑤组织项目启动、结项仪式、项目访谈及调研和重大成果汇报等会议。

⑥与项目团队内部、客户方、合作伙伴及公司各方保持沟通，维护良好关系，协调资源，解决项目实施过程中的各类问题。

⑦对项目进行风险分析，制定风险应对策略；督导项目进度和质量，定期向公司汇报项目进展，及时上报问题与风险；把控项目变更，按照公司管理办法及时发起项目变更流程。

⑧对项目费用进行审核、控制，进行项目成本管理；配合销售人员执行收款计划，跟进项目收款工作。

⑨推进项目验收工作，维护良好的客户关系。

（3）实施工程师。

实施工程师主要负责项目的现场实施，包括软硬件安装、联调、网络部署等实施工作，其主要职责如下。

①完成项目经理分配的工作任务。

②在实施过程中时刻把握项目实施进度和质量。

③将实施过程中遇到的问题及潜在风险及时报告给项目经理。

④配合项目经理进行项目阶段性验收及最终验收等工作。

（4）人事专员。

人事专员主要负责两方面工作。

①项目绩效考核与项目奖励的结果确认和实施工作。

②根据部门需求进行项目人员的招聘工作。

（5）财务专员。

在一个完整的项目中，财务专员的作用也是必不可少的，财务专员的主要职责如下。

①进行项目收入确认。

②配合销售经理完成项目的开票、回款及采购付款工作。

③进行项目成本及利润核算。

（6）PMO。

项目管理办公室（Project Management Office，PMO）主要负责项目统筹，其主要职责有如下7点。

①公司交付类项目管理制度的建立及修订。

②项目管理工具的制定与维护。

③监督审核项目交付过程及管理流程。

④定期向公司领导汇报交付项目状况及风险。

⑤整理、归档项目文档。

⑥配合人事专员，进行项目奖励落地发放。

⑦制订项目管理计划。

项目经理确认承接项目后，要进行项目启动准备工作，确认项目目标，组建项目团队，确认核心资源能够根据项目进度要求参与项目。如果项目涉及采购及外包，项目经理需确认采购完成时间与外包资源进入时间。

（1）项目范围计划的制订。

确认项目目标与范围，进行概括性项目描述，制定可测量的项目目标和相关的成功标准。

（2）项目总体计划的制订。

根据项目目标与交付关键节点，结合收款节点，分解项目里程碑，并确认节点时间。

（3）人力资源计划的制订。

确定项目人员构成与职责，编制项目人员工期计划。

（4）采购资源计划的制订。

确定项目所需采购的软硬件及服务资源计划。

（5）项目成本预算。

对项目所需投入的人力成本、采购成本、差旅费等进行预算，计算项目预期毛利。

（6）项目沟通计划的制订。

明确项目干系人与沟通方式。

（7）风险管理计划的制订。

制定风险识别、风险分析、风险减缓策略。

最后是组织项目启动会。

（1）项目外部启动会。

学生以角色扮演的形式召开项目外部启动会，项目经理编写项目启动会材料，明确项目里程碑节点与交付目标，邀请客户方关键人员参加。形成会议纪要，请客户以签字或邮件形式确认。

（2）项目内部启动会。

学生以角色扮演的形式召开项目内部启动会，项目经理组织全体项目组成员，召开项目内部启动会议，会议主要包括介绍项目相关背景和信息；介绍项目团队组织结构和人员职责；介绍客户组织结构和相关人员职责等内容。

5.1.2　项目控制

项目控制的第一项工作是做计划管理，计划管理的内容如下。

（1）总体计划制订。

项目经理制订项目总体计划，同时根据每个阶段计划的执行情况，定期检查总体计划的执行情况，确保项目实施的正常进行，并视需要及时调整总体计划。

（2）阶段计划制订。

按照总体计划，每阶段结束前制订更加细化的下一阶段计划，定期检查阶段计划的执行情况，确保项目实施的正常进行；每阶段初回顾上一阶段实施进度，总结阶段计划的完成情况。

（3）项目周计划制订。

项目经理编制本周工作报告，回顾本周计划的完成情况，说明未完成原因、质量问题及改进建议。编制未来双周滚动计划，并分析可能存在的风险及问题，提前给出应对策略。

（4）个人周计划制订。

项目成员编制本周工作报告，回顾本周计划的完成情况，说明未完成原因、质量问题及改进建议。编制未来双周滚动计划，并分析可能存在的风险及问题，提前给出应对策略。

（5）专项计划制订。

在项目实施过程中，需要单独进行重点跟踪管理的工作（如重要基础数据整理），通过专项计划进行管理。

第二项工作是做进度管理。

项目经理作为项目的主要责任人应监督项目进度的执行状况，及时发现和纠正偏差、错误，考虑影响项目进度的因素、项目进度变化对其他部分的影响因素、进度落后时应采取的应对措施。

第三项工作是做成本管理。

在项目实施过程中，项目经理要进行项目预算执行信息维护，包括成员差旅费用、项目采购费用等。

第四项工作是做会议管理，相关内容如下。

（1）阶段工作会议召开。

以角色扮演的方式，召集小组内成员，回顾上一阶段已完成的任务进度及其质量；交流上一阶段已解决的关键性问题；展示上一阶段已完成的可交付文档；总结上一阶段重大问题决策；听取项目领导对本阶段的工作意见；明确下一阶段项目工作的目标、计划、质量要求及可交付文档；明确下一阶段的具体工作方法和策略；揭示下一阶段工作重点和潜在风险。

（2）项目周例会召开。

以角色扮演的方式，召集小组内成员，回顾和检查项目每周实施情况，包括进度和质量；确认各项已解决或尚未解决的问题；回顾和检查应交付文档的完成情况；安排后续工作计划，包括任务和资源安排；提出后续工作重点，包括进度和质量要求；提示项目潜在的风险和问题。

第五项工作是做档案管理。

项目交付过程及管理过程所有档案材料由项目经理进行管理，项目结束后由教师进行统一归档。这里需要结合平台中项目交付模块下的文档资源《项目文件资料清单》进行档案管理。

第六项工作是做风险管理。

项目经理需要在项目全生命周期进行风险识别、实施风险定性与定量分析、规划风险应对、实施风险应对和风险监督，输出风险登记册并持续更新。

第七项也是最后的工作是项目收款管理。

项目到达收款节点时，项目经理发起开票收款流程，知会销售人员进行开票。销售人员与客户保持沟通，推进收款。财务管理部收到客户付款后，分配至销售人员，销售人员进行收款认领，项目经理进行收款确认。

通过本任务，学生可了解项目团队各成员的角色及对应职责、项目的启动条件、如何编写项目管理计划，以及项目控制所涉及的各项工作，如计划管理、进度管理、成本管理、会议管理、档案管理、风险管理以及项目收款管理等，并能够编写相关项目过程文档。

【任务实施】

5.1.3　工业设备现场勘察

1.　任务目标

（1）知道工业设备现场勘察需要做哪些准备工作。

（2）会勘察工业控制器通信接口情况。

（3）会勘察数据采集网关安装空间和供电情况。

2.　实训设备及工具

（1）笔记本计算机、通信线缆、弱电工具、实训台。

（2）数据采集云平台。

3.　工业设备现场勘察工作内容

（1）工业设备现场勘察。

首先打开工业互联网数据采集实训平台软件，单击"项目前期调研模块"选项，在跳转的界面中分别选择"参考点表：PLC点表""参考点表：CNC点表""参考点表：OPC点表"以及"项目调研表格"，进行在线查阅学习或下载学习，如图5-1所示。

图 5-1 项目前期调研模块

我方销售人员目前在跟进某工厂数据采集与分析系统项目,且与客户沟通较为顺利,客户有意让我方技术人员至现场进行工业设备勘察。为了推进项目签订以及后续的项目方案编写,我方现需要对客户现场所有工业设备进行逐一勘察。利用现有实训设备模拟实际工业现场设备,对学生进行分组,对设备进行模拟调研。主要调研工业设备的控制器型号、通信接口种类和数量、数据采集网关安装位置、电源情况等。

首先是工业设备现场勘察,这是项目调研的第一步,也是十分重要的一步。到达客户现场后,需要确认现场工业控制器的通信接口情况,如图 5-2 所示。因为没有通信接口的设备需要另外考虑解决办法。其次需要确认数据采集网关的安装空间,首选是把网关和控制器放置在同一个控制柜内,方便数据采集调试;若控制柜内空间不足,则需另外加装控制柜。

图 5-2 确认现场工业控制器的通信接口情况

再次要确认的是网关的供电,因为数据采集网关是需要供电的,所以需要确认现场控制柜内有无 24V 或 220V 的电源,如图 5-3 所示。最后需要确认现场的网络情况,有没有有线网络或无

171

线网络，是否需要开槽布线等。

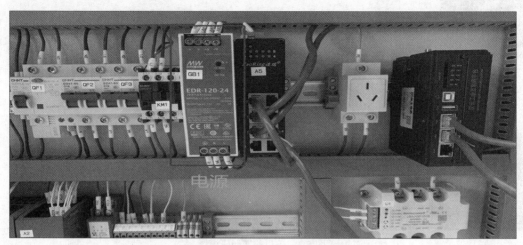

图 5-3　确认供电及网络情况

（2）工业设备调研表格编写。

在现场勘察工作结束后，需要填写"设备调研表格"，为后续项目方案编写提供信息。首先要将企业名称以及车间填写清楚，因为一般来讲，一个企业按照工序会分为多个不同的分厂或车间，不同的设备会放置在不同车间内，所以为了方便后续现场的一系列工作，必须将该信息填写清楚。

其次是工业控制器的品牌、型号以及接口，这类信息十分重要，这是进行数据采集方案编写的关键。只有确定了控制器的品牌、型号及接口，才能判断数据采集的可行性。

最后是采集方案，这里只需根据接口情况明确大致设计方案即可，比如在调研时发现控制器接口被占用，那么要在最后写明情况并建议增加扩展通信模块，调研表格的编写如图 5-4 所示。

序号	企业名称	车间	设备名称/编码	控制器品牌	控制器型号	控制器通信接口	采集方案
1		锅炉车间	蒸汽锅炉	西门子	S7-200SMART	网口-HMI	Hanyun-Box-4G
2		成形车间	成形机	LS-产电	K7M-DR20UE	DB9-HMI	Hanyun-Box-4G+BcNet通信拓展模块
3	xxx有限公司		自动冲床	三菱	FX-3GA-60MR	圆口-9针-HMI	Hanyun-Box-4G+BcNet通信拓展模块
4			自动冲床	松下	FP-X0 L60RT01	圆口-9针-HMI	Hanyun-Box-4G+BcNet通信拓展模块
5		机加车间	加工中心	西门子	828D-BasicM	前面板-存储卡接口+网口	Hanyun-Box-CNC
6			龙门数控铣床-GMF2213L-SCSK-11	FANUC	0i-MF	前面板-存储卡接口	Hanyun-Box-CNC+Pcmcia卡
7			数控车床	GSK-广州数控	980TDc	RS-232/RS-485-无网口	不满足条件，无法采集

图 5-4　调研情况

5.1.4　工业现场网络测试

1.　任务目标

（1）能理解工业现场网络测试的重要性。

（2）会使用 Wi-Fi 信号测试工具。

（3）会使用局域网 IP 地址扫描工具。

2.　实训设备及工具

（1）笔记本计算机、其他移动终端。

（2）网络测试软件。

3．工业现场网络测试工作任务

（1）计算机端网络测试软件应用。

首先使用笔记本计算机下载网络测试软件，这里以"网速管家"为例，下载安装完成后，打开该网络测试软件。

测试有线网络时，需要用网线将笔记本计算机连接至局域网内，在软件中单击"测速"按钮，然后等待网络检测结果，如图 5-5 所示。

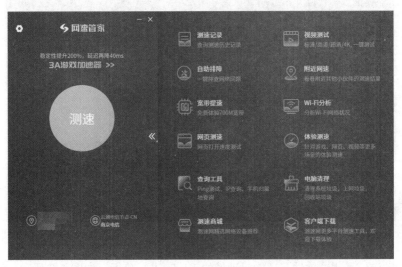

图 5-5 使用网速管家

检测完成后，查看检测结果，如图 5-6 所示。

测试无线网络时，需要将笔记本计算机连接至无线局域网内，在软件中单击"测速"按钮，然后等待网络检测结果，如图 5-7 所示。

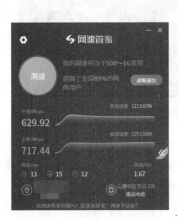

图 5-6 查看检测结果

图 5-7 无线网络检测

173

接下来要使用 Wi-Fi 分析功能对现场的 Wi-Fi 信号进行探测。打开"Wi-Fi 分析"界面，可以看到界面中有实时的信号强弱数据，如图 5-8 所示。这时在笔记本计算机可以看到信号强度发生变化，通过此功能，可以判断工业现场的数据采集网关安装位置是否符合条件，若安装位置信号较弱，则需要继续借助该信号测试工具重新选择位置。

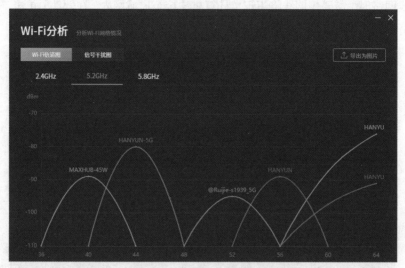

图 5-8　Wi-Fi 信道图

同时，借助该信号测试软件，还能对现场的 Wi-Fi 进行分析，如图 5-9 所示，该软件可以对信道的干扰情况做出诊断。

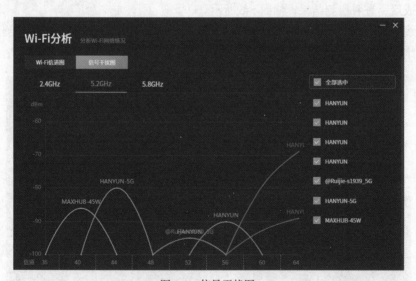

图 5-9　信号干扰图

（2）移动端信号测试软件应用。

若现场无笔记本计算机，则可以选择用移动端的网络测试 App 对现场网络情况进行测试。首先在移动端下载并安装网络测试软件，这里同样以"网速管家"为例。

安装完成后运行该 App，在工具箱页面中可以找到在计算机端中所讲到的几个功能，如图 5-10 所示，功能上与计算机端是一致的，所以这里不做解释。

图 5-10　移动端信号测试软件

（3）局域网 IP 地址扫描工具应用。

局域网 IP 地址扫描工具 SoftPerfect Network Scanner 是一个免费的多线程 IP 地址、NetBIOS 和 SNMP 扫描软件，可以检测用户自定义的端口并报告已打开的端口，解析主机域名和自动检测本地 IP 地址，监听 TCP 端口并扫描共享在网络上（包括系统和隐藏）显示器的资源类型，可以用来分析当前网络中的流量，并找出网络中潜在的问题。

输入网段 IP 地址，单击"开始扫描"按钮，即可获取扫描结果。SoftPerfect Network Scanner 界面如图 5-11 所示。

5.1.5　项目调研报告编写

1.　任务目标

（1）知道项目调研报告中的主要章节和内容。

（2）会编写项目调研报告。

2.　实训设备及工具

（1）笔记本计算机。

（2）Office 软件。

3.　项目调研报告编写工作内容

（1）设备勘察信息汇总。

汇总工业设备现场勘查的信息，包括设备接口、设备型号、控制器型号、现场网络情况等。

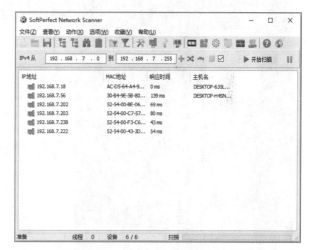

图 5-11　SoftPerfect Network Scanner 界面

（2）编写项目调研报告。

打开工业互联网数据采集实训平台软件，单击"项目前期调研模块"选项，如图 5-12 所示，在跳转的界面中选择"项目调研报告"进行下载。

图 5-12 "项目调研报告"下载

将下载的"项目调研报告"模版打开，按照模版要求进行内容填写，如图 5-13 所示。

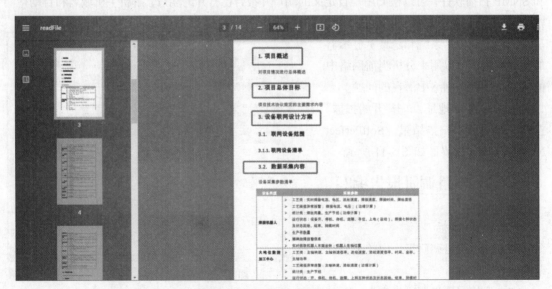

图 5-13 "项目调研报告"内容

首先是项目概述，结合前期现场勘察的情况以及用户实际需求，编写项目概述，内容应当将项目情况描述清楚。

其次是项目总体目标，通过前期现场勘察以及沟通，应该对项目的总体目标非常了解，这里需要对总体目标进行阐述，包括需要采集数据的设备数量、数据应用分析目标等。

最后是设备联网设计方案，这里需要列出联网设备的范围和清单，还需要统计详细的设备采集参数清单。

5.1.6　数据采集项目方案设计

微课

数据采集项目方案
设计

1. 任务目标

（1）会编写工业设备数据采集方案。

（2）会编写项目调研报告。

2. 实训设备及工具

（1）笔记本计算机。

（2）Visio、Office 办公软件。

3. 数据采集项目方案设计工作内容

（1）项目方案设计模版的下载及使用。

首先打开工业互联网数据采集云平台，单击"项目方案设计模块"选项，在跳转的界面中选择"数据采集项目方案设计模版"进行在线查阅学习或下载学习，同样也可以单击界面最下方对应的指引视频进行观看。通过指引文档以及指引视频，开始进行任务的详细实施工作。

该任务的主要内容是具体的数据采集方案的编写，这里主要包括方案整体架构搭建、数据采集网络拓扑及 IP 地址规划、数据采集网关选型、数据采集网关的安装等内容。

（2）数据采集项目方案设计。

首先是工业互联网数据采集项目整体架构的搭建，这块内容比较重要。一般来说，工业互联网数据采集项目架构可分为设备层、采集层、处理层、应用层和展示层 5 个层面，形成了从设备联网、采集、处理、应用到展示的设备数据监控应用生态。当然这里的项目架构也会因为用户的不同需求相应地做出调整。如图 5-14 所示为针对工业互联网数据采集项目的一个通用系统架构，这里根据项目需求会做微调。

图 5-14　数据采集系统架构

其中设备层包括大型机加设备、AGV、机器人、打标机等各类生产设备。

采集层通过 Modbus、OPC 等通信协议实现设备联网、对各类设备进行数据采集，采集方式有 CNC 采集、PLC 采集等。

处理层负责数据的存储、加工处理和推送等。

应用层包括数据处理分析、数据实时展示、数据历史追溯、数据分析报表等。

展示层用于输出数据处理结果，可输出到总控大屏系统、车间看板、3D 可视化系统等。

数据采集网络拓扑及 IP 地址规划在项目前期调研的内容中提到过，调研时所做的工作主要就是为这里搭建网络拓扑做铺垫；然后是数据采集网关的选型。工业现场的设备类型很多，控制器类型也各不相同，所以在进行现场调研、了解清楚现场工业设备的详细情况之后，就可以有针对性地进行数据采集网关的选型了，比较常见的数据采集网关有 PLC 网关、OPC 网关以及 CNC 网关。最后是数据采集网关的安装，这里要根据前面所编写的设备调研报告中的内容来设计详细的网关安装方案。

5.1.7　数据采集项目方案评审

1．任务目标
（1）了解项目方案评审的具体流程。

（2）会编写项目方案评审记录表。

（3）了解项目方案整改跟踪方法。

2．实训设备及工具
（1）笔记本计算机。

（2）Office 办公软件。

3．数据采集项目方案评审工作内容
（1）项目方案评审记录表模版的下载及使用。

首先打开工业互联网数据采集实训平台软件，如图 5-15 所示，单击"项目方案设计模块"选项，在跳转的界面中选择"方案设计评审记录表模版"选项，进行在线查阅学习或下载学习。此外，也可以单击界面最下方对应的指引视频进行观看。

图 5-15　项目方案设计模块

（2）项目方案评审及评审记录表格编写。

这里需要将"方案设计评审记录表模版"进行下载并打开。"方案设计评审记录表模版"中主

要包含两部分，第一部分是项目信息，项目信息栏中需要将项目名称、客户公司名称、客户联系方式以及需求说明逐条填写，如图 5-16 所示。

方案设计评审与整改记录

一、项目信息

项目名称	
客户公司名称	
客户联系方式	
需求说明	

二、方案设计评审

评审人员	
评审日期	
评审记录	
评审人	意见与建议

整改记录

序号	整改措施	审核人
1		
2		
3		
4		
5		

图 5-16　方案设计评审记录表模版

第二部分是方案设计评审，这块内容比较重要，其中包括评审人员、评审日期、意见与建议以及对应的整改记录。

该任务需要提前组织评审人员，可以是老师也可以是学生，评审组成员建议 3 人以上。针对编写好的数据采集项目方案，方案编写者使用计算机进行方案的展示和解答，评审组成员进行评审然后提出意见与建议。

评审后需要根据“方案设计评审记录表模版”填写评审记录，包括项目信息和方案设计评审的内容，填写好后，根据表中的方案意见与建议，针对数据采集项目方案进行再次调整，调整的同时需要将调整的内容逐条填入整改记录栏中。

方案整改完毕后，再次召集刚才的评审组成员进行二次评审，直至方案定稿。

5.1.8　控制器扩展通信模块应用

1. 任务目标

（1）了解常见的控制器扩展通信模块。

（2）掌握控制器扩展通信模块的选型。

（3）掌握控制器扩展通信模块的安装与使用。

2. 实训设备及工具

笔记本计算机、通信线缆、弱电工具、PLC、欧姆龙 CP1W-CIF01 RS-232C PLC 扩展通信模块。

3．控制器扩展通信模块应用工作内容

（1）常见 PLC 扩展通信模块介绍。

在工业互联网数据采集项目前期的调研阶段会发现，在实际工业现场中，很多工业控制器都无法提供可使用的通信接口，有些是因为原通信接口被占用，有些是因为通信接口损坏或是没有通信接口。如果依旧要对设备进行数据采集，就需要用到控制器的扩展通信模块，下面是常见的通信模块。

欧姆龙 CIF01-RS232 PLC 扩展通信模块如图 5-17 所示。

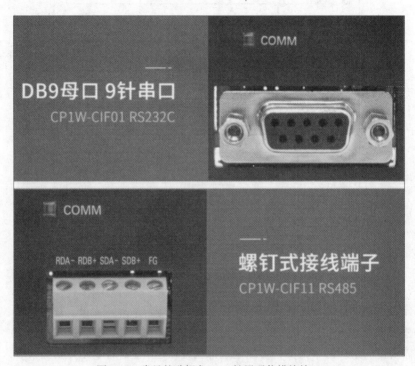

图 5-17　常见的欧姆龙 PLC 扩展通信模块接口

通过安装扩展通信模块得到需要的通信端口来获取数据。

（2）PLC 扩展通信模块应用。

CP1 系列 PLC 中 CP1H、CP1L 以及 CP1E-E 型无内置 RS-232 通信接口，对于这些产品，如果要使用 RS-232 通信，那么需要选择 RS-232 通信适配器 CP1W-CIF01，如图 5-18 所示。

图 5-18　RS-232 通信适配器 CP1W-CIF01

注意：制作通信电缆时使用屏蔽线。自行制作通信电缆时，确保针脚连接正确。主要针脚：2 是发送，3 是接收，9 是信号地。避免在通信时插拔电缆，避免在 PLC 通电时插拔通信适配器（CP1W-CIF01）。

CP1 系列 PLC 在使用 RS-485/RS-422 通信时，需要选用通信适配器 CP1W-CIF11/CIF12，如图 5-19 所示。

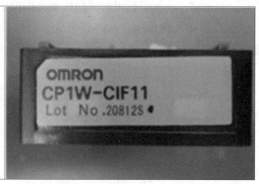

图 5-19　CP1W-CIF11/CIF12

RS-485/RS-422 通信时的拨码设置如下。

①RS-485 通信时，CP1W-CIF11/CIF12 的拨码开关 23 为 ON。

②RS-422 通信时，CP1W-CIF11/CIF12 的拨码开关 23 为 OFF。

通信电缆接头处避免线头、毛刺引起短路，如图 5-20 所示。

错误　　　　　　　　　正确

图 5-20　通信电缆接头连接

注意：未正确使用通信接口会引起如下故障。

①带电热插拔或强静电导致 USB 口通信回路烧毁，导致无法通信。

②误接线、热插拔或通信干扰导致 PLC 上选件口或通信适配器烧毁。

③误接线或通信干扰，导致 CP1W-CIF11 通信回路损坏。

5.1.9　模拟量转 RS-485 信号模块应用

1. 任务目标

（1）了解模拟量转 RS-485 信号模块的作用。

（2）了解模拟量转 RS-485 信号模块的应用场景。

（3）掌握模拟量转 RS-485 信号模块的应用。

微课

模拟量转 RS-485
信号模块应用

2. 实训设备及工具

笔记本计算机、通信线缆、弱电工具、PLC、传感器、模拟量转 RS-485 信号模块。

3. 模拟量转 RS-485 信号模块应用工作内容

在工业现场，大多数用模拟信号表示连续的数据（如压力、温度、电流等），而标准模拟信号一般多为 4～20mA 电流信号或 0～5V 电压信号。随着自动化系统越来越复杂，直接采集各模拟信号已不现实，这就需要用到转换模块将模拟信号转换成 RS-485 串口数据信号经 RS-485 总线远程传输。RS-485 模块包含 8 路模拟量输入和 2 路模拟量输出，如图 5-21 所示，出厂时默认通信波特率为 9600Baud，停止位为 1 位，偶校验，8 位数据长度。

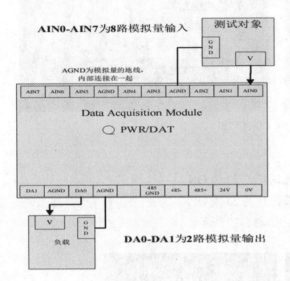

图 5-21　模拟量转 RS-485 信号模块

（1）操作流程如下。

CFG 引脚用于恢复模块的参数为出厂设置，出厂时模块的串口参数为 9600/8/E（偶校验）/1（停止位）。当忘记模块的 RS-485 通信参数，或者通信出现异常时，可通过把 CFG 引脚短接到旁边的 AGND，实现模块恢复出厂设置。在模块恢复出厂设置的过程中，LED 指示灯会以 1s 的频率闪烁。重新上电，即可用默认参数进行通信连接。

（2）修改模块的通信参数步骤如下。

①通过 0x10H 命令码向地址 135 写入新的通信参数。

②通过 0x10H 命令码向地址 136 写入新的站号。

③通过 0x10H 命令码向地址 140 写入 0x1234，进行新的通信参数改变；修改完成后新的通信参数自动生效。

（3）模拟量输入、模拟量输出通道设置及是否使用内置增益偏移。

例如使用模拟量输入通道 4，则通过命令码 0x05H 向 3 地址写入值 1；关闭输入通道 4，则通过命令码 0x05H 向 3 地址写入值 0。

（4）设置保存操作如下。

①通过 0x05H 命令码向地址 23 写入值 0。

②通过 0x05H 命令码向地址 22 写入值 1，开始进行设置保存。

③通过 0x10H 命令码向地址 142 写入 0x1234。

④通过 0x01H 命令码读取地址 23 的值，若值为 1 则表示设置保存成功。

（5）读取模拟量输入值。

通过命令码 0x03H 读取地址 0、1，则读取到以 mV 为单位的第 1 路模拟量输入电压值（32 位有符号数）。

（6）设置模拟量输出电压值。

通过命令码 0x10H 向地址 20、21 写入要输出的以 mV 为单位的电压值。

（7）测试工具的使用。

测试工具主界面如图 5-22 所示。

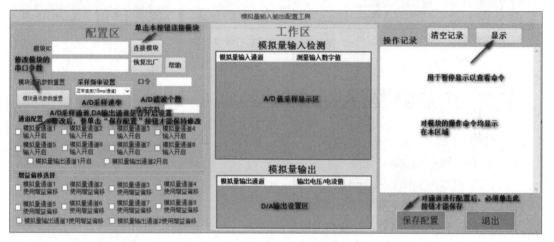

图 5-22　测试工具主界面

单击"连接模块"按钮连接数字量模块，显示界面如图 5-23 所示。

模块出厂时默认为 9600/8/E/1；根据模块具体的参数设置计算机端和模块相连的串口的参数。修改模块的参数：单击"修改模块通信参数"按钮，用于修改模块的通信参数，如图 5-24 所示。

图 5-23　连接模块串口设置

图 5-24　修改模块通信参数

单击"确定修改"按钮后，模块参数会被修改，本程序需要根据新的参数执行重新连接模块的操作步骤，运行效果如图 5-25 所示。

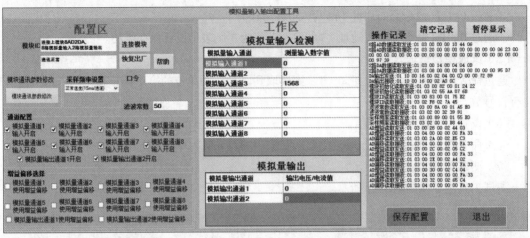

图 5-25　修改后运行效果

5.1.10　过程控制数据采集配置和上云

1．任务目标

（1）会识读 PLC 的点表。

（2）能在 PLC 网关添加采点信息。

（3）会配置 PLC 网关连接和上云参数。

（4）能在云平台添加网关、设备和采集变量。

2．实训设备及工具

（1）汉云 PLC 网关、过程控制系统实训台。

（2）汉云 PLC 网关管理软件 XEdge。

3．过程控制数据采集配置和上云工作内容

过程控制系统由模拟工业现场水塔的透明水箱、工业级仪表、PLC、触摸屏、变频器、工业级压力变送器、温度变送器、涡轮流量计、液位传感器、电动调节阀、磁力水泵、水箱等组成。模拟工业现场环境，完成对系统的压力、温度、液位、流量的自动化控制。需要采集的数据如表 5-1 所示。

表 5-1　PLC 设备点表

名称	类型	单位	寄存器地址	备注
E_Reset	Bool		I0.4	复位按钮
E_Machine_EMG	Bool		I0.5	急停按钮
A_LED_Start	Bool		Q0.2	开
A_LED_Stop	Bool		Q0.3	关
MD50	Real	Hz	MD50	水泵频率设置
MD54	Real	Hz	MD54	实际频率显示
MW62	Int	%RH	MW62	比例阀打开比例
MW64	Int	%RH	MW64	加热设置速度

步骤 1：打开网关管理软件 XEdge，单击"配置工具"选项，建立软件与网关盒子的连接。在设备型号菜单中选择"标准型"选项，通信方式选择"以太网"选项。单击"扫描"按钮，获得 IP 地址，弹出的界面显示的是当前使用 PC 的可用连接方式，根据 PC 配置不同而显示不同的选项。根据实际通信方式进行选择，本次选择"以太网 2"，选择对应的网关，然后单击"确定"按钮，进入"参数配置"界面，单击右侧"读取"按钮，读取当前网关盒子的参数，选中"以太网"单选按钮，单击"设置"按钮，如图 5-26 所示。

图 5-26 参数读取

步骤 2：以太网配置分为两种，即"DHCP"和"静态 IP 地址"，这里选择"静态 IP 地址"，根据规划进行 IP 地址、子网掩码、网关、DNS1、DNS2、LAN IP 等的填写，单击"设置"按钮，如图 5-27 所示。

图 5-27 静态 IP 设置

步骤 3：选择"日志诊断"选项卡，单击"读取"按钮，查看日志信息，日志内显示"盒子登录服务器成功"等信息，代表网关盒子成功登录服务器，如图 5-28 所示。

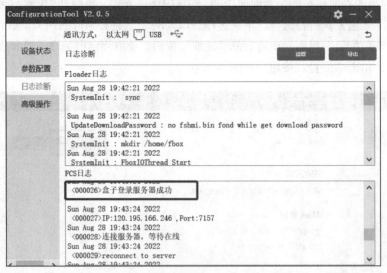

图 5-28　查看日志信息

步骤 4：选择待配置的网关盒子，此处以默认分组下的"2 号实训台过程控制"为例，选择"远程下载"选项，单击"设备管理"按钮，选择"网络 PLC"选项，单击"新增"按钮，进行 PLC 的添加。在"网络 PLC 设置"界面中，根据现场设备信息进行填写，然后单击"确定"按钮，如图 5-29 所示。

图 5-29　"网络 PLC 设置"界面

步骤 5：选择待配置的网关盒子，此处以默认分组下的"2 号实训台过程控制"为例。选择对应的网关盒子，选择"数据监控"选项，单击"新建监控"按钮，打开"新建监控数据"界面，此处以液位为例，如图 5-30 所示。

图 5-30   新建监控数据

步骤 6：监控数据添加完成后，界面显示监控数据的状态，绿色表示监控数据运行正常，红色表示监控数据超时，如图 5-31 所示。

图 5-31   显示监控数据

步骤 7：除了进行单个数据监控的创建，也可以批量导入数据监控。在"数据监控"中，单击"导入/导出"按钮，选择"导入 CSV"选项，在弹出的界面中单击"导入文件"按钮，如图 5-32 所示。

图 5-32　批量导入数据监控

步骤 8：添加网关和设备。选择"云平台实施模块"→"设备管理模块"→"采点配置"选项，如图 5-33 所示，手动创建一条采点数据，在跳转的界面中，填写对应的必填数据项。

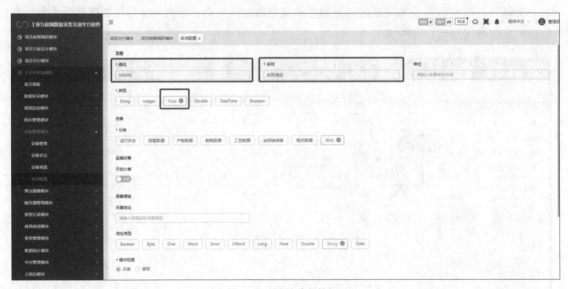

图 5-33　新增采点数据

步骤 9：系统提示操作成功，"采点配置"界面中可以看到刚刚配置的采点已经正常显示，且能够正常采集到数据，状态指示灯亮绿灯，如图 5-34 所示。

步骤 10：批量导入采点配置，单击"导入"按钮，在弹出的窗口内选择对应的数据采集点位表格，然后单击"打开"按钮，系统提示操作成功。如图 5-35 所示，可以看到批量导入的 23 个采点全部导入成功。

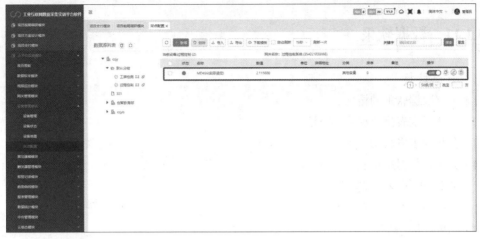

图 5-34　查看采集的数据

图 5-35　批量导入数据

步骤 11：在"设备管理模块"中，可以看到此时该台设备的状态，如图 5-36 所示，所有采点采集正常，设备运行状态正常。

图 5-36　查看设备状态

5.1.11 数据软采

1. 任务目标

（1）了解数据软采的概念。

（2）了解标准表格数据采集方法。

（3）会非标表格数据采集。

（4）会维护数据采集。

2. 实训设备及工具

（1）数据采集实训平台。

（2）Office 办公软件。

3. 数据软采工作内容

（1）手动新增一条标准格式的数据。

①选择"云平台实施模块"→"数据软采模块"→"标准表格数据采集"选项，单击"新增"按钮，如图 5-37 所示。

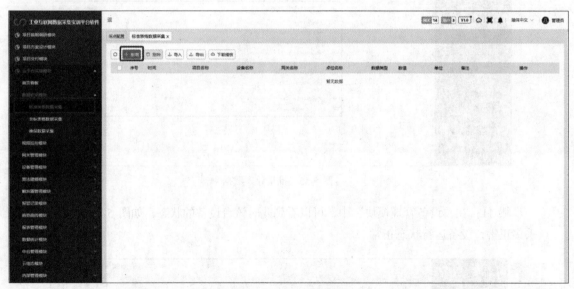

图 5-37 数据软采模块

②在弹出的"标准表格数据采集"界面中，按照要求输入必填数据项并单击"保存"按钮，如图 5-38 所示。系统提示"操作成功"后，一条标准表格数据即成功创建完成。

（2）导入标准表格，进行数据采集。

①单击"导入"按钮，如图 5-39 所示。

②在弹出的文件选择窗口内，选择一个标准格式的数据表格并单击"打开"按钮。系统提示"操作成功"，如图 5-40 所示，标准表格中的数据全部成功导入。这里要注意的是，标准表格数据采集模版对数据格式有严格要求，若不按照模版要求填写参数，上传时会报错。所以这里需要严格按照要求填写参数，具体要求可以下载模版后查看。

图 5-38 "标准表格数据采集"界面

图 5-39 导入标准表格

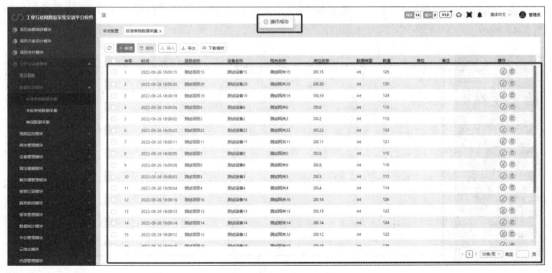

图 5-40 成功导入数据

（3）非标表格数据采集。

①选择"云平台实施模块"→"数据软采模块"→"非标表格数据采集"选项，并单击"导入"按钮。在弹出的界面中单击"导入"按钮，如图 5-41 所示。选择一个非标表格，并单击"打开"按钮。

②因为该表格为非标表格，所以需要用到字段映射功能，这里需要将时间、项目名称、设备名称、网关名称、点位名称以及数值这些参数进行一对一的映射，手动映射字段完成后单击"确定"按钮，如图 5-42 所示。

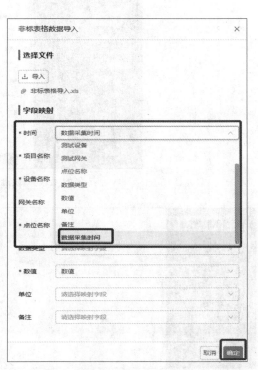

图 5-41　非标表格数据导入　　　　　　　图 5-42　手动映射字段

③系统提示"操作成功"，可以看到刚刚导入的非标表格，并且字段映射关系也是正确的，如图 5-43 所示。

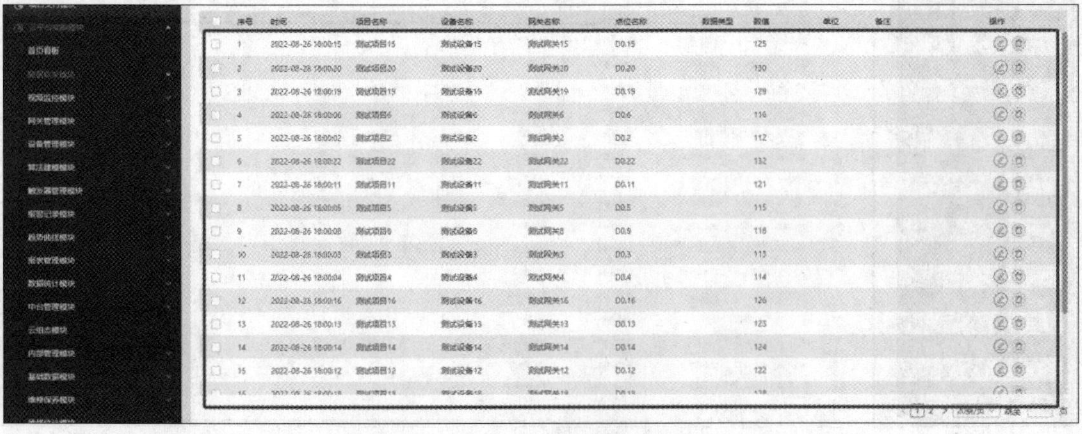

图 5-43　非标表格数据导入结果

5.1.12　项目验收

1. 任务目标

（1）知道项目验收的相关流程。

（2）知道项目验收需要准备的材料。

（3）知道项目验收涉及的成员。

（4）知道项目验收单编写的注意事项。

（5）会编写项目验收单。

2. 实训设备及工具

（1）笔记本计算机、工业互联网数据采集实训平台。

（2）Office 办公软件。

3. 项目验收工作内容

（1）项目结项汇报。

项目经理针对该项目，在确认满足合同验收条件的情况下，编写项目结项汇报 PPT。需要将项目实施计划与完成情况、硬件安装情况、软件调试情况等描述清楚，对重点功能做成果展示。PPT 完成后，需要召集甲方关键用户及领导进行项目结项报告的汇报工作（项目验收会议）。

（2）项目验收单的编写。

打开数据采集平台中的"项目交付模块"，如图 5-44 所示，选择"交付项目验收单"进行在线查阅或下载。

图 5-44　项目验收单的编写

"交付项目验收单"是交付项目验收单的统一模版，其中包括六大块内容，每块内容都非常重要且不可或缺。

①项目信息。

项目信息栏中包括项目名称、合同编号、合同金额、项目参与双方的名称以及项目地点。项目名称必须写全称，且需要和项目合同中的项目名称保持一致。

②项目负责人。

项目负责人包括甲方和乙方，默认填写甲乙双方的项目经理及其联系方式。

③项目目标。

项目目标主要是对项目交付目标进行简要描述，比如多少台工业设备实施数据采集，数据准确性，多少台硬件安装、软件安装，等等。

④项目交付物。

项目经理必须将项目过程交付物进行存档汇总，合同内若约定了某些交付文档，需要将该部分文档填写在验收单中，并将文件留档。因为后期可能会对该部分文档进行核查，所以在不影响客户合作的前提下，建议从简。

⑤验收结论。

甲乙双方沟通后，将验收结论写明。注意：验收结论一定要有"同意对项目整体验收"等关键语句。

⑥验收签字确认。

在甲乙双方确认验收单内容无误后，双方签字并加盖双方单位公章。

【任务总结】

本任务通过完整的项目实施过程，帮助学生完成工业设备现场接口和安装环境的勘察，希望学生能完成无线网络和有线网络的测试，会编写项目调研报告，会编写工业设备数据采集方案，会编写项目方案评审记录表，知道项目方案整改跟踪方法，会控制器扩展通信模块的安装与使用，会非标和标准表格数据采集，知道项目验收需要准备的材料，会编写项目验收单，等等。

【任务测验】

1. 填空题

（1）数据采集项目实施前需要确认_____通信接口情况。

（2）数据采集项目实施前需要确认数据采集网关的_____空间。

（3）项目团队中的_____负责制订项目进度计划。

（4）项目团队中的_____同样需要对项目预算进行管理。

（5）项目验收标志着整个项目的_____。

2. 单选题

（1）在数据采集项目启动过程中最重要的是（　　）。

A. 明确项目目标和范围 　　　　　　B. 制订项目的进度计划

C. 确定团队成员的职责 　　　　　　D. 编写项目管理计划

（2）以下（　　）不属于项目成本管理的内容。

A. 预算编制 　　　　　　　　　　　B. 预算执行

C. 绩效评估 　　　　　　　　　　　D. 成本控制

（3）在项目计划管理中，以下（　　）是将项目可交付成果分解为较小的任务并定义它们的依赖关系，以便满足项目目标所需的时间。

A．进度制定　　　　　　　　　　B．资源计划

C．进度控制　　　　　　　　　　D．成本管理

（4）项目验收的依据是（　　　）。

A．项目规划书　　　　　　　　　B．验收标准

C．项目合同　　　　　　　　　　D．立项申请书

（5）以下（　　　）负责识别、记录、跟踪和关闭项目中可能出现的问题。

A．项目规划　　　　　　　　　　B．风险管理

C．变更管理　　　　　　　　　　D．问题管理

3．简答题

销售及售前经理的主要职责有哪些？

【实战练习】

列出项目实施过程中的项目风险。

[1] 张忠平, 刘廉如. 工业互联网导论[M]. 北京: 科学出版社, 2021.

[2] 胡典钢. 工业物联网平台架构、关键技术与应用实践[M]. 北京: 机械工业出版社, 2022.

[3] 工业互联网产业联盟. 工业数据采集产业研究报告[R]. 北京: 工业互联网产业联盟, 2018.

[4] 工业互联网产业联盟. 工业互联网标准体系(版本 2.0)[R]. 北京: 工业互联网产业联盟, 2019.

[5] 工业互联网产业联盟. 工业互联网体系架构(版本 2.0)[R]. 北京: 工业互联网产业联盟, 2020.

[6] 霍如, 谢人超, 黄韬, 等. 工业互联网网络技术与应用[M]. 北京: 人民邮电出版社, 2020.

[7] 魏毅寅, 柴旭东. 工业互联网技术与实践[M]. 北京: 电子工业出版社, 2021.

[8] 刘海平. 工业大数据技术[M]. 北京: 人民邮电出版社, 2021.

[9] 刘海平. 物联网技术[M]. 北京: 人民邮电出版社, 2021.